***ACCESO GRATIS** a la Lectura en la Nube*

Para visualizar el libro electrónico en la nube de lectura envíe junto a su nombre y apellidos una fotografía del código de barras situado en la contraportada del libro y otra del ticket de compra a la dirección:

ebooktirant@tirant.com

En un máximo de 72 horas laborales le enviaremos el código de acceso con sus instrucciones.

COMPRENDIENDO LAS ALIANZAS Y LOS REGÍMENES DE SEGURIDAD EN RELACIONES INTERNACIONALES: EL PAPEL DE LA OTAN EN EL SIGLO XXI

COMITÉ CIENTÍFICO DEL SEMINARIO

Dicho Comité ha procedido a realizar un riguroso proceso de selección y valoración de los originales objeto de publicación. Para ello ha aplicado los criterios específicos aprobados por la Comisión Nacional Evaluadora de la Actividad Investigadora (BOE núm. 305, de 21 de diciembre de 2022) para el "Campo 9. Derecho y Jurisprudencia (Área 160. Derecho Internacional Público y Relaciones Internacionales)".

COMPRENDIENDO LAS ALIANZAS Y LOS REGÍMENES DE SEGURIDAD EN RELACIONES INTERNACIONALES: EL PAPEL DE LA OTAN EN EL SIGLO XXI

Coordinadores:
CATERINA GARCÍA SEGURA
VICENTE GARRIDO REBOLLEDO
INMACULADA MARRERO ROCHA

Patrocina

División de Diplomacia Pública

tirant lo blanch
Valencia, 2024

En caso de erratas y actualizaciones, la Editorial Tirant lo Blanch publicará la pertinente corrección en la página web www.tirant.com.

EDITA: TIRANT LO BLANCH
C/ Artes Gráficas, 14 - 46010 - Valencia
TELFS.: 96/361 00 48 - 50
FAX: 96/369 41 51
Email: tlb@tirant.com
www.tirant.com
Librería virtual: www.tirant.es
ISBN: 978-84-1197-554-4
DEPÓSITO LEGAL: V-693-2024

Si tiene alguna queja o sugerencia, envíenos un mail a: *atencioncliente@tirant.com*. En caso de no ser atendida su sugerencia, por favor, lea en *www.tirant.net/index.php/empresa/politicas-de-empresa* nuestro procedimiento de quejas.

Responsabilidad Social Corporativa: http://www.tirant.net/Docs/RSCTirant.pdf

Índice

PARTE 2
EL NUEVO ESCENARIO DE SEGURIDAD: RIESGOS Y AMENAZAS EMERGENTES

PARTE 3
RETOS FUTUROS: IMPLICACIONES DE LA GUERRA EN UCRANIA PARA LA POLÍTICA INTERNACIONAL DE SEGURIDAD Y DEFENSA Y PARA LA ALIANZA ATLÁNTICA

Presentación

El volumen que tiene en sus manos es el resultado de una intensa jornada de trabajo y reflexión de los investigadores e investigadoras y el profesorado de Relaciones Internacionales, queridos compañeros y compañeras de la AEPDIRI, como consecuencia de uno de los acontecimientos más tristes de la historia de las relaciones internacionales de lo que ha transcurrido de siglo XXI y que de nuevo pone sobre la mesa el concepto de seguridad en el contexto actual y en relación a la teoría de los regímenes internacionales y las alianzas de seguridad, de los cuales la OTAN no deja de ser un referente esencial.

A una altura tan temprana del año 2022 como el mes de febrero, la Federación Rusa protagonizaba un gravísimo acto de agresión contra la vecina Ucrania, desencadenando un conflicto armado que continúa a día de hoy. Con ocasión de la celebración en Madrid de la cumbre de la OTAN en junio de 2022, el Departamento de Diplomacia Pública de esta organización comprendió la utilidad de la propuesta hecha en nombre de la AEPDIRI por su vocal de Relaciones Internacionales, el Prof. Vicente Garrido para, con ocasión del evento, analizar y debatir sobre este nuevo conflicto armado en las fronteras de Europa y el papel central de la OTAN respecto del mismo, una iniciativa cuya celebración el citado Departamento decidió apoyar y financiar, y que tuvo lugar el 21 de octubre del pasado año en la Escuela Diplomática, sede de nuestra Asociación.

El evento estuvo precedido por una conferencia inaugural pronunciada por la Directora del Departamento mencionado, Sra. Dª Carmen Romero, acerca de la nueva OTAN que habrá de modelarse tras la Conferencia de Madrid, habida cuenta de la adopción en dicha cumbre de su nuevo Concepto Estratégico.

El seminario se inició con una primera mesa redonda dedicada a una reflexión marco sobre el valor de los regímenes internacionales de seguridad conforme a las relaciones internacionales, a fin de enmarcar el debate desde el punto de vista teórico. En ella no faltó el análisis de este nuevo concepto estratégico de la OTAN y la exploración del papel a jugar por las grandes potencias tras el conflicto en el espacio euroasiático, pero también de la interacción del nuevo concepto estratégico de la OTAN y América Latina, así como del papel central del dilema de un concepto de seguridad cambiante y su papel en los regímenes de alianzas.

Una vez establecidas las bases teóricas generales del debate, las reflexiones de la segunda mesa redonda se centraron en el nuevo escenario de seguridad y los nuevos factores relevantes en su análisis, en particular los nuevos riesgos a dicha seguridad. Así, las reflexiones hechas acerca de la cambiante y problemática seguridad, las nuevas amenazas derivadas de a conectividad y la repercusión sobre la paz, se multiplican en sucesivas comunicaciones centradas ya en cuestiones específicas que ponen en contacto directo el papel redivivo de la OTAN con los nuevos retos para el actual sistema de seguridad, incluyendo obviamente la guerra en Ucrania, así como con el Tratado de armas nucleares de 2017.

Finalmente, la tercera sesión de estudio se centró en esta fatal guerra en Ucrania y sus repercusiones directas sobre la relación transatlántica, y más concretamente sobre la OTAN, el nuevo papel que en su caso ésta deba desempeñar y la situación de la Europa "comunitaria" en este nuevo escenario, incluida la tan deseada autonomía tecnológica.

Sirvan estas breves líneas para agradecer a Dª Carmen Romero su apoyo a esta propuesta, al Departamento de Diplomacia Pública de la OTAN su financiación, y a la Escuela Diplomática y, en particular, a su Embajador Director, por su presencia en dicho seminario y el apoyo material prestado a las mismas, abriendo una vez más las puertas de la Escuela. Y nuestras felicitaciones calurosas a nuestros compañeros y compañeras de la disciplina de Relaciones Internacionales, que han sabido ver la oportunidad de la ocasión para contribuir al debate útil y constructivo y a la formulación de las posibles soluciones futuras.

Málaga, 29 de junio de 2023

ANA SALINAS

Presidenta de la AEPDIRI

Prólogo

La OTAN tras la cumbre de Madrid

CARMEN ROMERO*

1. INTRODUCCIÓN

Antes de comenzar a hablar de la OTAN, quisiera dar las gracias a AEPDIRI por organizar este seminario tan importante. Y por el trabajo que estáis haciendo como profesores de Derecho International y Relaciones Internacionales, para que se entienda mejor el papel de nuestra organización, en un momento de profunda transformación para la Alianza Atlántica.

Ahora más que nunca, es importante que la sociedad española y sobre todo las nuevas generaciones y vuestros alumnos como futuros expertos en la materia, entiendan lo que hace la OTAN y el papel tan importante que desempeña en la defensa de nuestros valores.

La OTAN tras la cumbre de Madrid es una Alianza transformada, una Alianza que lucha más que nunca por la defensa de nuestros valores y de nuestro estilo de vida. Porque ya no podemos darlos por sentado en el nuevo espacio de seguridad.

La cumbre de Madrid ha sido transformadora para la Alianza por tres motivos. De ella ha salido la nueva estrategia política de la OTAN para la próxima década; nos prepara para proteger nuestra seguridad en un mundo de competencia estratégica;

---

* Vicesecretaria General Adjunta de la OTAN para Diplomacia Pública (@NATORomeroC).

y porque ha unido aún más a la comunidad internacional en apoyo de Ucrania, en su derecho a la autodefensa frente a la agresión ilegal por parte de Rusia.

2. EL CONCEPTO ESTRATÉGICO

Primero, quisiera centrarme en el nuevo Concepto Estratégico, que es el segundo documento más importante en la jerarquía de la OTAN después del Tratado del Atlántico Norte. ¿Y por qué es importante este documento? Porque marca las nuevas prioridades de la Alianza, refleja nuestra nueva realidad de seguridad y da las pautas a la Alianza para seguir protegiendo a nuestros mil millones de ciudadanos en un mundo más peligroso y competitivo.

Si hay un documento que conceptualiza la gran estrategia de la OTAN e impulsa la adaptación estratégica de la Alianza, este es el Concepto Estratégico. Y también reafirma los valores, el propósito y las tareas de la OTAN. Es por ello que este documento se está traduciendo ahora en prioridades a nivel político y militar.

El Concepto Estratégico de 2010 se concibió para un periodo en el que el área euroatlántica estaba en paz, el riesgo de una guerra convencional era bajo, las amenazas y los desafíos procedían del exterior, no del interior del área euroatlántica.

Sin embargo, el nuevo Concepto Estratégico refleja cómo ha cambiado nuestro entorno de seguridad durante la última década. La zona euroatlántica ya no está en paz, y no se pueden descartar amenazas convencionales. Tenemos que tomar nuestra seguridad y defensa mucho más en serio.

Es por ello que este nuevo documento pretende preparar a la Alianza para una década de inestabilidad, volatilidad, un entorno de seguridad más peligroso, caracterizado por la competencia estratégica, choques sistémicos, sorpresas estratégicas e inestabilidad en el flanco este y el flanco sur, y por la existencia de actores autoritarios que desafían los intereses y valores de la OTAN. En términos más concretos, la estrategia aprobada en Madrid marca nuevas políticas con respecto a Rusia, China y proporciona un enfoque más amplio de seguridad.

2.1. Rusia

La cumbre de Madrid consagra un cambio sustancial de la política de la Alianza hacia Rusia. En 2010, hablamos de una asociación estratégica. En 2022, declaramos que la Federación Rusa ya no puede ser considerada un socio. En 2010 hablábamos de disuasión y diálogo. En 2022, ya no hablamos de diálogo, sino de mantener abiertos los canales de comunicación, para gestionar los riesgos y evitar la escalada. Y decimos que cualquier cambio en nuestra relación estará condicionado a un cambio en el comportamiento de Rusia, y a que Moscú vuelva a respetar el derecho internacional.

La guerra de Rusia contra Ucrania ha hecho añicos la paz en Europa y ha alterado nuestro entorno de seguridad. Es por ello que el Concepto Estratégico identifica a Rusia como la amenaza más importante para los Aliados, para la paz y la estabilidad en el área euroatlántica. Y compromete a la OTAN a continuar respondiendo a las amenazas rusas a través de la disuasión y la resiliencia.

Porque no podemos olvidar que la OTAN es una organización defensiva, no ofensiva, y que la disuasión tiene como objetivo evitar un conflicto, no provocarlo. La Alianza no busca la confrontación y no representa una amenaza para la Federación Rusa, sino que busca estabilidad y previsibilidad en la zona euroatlántica.

2.2. China

Esta es la primera estrategia de la OTAN que aborda la delicada cuestión de China. Lo hace de una manera muy deliberada. Resalta que las políticas coercitivas de China desafían los valores, los intereses y la seguridad de la OTAN. Y que los aliados trabajarán juntos para abordar los desafíos sistémicos que China plantea a la seguridad euroatlántica. También enfatiza que poderes asertivos y autoritarios compiten contra nosotros en todo el espectro: económico, político, ideológico.

Teniendo en cuenta todo esto, la Alianza mantendrá una actitud constructiva con China en cuestiones como el desarme o el cambio climático. Y seguirá trabajando para entender las oportunidades y retos que conlleva el auge de Pekín.

2.3. Otras amenazas y desafíos

Comparado con el del 2010, el nuevo Concepto Estratégico define los desafíos de seguridad de forma más amplia. Habla de amenazas hibridas, cibernéticas, especiales y de la importancia de la seguridad humana.

La nueva estrategia resalta que el terrorismo sigue siendo la amenaza asimétrica más directa para la seguridad de los ciudadanos de los países miembros de la OTAN. Y reconoce por primera vez la evolución de las tácticas, las capacidades y el alcance de los terroristas.

El Concepto Estratégico habla de los desafíos que resultan del conflicto, la fragilidad y la inestabilidad, especialmente en África y Medio Oriente, y de cómo la inestabilidad generalizada puede alimentar la inseguridad humana y los desafíos humanitarios. E identifica el cambio climático como un desafío importante para la seguridad aliada y como un multiplicador de crisis y amenazas.

También establece el propósito y las tareas de la Alianza, y define muy claramente que tenemos una misión principal: la defensa colectiva. Este es nuestro principal propósito, nuestra mayor responsabilidad. Pero para asegurar la defensa colectiva de los Aliados, contra todas las amenazas y desde todas las direcciones, la OTAN seguirá teniendo tres misiones principales: la disuasión y defensa, la prevención y gestión de crisis, y la seguridad cooperativa.

Y aunque las tres son complementarias, la columna vertebral de nuestra defensa colectiva seguirá siendo la disuasión y la defensa. Abordamos la disuasión y la defensa de forma multidimensional, e introducimos el concepto de defensa avanzada. La idea de que la resiliencia es nuestra primera línea de defensa y también un habilitador estratégico clave de todas nuestras tareas principales, que sustenta nuestra capacidad de defensa colectiva, y hace hincapié en la innovación y la tecnología, porque sabemos que el mundo del futuro estará determinado por la superioridad tecnológica. También dominará el campo de batalla.

En cuanto a la segunda tarea: prevención y gestión de crisis, el Concepto Estratégico resalta los esfuerzos de la OTAN para anticipar y prevenir crisis y conflictos, aprovechando la experiencia y las capacidades adquiridas en las últimas tres décadas. Se centra en cómo trabajar con socios, en ayudarles en el desarrollo de sus capacidades de defensa. Este apoyo debería ser más sostenible a largo plazo para contribuir a la estabilización de nuestros socios, incluso a distancia estratégica.

La tercera misión es la seguridad cooperativa. Esta tarea se amplía. Habla de las alianzas como una herramienta estratégica para promover nuestros intereses estratégicos. La seguridad cooperativa fortalece a la OTAN y contribuye a la estabilidad más allá de sus fronteras. Por ello la OTAN fortalecerá los lazos con socios con ideas afines, que comparten nuestros valores e interés en defender el orden internacional basado en normas. Tanto lejanos como en nuestra vecindad.

3. LA MAYOR CRISIS DE SEGURIDAD DESDE LA II GUERRA MUNDIAL

Quiero referirme a la respuesta de la OTAN a la invasión rusa de Ucrania. El presidente de Rusia ha desencadenado el mayor conflicto en Europa en décadas, la mayor crisis de seguridad desde la Segunda Guerra Mundial, y ha desatado una crisis alimentaria y energética que afecta a todo el mundo, está socavando las reglas internacionales que nos han mantenido a salvo durante décadas, y al mismo tiempo, está desafiando los valores que defendemos: libertad, democracia, estado de derecho.

La OTAN ha respondido desde el principio con determinación y con unidad. Desde el comienzo de la invasión ilegal de Ucrania por parte de Rusia, la respuesta de la Alianza ha tenido 2 pilares. El primero: reforzar nuestra política de disuasión y de defensa, para impedir que el conflicto pueda extenderse a un país de la OTAN, a territorio aliado. El segundo, apoyar a Ucrania en su derecho a la autodefensa, un derecho consagrado en la Carta de Naciones Unidas.

América del Norte y Europa están brindando un apoyo sin precedentes a Ucrania, y nuestro apoyo está marcando una diferencia real sobre el terreno. El ejército ucraniano ha logrado resistir y detener el ataque ruso, imponiendo un alto coste y retomando parte de su territorio. Pero el final de la guerra aún no está a la vista.

En estos momentos la Alianza está concentrado sus esfuerzos en tres ámbitos: suministrar ayuda no letal, pedir a nuestros países miembros que intensifiquen el suministro de armas y municiones a Ucrania, y en utilizar los mecanismos internos de la OTAN para ayudar a la industria de defensa a producir el equipamiento militar que necesita Ucrania.

Estos esfuerzos no tienen como objetivo prolongar la guerra. Sino poner fin a este conflicto. Si Putin deja de luchar y se retira, la guerra terminará. Pero si Ucrania deja de luchar, el país dejará de existir. Por lo tanto, debemos seguir brindando a Ucrania lo que necesita para prevalecer como una nación soberana e independiente en Europa.

Los conflictos armados suelen acabar en la mesa de negociaciones. Se trata de apoyar a Ucrania lo más posible ahora para que llegue en una situación reforzada a una negociación política y pueda poner fin a esta invasión según sus propios términos.

Con nuestro apoyo a Ucrania, estamos defendiendo nuestros valores. Si dejamos que Putin se salga con la suya, estaremos enviando un mensaje a Rusia y a otros regímenes que pueden cambiar las fronteras con el uso de la fuerza. Se trata de la defensa de nuestras democracias y de nuestros principios de libertad a independencia más básicos.

Estamos en un momento clave para la seguridad de Europa. Es fundamental que nuestros ciudadanos y vuestros alumnos entiendan que debemos seguir apoyando a Ucrania. Sera un invierno duro, con una situación económica compleja, y precios energético más altos. Pero si tiramos la toalla y no paramos al Kremlin, estaremos pisoteando nuestros valores. Porque lo que estamos defendiendo en Ucrania son nuestros valores y estilo de vida.

Bruselas, 27 de febrero de 2023

Capítulo 1

Comprendiendo las alianzas y los regímenes de seguridad en Relaciones Internacionales: El papel de la OTAN en el siglo XXI

CATERINA GARCÍA SEGURA*
VICENTE GARRIDO REBOLLEDO**
INMACULADA MARRERO ROCHA***

1. INTRODUCCIÓN

Tras décadas de pugna pacífica entre Estados Unidos, la Unión Europea y Rusia y China por mantenerse, resituarse o situarse mejor en el tablero del poder geopolítico y geoeconómico mundial, y tras la sacudida a la seguridad que supuso la pandemia del COVID-19 y sus consecuencias sanitarias, económico-sociales e institucionales, la guerra en Ucrania ha sido percibida como un punto de inflexión en las ya tensas relaciones entre las principales potencias mundiales. ¿Por qué esta guerra en Ucrania no es una guerra más? ¿Por qué esta guerra es más relevante que tantas otras que vienen sucediéndose en

* Catedrática de Relaciones Internacionales en la Universidad Pompeu Fabra (caterina.garcia@upf.edu).

** Profesor Titular de Relaciones Internacionales en la Universidad Rey Juan Carlos (vicente.garrido@urjc.es).

*** Catedrática de Relaciones Internacionales en la Universidad de Granada (marrero@ugr.es).

el escenario mundial? Porque, desde nuestra perspectiva europeo-occidental, el conflicto armado tiene lugar en las inmediaciones de las fronteras de la OTAN y la UE; porque la amenaza nuclear ha planeado de nuevo sobre el escenario mundial, pero, más concretamente, sobre el europeo; porque la agresión ha puesto en evidencia que el autoritarismo del régimen de Putin y la ambición rusa no tienen límites; y, sobre todo, que la inacción con que se había reaccionado a anteriores agresiones rusas (Crimea) no solo no ha satisfecho sus ambiciones sino que, además, las ha animado hasta convertirlas en una amenaza directa a los valores e intereses occidentales.

La toma de conciencia de la gravedad de la situación se ha traducido en respuestas excepcionales. La UE y la OTAN han reaccionado como nunca lo habían hecho hasta ahora. No se han limitado a condenar, clara e inequívocamente, la agresión militar rusa contra Ucrania. Han establecido sanciones económicas y han brindado apoyo militar a Ucrania.

También, más recientemente, el G7 se ha sumado a las medidas sancionadoras. El hecho de que todas las previsiones iniciales, por una y otra parte (guerra relámpago, colapso económico ruso ante las sanciones), hayan fracasado, no hace sino incrementar la inseguridad. Cuando ya ha trascurrido casi un año y medio del inicio de la guerra, el final de esta parece lejano y la negociación, aun imposible. Para Rusia no hay otra opción que la victoria, lo que supondría la fragmentación territorial de Ucrania. Esta opción no es asumible, ni por este país ni por los aliados de la OTAN, ya que significaría dar carta blanca a los infractores de las normas más básicas del orden internacional y dar alas a otras posibles infracciones. En esta coyuntura, cada movimiento político-diplomático de China es analizado con lupa y también, desde Occidente, con escepticismo y desconfianza.

Por una parte, China es vista como posible mediador y, de otra, es temida y presentada, sin duda con cierta intencionalidad política, como potencial agresor de Taiwán. Su posición política es asertiva y dura en los términos y timorata en las actuaciones. Su capacidad mediadora es incierta. La mediación podría aportarle su tan anhelada relevancia política, pero también, en caso de fracasar, una responsabilidad que no desea asumir en absoluto. China crece en la estabilidad y para ello necesita la paz, pero le basta una paz de mínimos, el mero cese del conflicto armado, sin que se solvente el conflicto político. Está incómoda junto a la agresora Rusia, por cuanto esto puede perjudicar a sus negocios. Igualmente lo está alejándose de ella, en la medida que esto puede ayudar a consolidar el poder y la hegemonía de Estados Unidos, su principal rival.

En este escenario geopolítico convulso, en el que la rivalidad entre las potencias estadounidense y rusa se ha intensificado peligrosamente y en que las tensiones con China también se incrementan, la reflexión sobre la seguridad es más necesaria que nunca. La seguridad ha sido una cuestión nuclear de la disciplina de las Relaciones Internacionales desde sus orígenes. El concepto de la seguridad ha ido evolucionando, impulsado por la necesidad de captar las transformaciones de los retos y las amenazas a la seguridad internacional y global y poderles hacer frente, teórica y políticamente. Las diferentes aproximaciones teóricas han dado respuestas diferentes a las cuestiones en torno a la seguridad: función, capacidad y valor de los regímenes internacionales de seguridad, de las alianzas defensivas, del proceso de securitización, etc.

En esta línea, esta obra pretende contribuir, desde las Relaciones Internacionales, desde la reflexión académica, a la comprensión algunos de los acontecimientos que en el ámbito de la seguridad marcaron la actualidad en el año 2022: el inicio de la guerra en Ucrania y la elaboración del nuevo Concepto Estratégico de la Alianza Atlántica. Aunque son hechos independientes, sin duda, la agresión armada de Rusia a Ucrania pronunció, si no determinó, algunos de los cambios recogidos en el nuevo Concepto Estratégico de la Alianza.

Versiones preliminares de los trabajos que aquí se presentan fueron presentadas en el VI Seminario AEPDIRI sobre temas de actualidad en Relaciones Internacionales, celebrado en la Escuela Diplomática de Madrid (a la que los coordinadores de esta obra colectiva deseamos agradecer la generosa cesión de sus espacios), el 21 de octubre de 2022, en el que un nutrido grupo de profesores de la disciplina se reunió para reflexionar y debatir conjuntamente sobre estas cuestiones El seminario concedió un espacio especial al análisis del valor de la OTAN como organización de seguridad y defensa colectiva tras la Cumbre de Madrid y la adopción del nuevo Concepto Estratégico de la Alianza. Queremos agradecer de forma especial el apoyo y patrocinio de la División de Diplomacia Pública de la OTAN, a través de su programa de proyectos, a la organización del seminario y a esta publicación.

Los trabajos que contiene esta obra, desde prismas muy distintos, abordan el examen de la guerra en Ucrania como la última manifestación de un conflicto sistémico que ya se había revelado en ámbitos como el económico, comercial y tecnológico, resultado de la pugna entre los Estados promotores del orden liberal y los Estados revisionistas del multilateralismo y la hegemonía occidental. El enfrentamiento bélico en suelo ucraniano podría provocar cambios en la estructura de poder del sistema internacional, aunque siempre modelados por los grandes niveles de interdependencia en una sociedad internacional profundamente globalizada e interconectada.

Una buena parte de las aportaciones que ofrecen las siguientes páginas analizan las consecuencias de la guerra en Ucrania para el sistema de seguridad occidental y, en concreto, para la Unión Europea a la luz de los cambios en las instituciones e instrumentos jurídico-políticos que conforman el régimen de seguridad y defensa en la zona euroatlántica. Estos cambios han venido precedidos de la reapertura del debate acerca de la necesidad de fortalecer las capacidades operacionales, logísticas, armamentísticas y tecnológicas de la Unión Europea para poder redefinir su papel como actor global. El eterno dilema relativo a los parámetros de cooperación, complementariedad o subordinación sobre los que tienen que avanzar las relaciones transatlánticas entre la Política Común de Seguridad y Defensa de la Unión Europea y la OTAN en el nuevo contexto de seguridad europeo sigue vigente. Es evidente que estas cuestiones seguirán abiertas, incluso después de la guerra en Ucrania, pero, por ahora, han provocado que tanto la UE como la OTAN hayan actuado en varios sentidos para poder dar respuesta a una situación de (in)seguridad, probablemente, mucho más compleja y delicada que la que abordaron ante la guerra en los Balcanes o el 11 de Septiembre.

En primer lugar, la OTAN elaboró, en junio de 2022, un nuevo Concepto Estratégico en el que se revaloriza la función primigenia defensiva de la organización ante la amenaza de los conflictos interestatales y la necesidad de gestionar con éxito los posibles procesos de disuasión nuclear; aunque sin obviar las amenazas híbridas y cibernéticas y las responsabilidades que ha ido adquiriendo esta organización en la gestión de crisis internacionales. Y, en el marco de la Unión Europea, la adopción de la Brújula Estratégica, en marzo de 2022, ha dado pie a un replanteamiento de la autonomía defensiva de la organización y a la necesidad de definir el alcance y articulación de la cláusula de defensa mutua contenida en el artículo 42.7 del TUE.

En segundo lugar, la guerra en Ucrania ha llevado a algunos Estados europeos a revisar sus tradicionales posiciones en materia de seguridad y defensa, y tomar la decisión de contribuir más al sistema defensivo europeo y euroatlántico. En el caso danés, participando en la PCSD de la UE, y en los casos de Finlandia (último país en ingresar en la OTAN, el 3 de abril de 2023) y Suecia, a la espera del levantamiento del "veto" de Turquía y Hungría a su próximo ingreso en la Alianza. Además, en su conjunto, los Estados miembros están realizando un esfuerzo económico sin precedentes (inimaginable antes del conflicto bélico) en el desarrollo y transferencia de armamento de todo tipo para nutrir a las tropas ucranianas en su lucha contra el ejército ruso. En definitiva, se están produciendo una serie de cambios en las políticas de Estados tradicionalmente alejados de alianzas defensivas y un incremento de la inversión militar en el marco de países democráticos liberales en los, hacía décadas, que la ciudadanía había dejado de concebir el gasto militar como una prioridad frente a otros ámbitos de la actividad del Estado.

Y, en tercer lugar, el conflicto en Ucrania ha rescatado la necesidad de caracterizar cómo deben ser las relaciones OTAN-UE con el objetivo de no duplicar recursos y esfuerzos. En este sentido, aunque las funciones defensivas de la Alianza nunca se han cuestionado, sí que se ha hecho continuamente en el caso de la Unión Europea, que más allá de sufrir una fuerte inflación de órganos, proyectos y documentos programáticos en materia de seguridad y defensa, de éxito y utilidad cuestionables, no ha conseguido provocar un consenso entre europeístas y atlantistas acerca de un modelo de autonomía defensiva o estratégica europeo frente a la OTAN y, en especial, frente a Estados Unidos.

La actividad de la UE en materia de gestión civil de crisis ha tenido resultados más que contrastados, por lo que las posiciones a favor de concentrar y especializar la política de seguridad y defensa de la Unión en este ámbito se presentan como sensatas. Pero el modelo defensa europea autónoma, que requeriría ulteriores esfuerzos en gasto militar y desarrollo de productos defensivos, así como una revisión de los compromisos de los Estados miembros en el marco de otras organizaciones no está descartado, especialmente desde que han desaparecido los obstáculos que el Reino Unido solía plantear ante esta idea y de que la guerra en Ucrania haya demostrado que las democracias, más o menos perfectas, también luchan entre ellas e, incluso, algunas pueden ser agresivas e imperialistas.

Pero, ni el incremento del gasto, ni un mayor compromiso con el sistema defensivo europeo por parte de los Estados con políticas de seguridad tradicionalmente más neutrales, por ahora, se han traducido en un acuerdo sobre las relaciones OTAN-UE, y el papel de la Unión en la defensa europea sigue sin resolverse, después de más de un año desde que la guerra en Ucrania comenzase. La incertidumbre sobre cuándo se producirá el final de conflicto y en qué circunstancias quedará la Federación Rusa como potencia hegemónica, el rol de China como potencia pacificadora, a la vez que revisora del orden internacional, y la complejidad de una sociedad internacional en la que la guerra no es capaz de desconectar a los Estados enfrentados en el ámbito energético, económico, tecnológico o comercial, son algunos de los aspectos en los que esta obra colectiva propone reflexionar y barajar opciones, escenarios y oportunidades.

2. EL VALOR DE LAS ALIANZAS Y LOS REGÍMENES DE SEGURIDAD EN EL MARCO DE LA TEORÍA DE LAS RELACIONES INTERNACIONALES

El primero de los bloques de esta monografía se abre con el capítulo de Monserrat Pintado acerca de la gestión de las grandes potencias en la sociedad internacional actual.

La sociedad internacional europea ha asistido con preocupación a la paulatina desestabilización de sus bases, culminando con la invasión rusa de Ucrania. Para evaluar esta crisis, los análisis ligados a la escuela realista han sido mayoritarios. Sin embargo, según la autora, un estudio a partir de la Escuela Inglesa permite evidenciar cómo las potencias occidentales han basado sus relaciones con Rusia en una aproximación al entorno claramente solidarista, mientras que Moscú ha apostado por una visión pluralista.

Este cisma se evidencia especialmente en el funcionamiento de la institución de la gestión de las grandes potencias, donde es posible reconocer las diferencias conceptuales que se han exacerbado en el espacio de seguridad europeo; así, defiende la autora, la OTAN, como como institución secundaria, es también reflejo de los cambios que se están produciendo en las funciones de las potencias en la sociedad internacional europea y en las relaciones de la organización con Rusia. Es por ello, por lo que son necesarios marcos conceptuales diversos, más allá de los escenarios tradicionales realistas, que construyan un relato más rico que el del neorrealismo y el neoliberalismo. Hay, en ese punto, una alianza necesaria entre la Escuela Inglesa y el constructivismo, concluye Monserrat Pintado.

Como complemento a dicho análisis, Dennis Sorondo se ocupa de las diversas y a menudo divergentes lecturas del concepto seguridad y que pueden, en el largo plazo, hacer emerger tensiones que fracturen la unidad de la OTAN como alianza. Esa unidad fue puesta de manifiesto, de forma particular con la adopción de su último Concepto Estratégico en Madrid, el día 29 de junio de 2022, en un momento crítico para la seguridad y para la paz y estabilidad internacionales. Para ello, tras exponer brevemente cómo se ha interpretado la seguridad en las Relaciones Internacionales, Sorondo realiza una lectura crítica de los últimos cuatro Conceptos Estratégicos de la Alianza, examinando los procesos discursivos con los que la OTAN ha ido construyendo "su" seguridad. Por otro lado, el autor examina también los usos (y abusos) que la Federación Rusa ha realizado del concepto en el contexto de la guerra en Ucrania. De cara al futuro, Sorondo concluye que, pese a que la agresión rusa a Ucrania ha fortalecido la unidad de la OTAN en torno a la seguridad, definida tanto en términos territoriales y militares como identitarios y culturales, los diversos y divergentes significados que adquiere la seguridad, sobre todo, en situaciones de conflicto pueden (re)producir a la larga tensiones en la Alianza tanto entre lo contingente (definiciones y acciones) y lo consistente (discursos acerca de la identidad, los valores, etc.) como al interior de ambos planos.

El tercero de los capítulos de esta parte analiza las normalidades del cambio climático articuladas por la securitización neoliberal y el *greenwashing*. El texto, del que es autora Laila Vivas presta atención a las relaciones ontológicas entre la securitización del cambio climático y las prácticas de capitalismo verde, como el *greenwashing*, concepto que se refiere a la mejora en la imagen corporativa de una empresa mediante la publicidad engañosa de productos o medidas que se autoproclaman favorables para el medio ambiente. En base a argumentaciones sobre las epistemes y narrativas de la modernidad, la autora manifiesta que la securitización del cambio climático y el *greenwashing* se articulan, o sostienen, mutuamente. Se refuerzan ambas tendencias, primeramente, a través de la coyuntura ideológica que presentan. En segundo lugar, el *greenwashing* propicia condiciones de *macro-securitización* que expanden la noción de cambio climático y forjan en ella un sentido común neoliberal. Dar cuenta de estas articulaciones permite entender mejor la securitización y los sentidos normalizados de "cambio climático". Estos sentidos, entre otras consecuencias, perpetúan paradigmas dualistas de la naturaleza-sociedad y comportan graves repercusiones eco-sociales, concluye Laila Vivas.

3. EL NUEVO ESCENARIO DE SEGURIDAD: RIESGOS Y AMENAZAS EMERGENTES

El segundo de los bloques de este libro, dedicado al nuevo escenario de seguridad (o inseguridad), lo inaugura el capítulo de Esther Barbé acerca del dilema de seguridad de la conectividad y sus implicaciones para la fragmentación del orden internacional. Entender los cambios en el orden internacional desde el prisma de la seguridad nos obliga a poner el foco en la conectividad como fuente de inseguridad. Sin embargo, vincular interdependencia a conflicto es contrario a los cánones establecidos y nos plantea dudas: ¿las amenazas derivadas de la conectividad sustituyen a las amenazas tradicionales?, ¿cabe esperar una disminución de las capacidades militares tradicionales?, ¿cómo afecta la *weaponization* de la interdependencia al orden internacional de nuestro mundo, globalizado y fuertemente regulado?, ¿cómo interactúan geopolítica y gobernanza global?, se pregunta la autora. El texto aborda dichas preguntas apoyándose en tres ideas centrales en la teoría de las Relaciones Internacionales –el dilema de seguridad, la paz como producto de la interdependencia y el orden internacional basado en reglas– con la intención de fomentar el debate académico y de abrir vías de investigación.

Patricia del Castaño se centra en la desinformación internacional (un fenómeno que ha cobrado relevancia académica en los últimos años) y cómo las democracias occidentales han comenzado a percibirlo como un gran desafío y una cuestión de (in)seguridad nacional e internacional, iniciando un proceso de securitización. Para la autora, la desinformación se ha convertido en un arma muy poderosa que, como ya se ha podido comprobar en más de una ocasión y, de forma especial, en el contexto de la actual guerra de Ucrania, es capaz de cumplir los mismos objetivos (o, al menos, similares) que los métodos más tradicionales empleados en conflictos. Ese fenómeno se enmarca en un nuevo territorio geoestratégico y tecnológico, producto de un proceso de digitalización de la sociedad internacional imparable, sumado a un contexto de transición de poder de naturaleza estructural. Y para ello, la OTAN juega un papel clave como actor *securitizador* a través del desarrollo de normativas, herramientas y mecanismos que permitan hacer frente a dicha amenaza.

En el capítulo "El nuevo escenario de seguridad de la OTAN": entre regionalismo y globalismo", Rafael Calduch Torres analiza la redefinición del papel internacional de la Alianza Atlántica y, por extensión, la cobertura y respuestas ante los nuevos riesgos y amenazas emergentes, tras la Cumbre de Madrid. Comprender cómo se está desarrollando ese proceso y cuáles son los problemas inherentes que España asume, como Estado miembro de la Alianza, es fundamental para poder entender que el actual concepto estratégico y sus revisiones no están respondiendo adecuadamente al dilema se plantea y que se materializa en la pregunta de si la Alianza debe mantener su función aliancista regional originaria o, definitivamente, transformarse en un actor de seguridad global cuya intervención no siempre es coincidente con las exigencias del sistema de seguridad colectiva de Naciones Unidas, como se demostró en la guerra de Kosovo (1999). La respuesta a esta cuestión definirá el futuro de la OTAN y, por extensión, afectará a la realidad de todos sus integrantes, concluye Calduch Torres.

Las llamadas noticias falsas han convertido definitivamente el uso de la información y los medios de comunicación en método y medio de guerra. De este importante asunto se ocupa Chema Suárez Serrano en el capítulo que lleva por título "Guerra de agresión y guerra informativa en ucrania. Llegó la hora de la verdad... y de las mentiras". La guerra en Ucrania ha puesto de acuerdo sobre este hecho a los Estados, las organizaciones internacionales y la justicia internacional, señala el autor. Antes de la invasión, Rusia y Ucrania (junto con todo el bloque occidental) ya cruzaban denuncias sobre el uso de la información falsa para socavar las instituciones de la otra, y una vez consumada la Unión Europea ha impuesto por primera vez la censura total sobre las publicaciones de determinadas empresas informativas, por considerarlas instrumentos de propaganda rusa con alto potencial desestabilizador. El trabajo aporta una visión crítica (y al mismo tiempo, disidente con relación a los análisis realizados hasta el momento) acerca de un problema de envergadura y llega a la conclusión de que, frecuentemente, las partes implicadas actúan de manera similar, copian las formas y modifican el fondo, justificando sus acciones y condenando al oponente, afirma Suárez Serrano.

La amenaza de utilización de armamento nuclear por parte de Rusia ha estado presente desde el inicio de la invasión de Rusia del territorio ucraniano, reavivando los debates acerca del valor del arma nuclear. El nuevo Concepto Estratégico de la OTAN reafirma el espíritu de "alianza nuclear" de la Organización. De conformidad con el Tratado de No Proliferación Nuclear de 1968, los Estados poseedores de armas nucleares garantizan su protección y la de los Estados, amparados por el "paraguas nuclear" con base en la –ya asentada– teoría de la disuasión nuclear. Sin embargo, las nuevas amenazas internacionales y, particularmente, la invasión rusa de Ucrania, han reabierto el debate en torno a la efectividad de dicha teoría, especialmente tras la entrada en vigor del Tratado de Prohibición de las Armas Nucleares en enero de 2021. De esta cuestión se ocupa Mónica Chinchilla en el capítulo "Las paradojas del nuevo régimen de seguridad: el valor de las alianzas para la no proliferación nuclear", cuestionado precisamente el valor añadido de las alianzas nucleares a la luz del contexto geopolítico actual. En opinión de Chinchilla, el examen del "orden nuclear" existente sugiere que, a pesar de las discrepancias pendientes de resolver, las alianzas nucleares forman un todo complementario en aras de unos objetivos comunes.

Cierra la segunda parte de esta monografía el trabajo de Itsasne Allende sobre "Colombia, un socio global de la OTAN en el siglo XXI". Colombia se ha convertido en el único país latinoamericano en ser oficialmente reconocido como "socio global" de la Alianza, consecuencia directa de su acercamiento a Estados Unidos, afirma Itsasne Allende, que analiza el diálogo entre ambos países, así como las relaciones entre Estados Unidos y sus socios latinoamericanos extra-OTAN latinoamericanos y los socios globales de la alianza, para comprender la estrecha colaboración entre Colombia y la OTAN en el siglo XXI.

4. RETOS FUTUROS: IMPLICACIONES DE LA GUERRA EN UCRANIA PARA LA POLÍTICA INTERNACIONAL DE SEGURIDAD Y DEFENSA DE LA ALIANZA ATLÁNTICA

El último de los bloques de este libro se inicia con un capítulo introductorio a cargo de Rafael Calduch Cervera acerca de las consecuencias de la guerra (sistémica) de Ucrania en el vínculo estratégico transatlántico y en el que el autor aborda, en primer lugar, la formulación teórica y los elementos esenciales del término guerra sistémica, a partir del propio concepto de sistema internacional, aceptado por una parte significativa de la doctrina internacionalista. La guerra en Ucrania, a diferencia de los conflictos bélicos de las últimas décadas, se ha constituido como una guerra sistémica al plasmar en términos bélicos el conflicto económico y estratégico que se ha desarrollado entre Estados Unidos y Rusia durante las dos últimas décadas. Las consecuencias de esta guerra no sólo afectarán a la seguridad continental europea, sostiene Calduch Cervera, sino que ya están provocando efectos económicos y energéticos en el conjunto de la sociedad global. Frente al desafío de la guerra y los cambios estructurales que está provocando se aprecia una importante brecha en el vínculo transatlántico y que se ha plasmado en los dos documentos estratégicos adoptados respectivamente por la OTAN y la UE, especialmente en relación con Rusia y China. Mientras la OTAN se amplía y, al mismo tiempo, aumenta su fragmentación interna, la UE demuestra una amplia capacidad de respuesta económica mundial y una manifiesta falta de autonomía estratégica respecto de Estados Unidos, concluye el autor.

Fernando Arlettaz analiza de qué forma la guerra en Ucrania ha influido en el nuevo Concepto Estratégico de la OTAN adoptado en Madrid en 2022 y, a la postre, en el giro defensivo de la Alianza. La OTAN ha tenido desde su creación un carácter fundamentalmente defensivo; sin embargo, tras el fin de la Guerra Fría, la Organización amplió su ámbito de actuación, añadiendo a su rol defensivo otras funciones relacionadas con el mantenimiento de la seguridad internacional. La agresión de Rusia a Ucrania ha subvertido el orden de seguridad en el área europea y del Atlántico norte. Señalar a la OTAN como responsable de la agresión rusa es empírica y teóricamente problemático, así como política y moralmente injusto, afirma el autor. En este nuevo contexto internacional, el Concepto Estratégico de 2022 ha vuelto a enfatizar la función defensiva de la Alianza.

El estado de las relaciones entre la OTAN y la Unión Europea tras la adopción nuevo del Concepto Estratégico de la Alianza es objeto de análisis por parte de Lucas Ruiz. El autor identifica los principales problemas que la UE y sus Estados miembros deben resolver para hablar con una "voz única" en materia de seguridad y defensa en el ámbito internacional y, en concreto, para tener una mayor relevancia en la OTAN. Por último, Lucas Ruiz se ocupa de lo dependencia de la OTAN –y, por ende, de Estados Unidos– respecto de la seguridad e integridad de los Estados miembros de la UE y cómo esta puede afectar a la pretendida autonomía estratégica y a su papel como actor internacional relevante en un orden internacional "postliberal" más belicoso.

Sin abandonar este último objeto de estudio, Mercedes Guinea profundiza en la relación entre ambas organizaciones en el contexto de la guerra en Europa con base en la pregunta ¿competencia y subordinación o complementariedad y cooperación? La invasión rusa de Ucrania sitúa la defensa europea en un asunto prioritario para los Estados europeos, lo que ha determinado que tanto la OTAN como la UE se hayan visto reforzadas. La aplicación del marco teórico de la Interacción Institucional permite examinar la relación existente entre ambas organizaciones, con relación a la defensa del continente europeo. Permite constatar que, con relación a la defensa colectiva europea, la Alianza Atlántica actúa como institución fuente, mientras que la UE lo hace como institución objetivo, de forma que el ámbito de acción y la PCSD de esta última se han desarrollado condicionadas por la primera. Igualmente existe una interacción conductual entre la OTAN y la UE que ha determinado la resistencia de los Estados miembros a desarrollar política y normativamente la asistencia mutua prevista en el artículo 42.7 del TUE, limitándolo a una mera cláusula de solidaridad política, afirma Mercedes Guinea.

Juan Pablo Soriano aborda el asunto de "la autonomía tecnológica de la UE como pieza clave en la construcción de una cultura estratégica europea". El desarrollo de nuevas capacidades tecnológicas de la UE en el ámbito de la seguridad y la defensa contribuyen al desarrollo y consolidación de una cultura estratégica europea común. A partir de la revisión diversos documentos estratégicos de la UE (presentados entre 2020-2022) que enfatizan la dimensión tecnológica de la autonomía estratégica de la UE el trabajo plantea tres argumentos: el primero de ellos se refiere al progresivo desarrollo de un análisis compartido entre los europeos sobre el escenario estratégico al que se enfrentan y sobre la urgencia de actuar en temas de tecnológicos vinculados a la seguridad y la defensa; el segundo se relaciona con la construcción del 'andamiaje conceptual' necesario para desarrollar una cultura estratégica europea; finalmente el tercero plantea que la actuación internacional de la UE ante las amenazas generadas por las nuevas tecnologías puede fortalecer la cohesión entre las elites estratégicas europeas. Estas tres cuestiones son pilares importantes en la construcción de una cultura estratégica europea común, señala Juan Pablo Soriano.

Cierra la obra David Hernández, con un análisis acerca de "la OTAN y el flanco Sur", con especial atención en la inquietante presencia de Rusia en el Sahel. Las crisis y conflictos en el Sahel tienen un impacto directo sobre la estabilidad de la Alianza y por ello, el flanco sur representa cada vez más un espacio estratégico para la OTAN y, particularmente, para los Estados miembros europeos del Mediterráneo. Los países sahelianos han pasado a ser un foco importante de inseguridad para las áreas geográficas limítrofes. El contexto se torna más complejo con la influencia creciente de Rusia en la región, afirma David Hernández. En este sentido, el capítulo analiza la respuesta noratlántica a las diversas amenazas en el Sahel, estudiando los intereses de Rusia y su forma Rusia y el bloque occidental.

El resultado de las contribuciones recogidas en esta obra demuestra el interés e inquietud de la academia, desde la perspectiva de las Relaciones Internacionales, por los asuntos relacionados con la seguridad y la defensa y, en concreto, acerca del nuevo escenario originado tras la invasión de Ucrania por parte de Rusia y su impacto para las alianzas y regímenes internacionales de seguridad, especialmente la OTAN. La pluralidad de aproximaciones teóricas al tema de la seguridad ha de servir para ser lectores críticos de los hechos y de las reacciones y, especialmente, para liberarnos de versiones reduccionistas, deterministas y politizadas.

Barcelona, Madrid y Granada, 25 de mayo de 2023

PARTE 1
EL VALOR DE LAS ALIANZAS Y LOS REGÍMENES DE SEGURIDAD EN EL MARCO DE LA TEORÍA DE LAS RELACIONES INTERNACIONALES

Capítulo 2

La gestión de las grandes potencias en la sociedad internacional actual. Una aproximación a la OTAN desde la Escuela Inglesa

MONTSERRAT PINTADO LOBATO*

1. INTRODUCCIÓN

A la incredulidad de la sociedad civil tras el inicio de la invasión rusa de Ucrania, ha seguido también un cierto trauma entre los académicos de Relaciones Internacionales ante la incapacidad explicativa mostrada por los marcos teóricos tradicionales. Pese a que la mayoría de los análisis se han centrado en el neorrealismo, el neoliberalismo y el constructivismo, este texto aprovecha la conceptualización contemporánea de la sociedad internacional por parte de la Escuela Inglesa[1], con el objetivo de construir un marco teórico-conceptual que permita entender el escenario en el que se desarrollará el nuevo concepto estratégico de la Organización del Tratado del Atlántico Norte (OTAN).

---

* Profesora Ayudante Doctora de Relaciones Internacionales en la Universidad de Santiago de Compostela (montserrat.pintado@usc.es).

1 Nos referimos al resurgir teórico de la de la Escuela Inglesa a raíz del artículo de Buzan. BUZAN, B., "The English School: An Underexploited Resource in IR", *Review of International Studies*, vol. 27, 2001, núm. 3, pp. 471-488.

El punto de partida es la conceptualización de la sociedad internacional en las aportaciones más modernas que, basándose en la tradicional división entre pluralismo y solidarismo, construyen un abanico de distintos grados que ésta puede presentar[2]. Con el objetivo de radiografiar la sociedad internacional en su versión regional europea, este texto parte de la hipótesis de que las potencias occidentales han construido sus relaciones hacia Rusia en base a una concepción más solidarista de lo que, en realidad, la contraparte rusa estaba considerando. Asistimos al regreso de un entorno forzada y crecientemente pluralista, donde vuelven a lo más alto de la agenda las cuestiones de seguridad tradicional[3]. Esta ruptura es especialmente evidente en una de las instituciones primarias de la sociedad internacional, la gestión de las grandes potencias, que recoge en su seno las instituciones derivadas de las alianzas (entre ellas, la OTAN[4] como institución secundaria).

Partiendo de esta perspectiva, es necesario explorar los retos a los que se enfrenta la gestión de las grandes potencias tras este conflicto. Esta pregunta no es nueva, ya fue explorada tras la guerra de Georgia (2008), insistiendo en el proceso de cambio en el paradigma de seguridad que se estaba produciendo en Europa que, precisamente, encontraba su expresión en las instituciones de la sociedad internacional[5]. Actualmente, la ruptura entre Rusia y Occidente hace necesario reevaluar el

---

2 BUZAN, B., *From International to World Society? English School Theory and the Social Structure of Globalization,* Cambridge, Cambridge University Press, 2004.

3 CUI, S. y BUZAN, B., "Great Power Management in International Society", *The Chinese Journal of International Politics,* vol. 9, 2016, núm. 2, pp. 181-210, p. 196.

4 BUZAN, B., *From International... op. cit.*, p. 187.

5 ASTROV, A., "Great Power Management Without Great Powers? The Russian-Georgian War of 2008 and global Police/Political Order" en ASTROV, A. (ed.), *The Great Power (mis)Management. The Rus-*

estado de esa institución primaria, sin descartar que los últimos acontecimientos hayan minado la legitimidad de los actores o, yendo más lejos, de la propia institución, al fracasar en el ejercicio de varias de sus funciones esenciales, como el control de las crisis, la limitación de los conflictos "centrales" o el respeto de las esferas de influencia[6].

Es cierto que, a lo largo de los últimos meses, ha sido posible observar un cierto mantenimiento de las fronteras conceptuales propias de la Guerra Fría, evitando una escalada de tensiones ruso-estadounidense en materia nuclear. Sin embargo, la incapacidad de evitar la invasión pone de relieve las dificultades de la institución de las grandes potencias para mantener el orden y diluye por completo la ilusión occidental-solidarista que le otorgaba a esta institución capacidades normativas y de justicia[7]. Además, el retorno de la agenda de seguridad tradicional se manifiesta no solo con la relevancia otorgada a la Cumbre de la Alianza, sino también con el incremento de la centralidad de la gestión entre las grandes potencias y la revitalización de las alianzas y las esferas de influencia[8].

Este texto explorará, por tanto, cómo el concepto de la gestión de las grandes potencias permite analizar las raíces de las diferencias conceptuales del espacio de seguridad euroasiático. Para ello, en primer lugar, se revisarán las características de la sociedad internacional euroasiática. En segundo lugar, tras ofrecer una conceptualización actualizada de la institución de la gestión de las grandes potencias desde la Escuela Inglesa,

---

sian-Georgian War and its Implications for Global Political Order, Abingdon, Routledge, 2011, pp. 1-23, p. 1.

6 CUI, S. y BUZAN, B., *op. cit.*, p. 196.

7 MAKARYCHEV, A., "Russia and NATO After the Georgia War: Re-Actualizing the Great Power Management Prospects" en ASTROV, A. (ed.), *op. cit.*, pp. 59-78, p. 63.

8 CUI, S. y BUZAN, B., *op. cit.*, p. 197.

se estudiará su el funcionamiento en el escenario actual. Finalmente, a la luz del nuevo concepto estratégico, se trazarán algunas propuestas sobre cómo el repensamiento teórico de esta institución permite abrir nuevas líneas teóricas y prácticas.

2. LA SOCIEDAD INTERNACIONAL EUROPEA (SIE). ENTRE SOLIDARISMO Y PLURALISMO

El concepto central de sociedad internacional dentro de la Escuela Inglesa ha experimentado en estos últimos años un proceso de redefinición de sus postulados más clásicos. Estos nuevos caminos teóricos demuestran la necesidad de repensar ciertos conceptos clásicos a la luz de la realidad internacional contemporánea. La puerta abierta hacia una actualización del concepto de sociedad internacional (SI) estimula precisamente la reflexión sobre procesos que tienen lugar no solo en ese terreno global, sino en articulaciones inferiores como las SI regionales o subglobales. La aportación de ese descenso en el nivel de análisis radica en la identificación de ciertas dinámicas de fragmentación o diferenciación de las instituciones primarias cuando nos acercamos a niveles regionales o subglobales[9]. A este respecto, resulta particularmente interesante un acercamiento a la SIE, con el fin de estudiar si existen procesos de diferenciación o fragmentación en esta área y, concretamente,

---

[9] La visión de la fragmentación, defendida por Costa-Buranelli es descartada por Buzan y Schouenborg, que optan por hablar de "diferenciaciones". BUZAN, B. y SCHOUENBORG, L., *Global International Society. A new Framework for Analysis*, Cambridge, Cambridge University Press, 2018, p. 99; COSTA-BURANELLI, F., '"Do You Know What I Mean?' "Not Exactly": English School, Global International Society and the Polysemy of Institutions", *Global Discourse*, vol. 5, 2015, núm. 3, pp. 499-514.

si esos procesos han afectado a la institución de las grandes potencias, tal y como se abordará más adelante.

La propia Escuela Inglesa, desde sus orígenes, ha marcado la SIE como el germen desde el que se produjo la posterior expansión a la sociedad internacional global, aunque recientemente este "dogma" clásico está siendo matizado[10]. Esta es una de las muestras que evidencia la centralidad de la sociedad regional europea en el estudio de la SI y sus instituciones.

De hecho, varios autores han recalcado la capacidad de la sociedad internacional europea para impulsar la convergencia entre sus miembros (en referencia, principalmente, a los estados miembros (EE.MM.) de la Unión Europea (UE) y a aquellos Estados en proceso de adhesión) en base a una visión solidarista que se esperaba que funcionase de igual modo con la Rusia de la posguerra fría[11]. De un inicio, la retórica parecía prometedora, con la llamada en 1993 del entonces presidente Boris Yeltsin a participar de la "comunidad de Estados civilizados"[12], pero ha ido mostrando paulatinamente

---

10 Nos referimos a la famosa obra de Adam Watson y Hedley Bull, que recientemente está siendo contraargumentada con la visión globalizadora recogida, por ejemplo, en la obra coordinada por Reus-Smit y Dunne. BULL, H. y WATSON, A. *The Expansion of International Society*, Oxford, Clarendon Press, 1985; DUNNE, T. y REUS-SMIT, C. (eds.), *The Globalization of International Society*, Oxford, Oxford University Press, 2017.

11 KACZMARSKA, K., "Russia's droit de regard: pluralist norms and the sphere of influence", *Global Discourse*, vol. 5, 2015, núm. 3, pp. 434-448; ALLISON, R., *Russia, the West, and Military Intervention*, Oxford, Oxford University Press, 2013, p. 44; KROPATCHEVA, E., "Russia and the Role of the OSCE in European Security: A 'Forum' for Dialog or A 'Battlefield' of Interests?", *European Security*, vol. 21, 2012, núm 3, pp. 370-394, p. 376.

12 STIVACHTIS, Y. A., "Liberal democracy, market economy, and international conduct as standards of 'civilization' in contemporary

un rechazo a ese centro solidarista. La lectura, desde la visión rusa, señala a la utilización del argumento solidarista como instrumental por los Estados europeos occidentales, valiéndose de la promoción democrática como vía para romper la esfera de influencia deseada por el Kremlin y disfrazando como intervenciones humanitarias lo que para Rusia está influido por claros intereses geopolíticos[13].

Este paulatino desengaño ha venido acompañado de un refuerzo del centro de esa sociedad internacional europea, con una creciente cohesión entre sus miembros (principalmente los EE.MM. de la UE) y con lo que algunos han denominado estándar de civilización moderno, centrado en la democratización[14]. La creciente socialización de ese centro hacia zonas cercanas e incluso parte del espacio postsoviético, unida al no reconocimiento de Rusia como parte de este, no han hecho sino reforzar la autoimagen que Moscú trataba de construir como una potencia revisionista[15].

No obstante, esto no significa que los actores en el centro de la SIE hayan expulsado de ese centro a Rusia, sino que, como indica Kaczmarska, nunca ha sido considerado un miembro

---

international society: The case of Russia's entry into the 'community of civilized states'", *Journal of Eurasian Studies*, vol. 6, 2015, núm. 2, pp. 130-142, p. 130.

13 KACZMARSKA, K., *op. cit.*, p. 438.

14 STIVACHTIS, Y. A., "'Civilizing' the Post-Soviet/Socialist Space: An English School Approach to State socialization in Europe. The Cases of NATO and the Council of Europe", *Perspectives*, vol. 18, 2010, núm. 2, 2010, pp. 5-32.

15 Sakwa apunta que ese revisionismo está más centrado en asegurarse una aplicación ecuánime de las normas más que en una propuesta normativa alternativa, pero no es descabellado apuntar hacia una enmienda completa, incluyendo las normas más básicas de una SI pluralista, como la soberanía y la no intervención. SAKWA, R., "Russia and Europe: Whose Society?", *European Integration*, vol. 33, 2011, núm. 2, pp. 197-214.

de pleno derecho, permaneciendo en una suerte de limbo[16]. De hecho, Aalto dibuja varias subdivisiones que componen la SIE con el fin de estudiar de mejor manera las relaciones de Moscú con los Estados europeos. Esto le permite al autor argumentar la importancia de la participación en la SIE para Rusia, como forma de reforzar su identidad europea (en detrimento de su identidad asiática), por lo que la situación actual pone en tela de juicio su continuidad, a través de un proceso de desconexión en las relaciones[17]. En consecuencia, cada vez se profundiza más la separación entre esa SIE solidarista, caracterizada por la convergencia de valores, un sentido de comunidad común y de cooperación, en la que la OTAN está inserta, y una sociedad internacional paneuropea, donde los actores se rigen únicamente por las características puramente pluralistas, como la coexistencia, la cooperación limitada o los mecanismos de equilibrio clásicos para manejar los asuntos globales[18].

3. LA INSTITUCIÓN DE LA GESTIÓN DE LAS GRANDES POTENCIAS. UNA APROXIMACIÓN ACTUAL

La Escuela Inglesa ha dedicado una importante atención a la institución de la gestión de las grandes potencias, como una de las instituciones primarias recogidas ya por los clásicos. El breve catálogo dibujado por esos autores ha sido

---

16 KACZMARSKA, K., *op. cit.*, p. 437; NEUMANN, I. B., "Entry into International Society Reconceptualised: The Case of Russia", *Review of International Studies*, vol. 37, 2011, núm. 2, pp. 463-484, p. 464

17 AALTO, P., "Russia's Quest for International Society and the Prospects for Regional-Level International Societies", *International Relations*, vol. 21, 2007, núm. 4, 2007, pp. 459-478, p. 483.

18 STIVACHTIS, Y. A., "Regionalism" en Navari, C. (ed.), *International Society. The English School*, Londres, Palgrave Macmillan, 2021, pp. 109-127, p. 114.

expandido[19] y la relevancia actual de algunas instituciones ha sido ampliamente debatida, principalmente en relación con la vigencia de la institución de la gestión de las grandes potencias en una sociedad internacional unipolar. En ese escenario, algunos autores se han profundizado en los axiomas centrales que rigen a la institución de la gestión de las grandes potencias, con especial interés en el papel de Rusia y su relación con esta institución tras la guerra de Georgia (2008) y la anexión de Crimea (2014).

Cabe recordar que la gestión de las grandes potencias (GGP) forma parte de las cinco instituciones formuladas por Bull en una de las obras cumbre de la Escuela Inglesa, "La Sociedad Anárquica"[20]. Desde esta concepción tradicional, la GGP constituye un difícil equilibrio entre la verticalidad jerárquica y la horizontalidad selectiva, ya que son éstas las que "contribuyen al orden internacional manteniendo los sistemas locales de hegemonía dentro de los cuales el orden es impuesto desde arriba, y colaborando entre sí para controlar el equilibrio de poder global y, de vez en cuando, para imponer su voluntad conjunta sobre otros"[21]. La clave es que el compromiso de las grandes potencias dentro de la sociedad internacional no es con la justicia, ligada a concepciones tendentes al solidarismo, sino con el orden, elemento claramente pluralista[22]. Ese compromiso se hace patente en el principio central de la GGP, el consenso tácito y compartido de que las potencias gestionan sus relaciones en base a un entendimiento de la necesidad de unas restricciones y procesos de coordinación

---

19 BUZAN, B., *From International… op. cit.*, p. 187.

20 Las cuatro restantes son el equilibrio de poder, la guerra, la diplomacia y el derecho internacional.

21 BULL, H., *The Anarchical Society. A study of Order in World Politics*, Basingstoke, Palgrave, [1977], 2002, p. 89.

22 MAKARYCHEV, A., *op. cit.*, p. 63.

mutuos que permitan evitar excesos que provoquen la desestabilización del orden internacional[23]. La GGP, como vía para preservar la sociedad de Estados, regula los límites entre los que las potencias pueden ejercer su influencia, con el fin de promover el orden internacional, limitando el impacto sistémico de sus crisis y ostentando una posición de liderazgo en los asuntos internacionales[24].

Cuando estas relaciones se convierten en "desordenadas" no solamente afectan al orden internacional, sino que erosionan la legitimidad de esas potencias y la de la propia institución[25]. De hecho, cabe recordar que se trata de un proceso institucionalizado de jerarquía en el seno de la sociedad internacional, donde a cambio de esa legitimidad para ostentar ese estatus, las potencias aceptan responsabilidades y derechos especiales, que operan principalmente en los problemas globales[26]. Si bien a menudo se retrata a estas potencias como aquellas que ostentan las mayores capacidades materiales, no es menos cierto que, desde el fin de la guerra fría y a causa de la primacía material de Estados Unidos, la definición de gran potencia tiene menos que ver con lo material y cada vez más

---

23 GOH, E., "East Asia as regional international society: the problem of great power management" en BUZAN, B. y ZHANG, Y., *Contesting International Society in East* Asia, Cambridge, Cambridge University Press, 2014, pp. 167-188, p. 171.

24 *Ibidem*, p. 169; BULL, H., *op. cit.*, p. 200.

25 CUI, S. y BUZAN, B., *op. cit.*, p. 196.

26 *Ibidem*. Las responsabilidades especiales se refieren a un grupo diferenciado de obligaciones consensuadas, base del principio de diferenciación social a la hora de gestionar problemas globales, reflejando tanto la igualdad formal del entorno internacional como la desigualdad y jerarquía existente en cuanto a capacidades materiales. BUKOVANSKI, M., CLARK, I., ECKERSLEY, R. *et al.*, *Special Responsibilities. Global Problems and American Power*, New York, Cambridge University Press, 2012, pp. 13 y 16.

con un estatus, un reconocimiento otorgado por otros[27]. Por ello, la capacidad de éstas para realizar una gestión eficaz es clave a la hora de mantener la legitimidad para ostentar ese rol.

Las funciones de la GGP basculan entre lo regional y lo global, máxime teniendo en cuenta que, en las últimas décadas, esta institución ha tenido que convivir con una estructura internacional unipolar. Aún bajo esa sombra, las grandes potencias siguen siendo responsables del equilibrio de poder global y de reducir la conflictividad, limitando o conteniendo las guerras consideradas centrales y ejerciendo también una labor de control de crisis al más alto nivel. La preponderancia local también les otorga importantes roles regionales, donde la gestión de crisis entre potencias es también relevante. Buzan y Cui, entre las funciones de las GPM, recogen también el respeto a las esferas de influencia del resto de potencias[28]. Dicho de otro modo, las grandes potencias deben basar su comportamiento en una gestión que vaya más allá de los intereses nacionales, alineado con lo que Watson denominaba como *raison de système*[29]. Los cambios en la distribución de poder y la progresiva pérdida de poder de aquellas potencias colocadas en el centro en favor de otras periféricas suponen también un reto para la institución. De hecho, este proceso, aún en curso, en vez de contribuir a una profundización de una SI integrada e interdependiente, definido por Acharya y Buzan como "pluralismo profundo", parece caminar hacia una mayor resistencia hacia esos cambios materiales y sociales, evidente en las dificultades de algunas potencias para reconocer el

---

27 CLARK, I., *Hegemony in International Society*, Oxford, Oxford University Press, 2011, p. 34.

28 CUI, S. y BUZAN, B., *op. cit.*, p. 196.

29 WATSON, A., *The Evolution of International Society*, Londres, Routledge, 1992, p. 14.

rol ascendente de otras y por la creciente consideración de enemistad entre los Estados que forman parte de ese club[30].

Esa contestación del pluralismo provoca que, cada vez más, las potencias sean incapaces de identificar intereses compartidos, base para una gestión efectiva de las grandes potencias. Esos intereses estaban a menudo ligados a las funciones definidas anteriormente, una *raison de système* que socializaba entre el club de potencias la idea de que un sistema internacional estable era, no solo la base para su crecimiento, sino de su propia legitimidad. Así, la gestión de las grandes potencias descansa, en gran medida, en la convicción por parte de éstas de que los costes de mantener una visión sistémica y, a veces, anteponerla al interés nacional son menores que los beneficios derivados de esa estabilidad y del mantenimiento del rol que ostentan.

Ahora, esas potencias se han convertido en "autistas", carentes de visión global y únicamente movidas por el interés propio, lo que paulatinamente erosiona su legitimidad[31]. En ese diagnóstico de Acharya y Buzan, esas grandes potencias "autistas" no son conscientes de las respuestas sociales a sus acciones y entran en una peligrosa espiral de acción-reacción o, dicho de otro modo, de huida hacia adelante. En este punto, las medidas de creación de confianza son difíciles de establecer, ya que cada actor tiene una visión única y casi inamovible de "lo correcto" y de sus derechos. Desaparece, entonces, ese concepto del "potencias responsables"[32] y con ella aparece una creciente fractura de la sociedad internacional.

---

30 ACHARYA, A. y BUZAN, B., *The Making of Global International Relations. Origins and Evolution of IR at its Centenary*, Cambridge, Cambridge University Press, 2019, p. 266.

31 CUI, S. y BUZAN, B., *op. cit.*, pp. 204-205.

32 ACHARYA, A. y BUZAN, B., *op. cit.*, p. 270.

4. ENTRE EL SOLIDARISMO Y EL PLURALISMO: LA GESTIÓN DE LAS GRANDES POTENCIAS EN LA SOCIEDAD INTERNACIONAL EUROPEA

Tradicionalmente, el continente europeo ha constituido el eje central de la pugna entre las grandes potencias. La llegada de la era unipolar dominada por EE.UU. y la alianza Occidental, nacida en la Segunda Guerra Mundial y sustentada en el cisma identitario de la Guerra Fría, constituye uno de los ejes centrales de la SIE, considerada como una SI avanzada de tintes claramente solidaristas[33].

La alianza entre las potencias europeas y Estados Unidos constituye una anomalía reseñable en esta sociedad internacional, solo comparable al caso de Asia Oriental, donde este actor externo juega también un rol fundamental en la gestión regional de las relaciones entre potencias. La intermediación de ese actor externo, además de constituir un hecho diferenciador, trasforma las relaciones de las potencias intrarregionales y, tal y como argumenta Goh aplicado al caso de Asia Oriental, si bien previene que surja un conflicto directo en la región, también impide que las potencias aprendan a gestionar por sí mismas la estructura regional y pospone la gestión recíproca entre ellas[34].

La sociedad internacional regional europea presenta una segunda particularidad, la existencia de una institución supranacional de integración que paulatinamente ha ido avanzando geográfica y políticamente hasta construir una sociedad

---

33 AHRENS, B. y DIEZ, T., "Solidarisation and its limits: the EU and the transformation of international society", *Global Discourse*, vol. 5, 2015, núm. 3, pp. 341-355; BUZAN, B., *From International... op. cit.*, p. 160.

34 GOH, E., *op. cit.*, p. 182; KUPCHAN, C., "After Pax Americana: Benign Power, Regional Integration, and the Sources of a Stable Multipolarity", *International Security*, vol. 23, 1998, núm. 2, pp. 40-79, p. 63.

internacional "profunda" caracterizada por unas relaciones reguladas por normas y reglas[35].

En líneas anteriores nos hemos preguntado sobre el papel de la Rusia postsoviética en esa sociedad regional. Cabe preguntarse ahora cuál es la capacidad de las potencias regionales de interactuar con Rusia en este escenario, máxime teniendo en cuenta que las instituciones primarias de la sociedad internacional pueden sufrir un proceso de diferenciación a nivel regional que, entre otras, puede dar lugar a interpretaciones regionales específicas de esas instituciones[36]. Un buen punto de partida para abordar este tema es el establecido por Astrov, que entiende que la Guerra de Georgia (2008) ejemplifica un cambio de paradigma en la seguridad en Europa que encuentra un claro reflejo en las instituciones primarias. De hecho, en el caso de las potencias, Georgia marca el fin de la ilusión de que Rusia no utilizaría la agresión como forma de ejercer su política exterior, razonamiento en el que se habían basado las distensiones en materia de seguridad post 11S[37].

El argumento para llevar adelante esa acción ya lo adelantaba, un año antes, el presidente Putin durante su intervención en la Conferencia de Seguridad de Múnich: el entorno de seguridad mundial (y especialmente el europeo) estaba construido desde una visión de una estructura de poder unipolar donde las interacciones y los puntos de encuentro entre los aliados

---

35 Utilizamos la denominación profunda para referirnos a la "thick international society" y "sociedad internacional superficial" para los aspectos referidos a la "thin international society". *Vid*, por ejemplo, SAKWA, R., *op. cit.*, p. 203.

36 BUZAN, B. y SCHOUENBORG, L., *op. cit.*, p. 99. Los autores se basan en LASMAR, J. M., ZAHREDDINE, D. y GRIBEL LAGE, D. A., 'Understanding Regional and Global Diffusion in International Law: The Case for a Non-Monolithic Approach to Institutions', *Global Discourse*, vol. 5, 2015, núm. 3, pp. 470-496.

37 ASTROV, A., *op. cit.*, p. 1.

occidentales y Rusia cada vez eran menores[38]. Cabe también reseñar el paulatino alejamiento de Rusia de la identidad europea, principalmente tras el *shock* que supusieron las recetas económicas de los años 90, así como los avances escasos que le ofrecía su colaboración tanto con Europa como con EE.UU., al tiempo que avanzaba una progresiva fragmentación del espacio postsoviético[39]. Tal y como recoge Morales, esto no elimina la identidad europea de Rusia, sino que la hace constituirse como "otra Europa" en contraposición a la Europa Occidental regida por el solapamiento de la UE y la OTAN, una Europa alternativa donde el refuerzo de su papel como gran potencia es clave en su construcción identitaria[40].

Si bien es cierto que los estudios sobre identidad enraízan más con el constructivismo que con la Escuela Inglesa, resulta pertinente abordar cómo la cuestión identitaria ha jugado un papel creciente en la interacción entre las potencias europeas y Rusia. De hecho, el refuerzo de la identidad de la UE como potencia normativa, basada en valores democráticos y libertades individuales en expansión geográfica y jurídica ha potenciado en cierta medida esa alteridad, hasta el punto de convertir las

---

38 PUTIN, V., "Speech and the Following Discussion at the Munich Conference on Security Policy", Munich, 10/02/2007, http://en.kremlin.ru/events/president/transcripts/copy/24034

39 MORALES, J., "Identidades e intereses de Rusia hacia Europa: de la inclusión limitada a la (auto-) exclusión" en RUIZ, R., DE ANDRÉS, J. y MORALES, J. (eds.), *La Unión Europea y Rusia cara a cara: relaciones, conflictos e interdependencias,* Valencia, Tirant lo Blanch, 2019, pp. 27-60, p. 39.

40 *Ibidem,* p. 40; MORALES, J., "Las grandes potencias en el orden internacional. Rusia desde la perspectiva de La sociedad anárquica" en GRASA, R. y GARCÍA SEGURA, C. (coords.), *Cambios en la naturaleza de la diplomacia y de la guerra en los cuarenta años de 'La sociedad anárquica' de Hedley Bull,* Valencia, Tirant Lo Blanch, 2019, pp. 97-106, p. 101.

exigencias democráticas y de derechos humanos dirigidas a Rusia en un nuevo estándar de civilización que refuerza esa otredad y justifica su marginación del centro. Así, ese nuevo estándar de civilización articula quién cumple el derecho de membresía hacia una SIE más restrictiva y articulada en torno a la idea de la democracia como forma de gobierno ideal combinada con un modelo económico capitalista[41]. Un ejemplo claro del enfado ruso con esas exigencias lo encontramos, de nuevo, en la intervención de Putin en 2007, donde denunciaba que la Organización para la Seguridad y la Cooperación en Europa (OSCE) paulatinamente ha pasado a interferir en los asuntos internos de otros Estados, contribuyendo a desestabilizarlos política y económicamente[42]. Esta exclusión, desde la perspectiva rusa, nace del miedo occidental a la pérdida de poder[43], por lo que la construcción de un entorno solidarista es, en sí misma, un instrumento para marginar a Rusia y, de ese modo, el Kremlin legitima su preferencia por los instrumentos pluralistas de coexistencia en detrimento de aquellos solidaristas.

Por su parte, Rusia entiende sus capacidades materiales como elementos consustanciales a su identidad como potencia, ya sea desde una visión nacionalista o desde la neoeurasianista[44]. Tradicionalmente, el capital social de Rusia en la sociedad internacional ha sido escaso, dada su tendencia hacia una forma de pluralismo duro que privilegia el interés nacional y relega lo sistémico a los márgenes[45]. Los cambios en la estructura internacional no constituyen una oportunidad tan importante

---

41 STIVACHTIS, Y. A., "Liberal democracy… *op. cit.*"; STIVACHTIS, Y. A., "Civilizing *op. cit.*".

42 PUTIN, V., *op. cit.*

43 MORALES, J., "Las grandes potencias… *op. cit.*", p. 103.

44 MORALES, J., "Identidades e intereses… *op. cit.*", pp. 31-32.

45 BUZAN, B., "Russia in the Post-Cold War International Order", *Russia in Global Affairs*, vol. 19, 2021, núm. 4, pp. 22-35, p. 27.

para Rusia como cabía esperar, ya que atenúan su antagonismo hacia Occidente y debilitan su posición en la alianza sino-rusa. En respuesta, desde la Guerra de Georgia hemos visto un paulatino crecimiento de lo que Buzan denomina como "juegos del gato y el ratón" propios de la Guerra Fría con el fin de reforzar la opinión nacionalista y ese estatus de gran potencia[46].

Esa disonancia entre su identidad y el reconocimiento que recibe da como resultado un decreciente reconocimiento de su esfera de influencia (con excepción de Bielorrusia), que desde su perspectiva incluye, entre otros, a Ucrania. Ese argumento nacionalista, ligado a la idea de potencia con una esfera de influencia que debe respetarse, se entrelaza con esa creciente corriente neoeuroasiática, que ensalza el centralismo de Rusia como centro civilizatorio de las identidades etnoculturales eslavas, dando como resultado la que ya constituye la tradicional (por repetida) justificación de Rusia para llevar a cabo intervenciones en países de la esfera postsoviética: la protección de los rusos étnicos[47].

La variable identitaria demuestra, por lo tanto, que el estatus de gran potencia y la gestión que deriva del mismo no debe ser considerada como elemento de análisis único en la creciente erosión de la institución de las grandes potencias. No obstante, sí constituye un elemento sobresaliente, en tanto que es el único que le otorga un cierto grado de maniobra a las potencias occidentales. Dicho de otro modo, el argumentario étnico cultural nace de una visión civilizatoria de raíz nacional, pero la visión nacionalista, basada en el reconocimiento como potencia tiene inherentemente un cariz social, ya que nace en una relación bi o multilateral de reconocimiento de un rol y de legitimidad para ejercerlo.

---

46 *Ibidem*, p. 32.

47 KACZMARSKA, K., *op. cit.*, p. 437.

5. LA ALIANZA ATLÁNTICA

Existe un amplio consenso en la academia al afirmar que la importancia de la OTAN en la gestión de las grandes potencias en Europa es obvia, teniendo en cuenta que la superpotencia y casi todas las grandes potencias (excepto Rusia) participan de esta organización[48].

Además de su indiscutible rol, es también notable el consenso en torno a la trasformación sufrida desde los años 90, con una política de ampliación, en la que interactúan elementos relativos a los valores geográficos, pero también estratégicos y de valores democráticos. La importancia otorgada durante distintas épocas a cada uno de ellos ha sido variable y, como apuntan Smith y Webber, el equilibrio entre esos juicios constituye la base para reconocer "quién es uno de nosotros" y quién no[49].

Los paulatinos cambios en la Alianza y en el entorno de seguridad llevaron a algunos a afirmar que la centralidad de la OTAN en la sociedad internacional europea estaba decayendo[50]. De hecho, el debate abierto sobre una mayor autonomía de la Unión en áreas estratégicas apuntaba igualmente a la misma dirección, impulsado más recientemente por la reorientación de la política exterior de Estados Unidos hacia Asia-Pacífico y la desconfianza de los Aliados hacia la Administración Trump.

Si bien esa menor centralidad podría haber espoleado la colaboración con Rusia, la herida creada con la Guerra de Georgia constituyó un difícil punto de inflexión. Es considerada

---

48 WEBBER, M., "NATO: Within and Between European International Society", *European Integration*, vol. 33, 2011, núm. 2, pp. 139-158, p. 151.

49 *Ibidem*, p. 147; SMITH, M., *NATO enlargement during the Cold War: strategy and system in the Western Alliance*, Basingstoke, Palgrave, 2000, pp. 6-8.

50 WEBBER, M., *op. cit.*, p. 139.

como crucial en la identidad nacional rusa y también punto de crisis con las relaciones con la OTAN, ya que refuerza las principales objeciones de Rusia a la organización y lanza una clara advertencia sobre las que considera zonas de influencia intocables (en referencia a la puerta entreabierta por aquel entonces a una ampliación de la Alianza hacia Georgia y Ucrania). Sobresale, desde entonces, el constante sentimiento de exclusión y sensación de alienación de Rusia al sentirse marginada del proceso de configuración institucional post Guerra Fría que ha acontecido en Europa[51].

Esto muestra cómo la consolidación de la alianza, junto con otras iniciativas institucionales y de integración, si bien ha cohesionado a los aliados, no ha funcionado como elemento socializador hacia Rusia. La puerta abierta tras el debilitamiento de la naturaleza más solidarista de la Alianza, favoreciendo intentos de que la relación entre Rusia y los aliados, si no de cooperación al menos fuera de coexistencia, no ha socializado a Rusia en el sentido que las potencias europeas esperaban y, finalmente, ha reforzado esa idea de que las exigencias de valores y libertades constituían una vara de medir fabricada para penalizar a la contraparte. Así, Rusia no comparte el nexo creado entre el marco europeo de seguridad y los valores democráticos, ya que en su rol como gran potencia cree calificar como socio clave de seguridad para la OTAN y no comparte esa identidad autoconstruida de la OTAN como promotora democrática[52].

La exclusión del centro de esa sociedad internacional y la continuidad de la OTAN como elemento central, además de sus procesos de ampliación, han caminado hacia un antagonismo convirtiendo para Rusia la propia oposición a las mismas como una fuente de legitimidad para algunas de sus actuaciones,

---

51 *Ibidem,* p. 149-150.

52 MAKARYCHEV, A., *op. cit.*, p. 66.

argumentadas desde esos derechos especiales que ostentan las grandes potencias, pero desde un prisma realista (es decir, carente de responsabilidades) y no desde una visión de gestión mancomunada como la que propone la Escuela Inglesa.

Los acontecimientos que preceden a la invasión de Ucrania han trasformado algunas de esas dinámicas en curso, en tanto que EE.UU. ha reforzado su rol atlantista y el antagonismo con Rusia ha favorecido, en cierto modo, el retorno a una cierta imagen de la Alianza como una comunidad de valores, antes relegada por una visión más relacionada con una comunidad de recursos[53]. Tales transformaciones, si bien refuerzan ese centro de la SIE, basada en el solidarismo y en los valores compartidos, favorecen el proceso de autoexclusión iniciado por Rusia, dando lugar a un mayor "autismo" de esta potencia en el marco europeo y global.

6. CONCLUSIONES

La primera de las reflexiones ha de ser, necesariamente, teórica. Necesitamos marcos conceptuales diversos, más allá de los escenarios tradicionales realistas, que construyan un relato más rico que el del neorrealismo y el neoliberalismo. Hay, en ese punto, un punto de alianza necesaria entre Escuela Inglesa y constructivismo.

En materia algo más práctica, debemos indicar, en primer lugar, que los procesos actuales no son circunstanciales y que la ruptura entre las grandes potencias ha sido paulatina, aunque ahora muestre su cénit, por el momento. Las llamadas dentro de la UE hacia un comportamiento alineado con las necesidades pluralistas han sido frecuentes en los últimos meses, pero este retorno a un entorno pluralista forzado por Rusia no tiene por

53 WEBBER, M., *op. cit.*, pp. 147-148.

qué tornarse en continuado ni contagiarse globalmente. La capacidad de las potencias Occidentales para encapsular esta crisis es la tercera de las reflexiones. Debe aprovecharse el aprendizaje de esta crisis para otros escenarios, principalmente China, a quien el nuevo concepto estratégico señala directamente.

Capítulo 3

La OTAN: Diversas (y divergentes) lecturas de la seguridad en el contexto de la guerra en Ucrania

DENNIS SORONDO SALAZAR*

1. LA OTAN: DE LA MUERTE CEREBRAL A LA DEMOSTRACIÓN DE UNIDAD

A finales de 2019 el presidente de la República francesa, Enmanuel Macron, afirmó en una entrevista a *The Economist*[1] que la Organización del Tratado del Atlántico Norte (OTAN) se encaminaba hacia una "muerte cerebral"[2]. Dos años más tarde, sin embargo, la XXX Cumbre de la Alianza celebrada en Madrid entre el 20 y el 30 de junio del 2022 adoptó un nuevo

* Doctor en Estudios Internacionales e investigador postdoctoral en la Universidad del País Vasco/Euskal Herriko Unibertsitatea UPV/EHU (dennisorondo18@gmail.com). Estudio realizado gracias al apoyo del grupo de investigación 'Derechos Fundamentales y la Unión Europea (Europagune)' de la UPV/EHU. Todas las páginas webs mencionadas en este estudio han sido consultadas el 8 de noviembre de 2022.

1 Véase la entrevista concedida por Emmanuel Macron The Economist (2022). "Emmanuel Macron warns Europe: NATO is becoming brain-dead", *The Economist,* 29 de septiembre de 2022. Disponible aquí: https://bit.ly/3NRLDez

2 ARTEAGA F., "El presidente Macron y la 'muerte cerebral' de la OTAN", *Real Instituto Elcano,* 2022.

Concepto Estratégico (en adelante CE) para garantizar que la Alianza "se mantenga en forma y con recursos para el futuro"[3].

A la vista de los últimos acontecimientos se podría argumentar que Macron erró en el análisis y, por consiguiente, en el pronóstico[4]. Sin embargo, resulta más interesante preguntarse qué ha sucedido para que la organización[5] haya resurgido en tan breve espacio de tiempo. No solo eso, que cada vez más estados muestren el deseo de integrarse en la Alianza[6] (Hansen, 2022), y que los estados que la integran hayan decidido incrementar los presupuestos de defensa, tras años en los que se mostraban reticentes a ello[7].

El propio Macron nos puede aportar algunas claves al respecto. El 17 de mayo de 2022, sin desdecirse de las declaraciones previas, afirmó que Rusia le había proporcionado un 'choque eléctrico' a la OTAN. Es decir, que la invasión rusa de Ucrania, además de suponer una amenaza inusual en las

---

3 Véase el prefacio del Concepto Estratégico de la OTAN 2022, *NATO 2022 Strategic Concept*. Aprobado el 29 de junio de 2022.

4 ERTUGRUL TULUN, T., "NATO is not brain-dead: How can OSCE and NATO help stop the war in Ukraine?", *AVIM Center for Eurasian Studies*, Analysis No: 2022/3, 2022.

5 En las RRII, dependiendo de la corriente teórica adoptada, se ha preferido usar un concepto u otro (alianza en el caso de los realistas, régimen o institución en el caso de los institucionalistas, etc.). En este artículo, sin embargo, emplearé invariablemente los conceptos de organización, alianza e institución.

6 Finlandia y Suecia, tras muchos años de neutralidad, han decidido dar el paso e iniciar el proceso de membresía a la OTAN. Véase, por ejemplo: Hansen Bundt, K., "A strong northern deterrence: Sweden and Finland want to join NATO", *IPS*.

7 Véase, por ejemplo: HUSERAS, A., BALTES, N. y PIRVUT, V., "Study on the Evolution of Defense Expenses in NATO Member States for the Period 2010–2020. 'Free Rider' behavior among Allies". *International Conference Knowledge-Based Organization*, Vol. XXVII, Nº 2, 2021.

fronteras europeas, había motivado el despertar de la Alianza y, además, había servido para clarificar el rol que esta debía jugar[8] (de la Baume y de Saint Remy, 2022). Sin embargo, en los últimos años han sido muchos los eventos y los conflictos que han interrumpido, en mayor o menor grado, el orden internacional. La segunda guerra en el Alto Karabaj del 2020, todavía no del todo resuelta; o la Guerra de Tigray iniciada en noviembre del 2020 y resuelta, por ahora, mediante la firma de un acuerdo de paz entre el Gobierno etíope y los rebeldes de Tigray, son solo dos ejemplos. Cabe hacer, por tanto, una segunda pregunta: ¿Por qué ha sido la invasión de Rusia a Ucrania, y no otros conflictos, el acontecimiento que ha sacudido 'Occidente' y la Alianza?

Para tratar de hallar respuesta a esta pregunta reparemos en las contundentes declaraciones que tanto la OTAN como la Unión Europea realizaron tras la invasión rusa de Ucrania. La Alianza, por ejemplo, condenó "en los términos más enérgicos posibles" la agresión rusa, identificándola como una "grave violación del derecho internacional y una grave amenaza para la seguridad euroatlántica"[9]. La UE, por su lado, afirmó que "con sus acciones militares ilegales, Rusia está violando gravemente el derecho internacional y socavando la seguridad y la estabilidad europeas y mundiales"[10].

En base a estas afirmaciones se podría argumentar que los Estados miembros de la Alianza, viendo su seguridad

---

8 DE LA BAUME, M. y DE SAINT REMY, P. "War in Ukraine is 'electroshock' for NATO, says Emmanuel Macron". *Politico,* 17 de marzo de 2022.

9 Véase las declaraciones de la OTAN del 15 de marzo de 2022: "Relations with Russia". Disponible aquí: https://bit.ly/3bpUoxg

10 Véase las declaraciones del Consejo Europeo del 25 febrero de 2020 "Reunión extraordinaria del Consejo Europeo, 24 de febrero de 2022". Disponible aquí: https://bit.ly/3OJfZ2p

amenazada como consecuencia de la intervención militar rusa, han decidido ampararse en el principio de la defensa colectiva recogido en el artículo V del Tratado de Washington[11]. Sin embargo, aunque es cierto que la seguridad es la piedra angular del tratado fundacional de la OTAN, no es menos cierto que si reparásemos en los CE de la alianza observaríamos que el sentido adscrito al término ha ido modificándose con el paso del tiempo. Por consiguiente, se hace necesario realizar una tercera pregunta: ¿a qué 'seguridad' hacían referencia tanto la OTAN como la UE en sus declaraciones? Quizás así podamos comprender por qué ha sido la invasión rusa de Ucrania el acontecimiento que ha reavivado la Alianza hasta el punto de llevarla a realizar una "impresionante demostración de unidad"[12]. A este respecto, la última pregunta que habría que realizar es la siguiente: ¿cuánto durará esta manifestación de unidad?

Con el propósito de responder a las preguntas planteadas hasta el momento, este artículo se desarrollará de la siguiente forma: En el siguiente capítulo, expondré las distintas aproximaciones teóricas que desde la disciplina de las RRII se han desarrollado en torno al concepto de la seguridad. Más tarde, en el tercer punto realizaré una lectura crítica de los cuatro CE que la OTAN ha adoptado desde la disolución de la Unión Soviética (URSS). De esta forma, repararé en los dos procesos discursivos que, no sin tensiones, han sostenido la OTAN en el tiempo. En el cuarto capítulo mencionaré, brevemente, el uso (y abuso) que la Federación Rusa ha realizado del concepto de la seguridad en el contexto de la

---

11 *Tratado del Atlántico Norte*, NATO, 4 de abril de 1949.

12 Véase al respect: LANDLER, M., BENNHOLD, K. y STEVIS-GRIDNEFF, M., "How the West Marshaled a Stunning Show of Unity Against Russia", *The New York Times*, 5 de mayo de 2022. Disponible aquí: https://nyti.ms/3dP7aah

intervención militar en Ucrania con el objetivo de hacer emerger fisuras en la Alianza. Por último, en el capítulo de las conclusiones, sintetizaré las ideas principales del texto.

2. ¿QUÉ SEGURIDAD?

La 'seguridad' es un concepto complejo y contestado[13]. No solo porque sus adscripciones y sus (de)usos sean múltiples, sino porque además es un concepto cuyo significado es inherentemente disputado al no tener una "posible definición neutral"[14] (Smith, 2005). En su uso común el término se emplea para hacer referencia a la "cualidad de los sujetos que están libres de amenazas o de agresiones a su individualidad"[15].

Dentro de la disciplina de las RRII, la visión tradicional (realista-neorrealista) se valió precisamente del uso común del concepto para emplazar el estado, actor principal y único de las relaciones internacionales para esta corriente, en el lugar del sujeto para afirmar así que la principal amenaza a la que se enfrentan los estados deriva de una posible y más que plausible agresión militar de otro Estado. Por consiguiente, el fenómeno de la guerra debía ser el objeto principal de cualquier

---

13 Véase al respecto, por ejemplo: GALLIE BRYCE W., "Essentially contested concepts", P*roceedings of the Aristotelian Society New Series*, vol. 56, 1955, pp. 167-198; y KOLODZIEJ, E. *Security and International Relations*, Cambridge: Cambridge University Press, 2005.

14 SMITH, S., "The Contested Concept of Security". En K. Booth (ed.). *Critical Security Studies and World Politics*, Boulder: Lynne Rienner Publishers, 2005, pp, 27-62.

15 OROZCO, G., "El concepto de la seguridad en la Teoría de las Relaciones Internacionales". *Revista CIDOB d'Afers Internacionals*, 2005, núm. 72, pp. 161-180.

investigación[16]. No solo eso, al ser la integridad territorial el "objeto referente de la seguridad"[17], y al asumir que el estado es racional y persigue sus propios intereses o fines con el objetivo de sobrevivir en un mundo que es por naturaleza anárquico, "el medio principal para conseguir la seguridad nacional radica en unas capacidades militares con las que defenderse y disuadir los ataques externos"[18] (Pérez de Armiño, 2017:304-305).

Esta primera corriente, además de enmarcar la seguridad internacional para que esta fuese "entendida y practicada con referencia a las necesidades e intereses de los estados"[19], estableció las bases teóricas sobre las que se apoyarían otras variantes académicas que, en mayor o menor medida y con más o menos elementos distintivos, asumieron como válida la lógica de la lucha de poder entre Estados delimitados territorialmente en un entorno anárquico más o menos gobernable.

La concepción de la seguridad, empero, ha ido modificándose a lo largo del tiempo como consecuencia de las transformaciones, tanto materiales como ideacionales, que se vienen dando en el ámbito amplio de lo social y más concreto de las relaciones internacionales. El fin de la Guerra Fría transformó por completo el mundo bipolar en el que los Estados Unidos de América (EE. UU.) y la URSS habían sido,

---

16 Véase al respecto: WALT, Walt, S. M., "The Renaissance of Security Studies", *International Studies Quarterly*, vol. 35, 1991, nº 2, pp. 211-239.

17 OROZCO, G., "El concepto de la seguridad en la Teoría de las Relaciones Internacionales", op. Cit. 166

18 PÉREZ DE ARMIÑO, K., "Estudios de seguridad: de la visión tradicional a los enfoques críticos", DEL ARENAL C. y. SANAHUJA J. A, *Teorías de las Relaciones Internacionales,* Madrid, Tecnos, 2017, pp. 301-328.

19 BILGIN, P. "Individual and Societal Dimensions of Security". *International Studies Review*, 2003, 5, pp. 203-222, DOI: 10.1111/1521-9488.502002

además de actores antagónicos, rivales cuya relación osciló continuamente entre la amenaza, la disuasión y la distensión. A partir de entonces, y hasta hace bien poco, el mundo pasó a ser unipolar. Un mundo, dominado por el bloque occidental y liderado por los EE. UU. Estas transformaciones en el sistema internacional modificaron, asimismo, las relaciones de poder y el propio sentido de las amenazas, ampliando el sentido que se le venía asignando a la (in)seguridad.

Ello, sin embargo, no supuso ni el debilitamiento del Estado ni la disminución del uso de la fuerza. Al contrario, la ampliación de las amenazas extendió, a su vez, el uso de instrumentos y prácticas de defensa por parte de unos estados que, tras los ataques a las Torres Gemelas, luchaban contra una amenaza (el terror) que era global y, por tanto, ubicua, persistente y, al mismo tiempo, indefinida.

En lo referente a los estudios de seguridad ocurrió algo similar. La proliferación de amenazas y prácticas de seguridad en lugar de debilitar los enfoques tradicionales supuso un nuevo auge del realismo. No obstante, en paralelo a la revigorización de las visiones tradicionales se consolidaron, igualmente, las perspectivas críticas que desde la década de los 80 y 90 venían cuestionando las dimensiones militares y estatales del término seguridad. Englobados en lo que se denominó *estudios de paz* y/o *estudios críticos de seguridad*, estas perspectivas dan prioridad a las dimensiones sociales e individuales. Además, cuestionan que la "seguridad sea una realidad estática, objetiva e incuestionable y apolítica" y que pueda "ser analizada de forma neutral y explicada mediante teorías universales"[20]. Es más, aseguran que la seguridad es un constructo social (re)producido a través de narrativas constitutivas de identidades.

---

20 PÉREZ DE ARMIÑO, K., "Estudios de seguridad: de la visión tradicional a los enfoques críticos", op. cit. p. 320.

En el siguiente capítulo precisamente trataré de exponer la pertinencia de estas afirmaciones. Para ello, realizaré una lectura crítica de los distintos CE de la OTAN. Estos documentos, además de reflejar la evaluación colectiva del entorno de seguridad de la Alianza, sirven para definir ámbitos de (in)seguridad y construir una determinada imagen e identidad de la OTAN. Procesos discursivos performativos que no están exentos de tensiones.

3. LA SEGURIDAD EN LOS CONCEPTOS ESTRATÉGICOS DE LA OTAN

Aunque el Tratado de la Alianza no lo explicite, en la página web de la organización se afirma que la organización se fundó para "disuadir el expansionismo soviético, prohibir el resurgimiento del militarismo nacionalista en Europa a través de una fuerte presencia norteamericana en el continente, y alentar la integración política europea". Sin embargo, entre esos objetivos la respuesta a "la amenaza planteada por la Unión Soviética"[21] prevalece sobre el resto. Por lo tanto, la disolución de la URSS, la caída del Muro de Berlín y el final de la Guerra Fría parecían dejar a la OTAN sin su 'razón de ser'. No obstante, en vez de fragmentarse o verse superada por alguna otra institución de ámbito más global, la Alianza emergió como la institución dominante de las relaciones de seguridad contemporáneas.

Las dinámicas de cambio y continuidad que ha padecido la Alianza han generado amplios debates en la disciplina de las RRII. Una discusión que ha girado en torno a las corrientes del neorrealismo, el institucionalismo neoliberal

---

21 Véase al respecto la autobiografía de la OTAN en: "A short history of NATO". Disponible aquí: https://bit.ly/3Ookyz7

y el constructivismo[22]. No obstante, todas estas aproximaciones conciben, cada una con sus particularidades, la 'identidad' como una "propiedad natural o innata de los actores, de las instituciones o de los estados"[23]. Por consiguiente, la (in)seguridad no sería más que un hecho objetivo que esa 'identidad' padece frente a una amenaza o un riesgo. Sin embargo, las identidades son procesos sociales y políticos, preeminentemente discursivos, mediante los que se genera un Yo que es diferente a un Otro[24]. De igual forma, la seguridad se construye en clave positiva como consecuencia de una definición negativa de un sujeto, un objeto o un fenómeno que es considerado como un riesgo y una amenaza[25]. Reparemos, por tanto, en los dos procesos discursivos que han sustentado a la OTAN.

---

22 Véase para saber más acerca de este debate, por ejemplo: BARANY, Z. Y RAUCHHAUS, R., "Explaining NATO's Resilience: Is International Relations Theory Useful?". *Contemporary Secutiry Policy*, 2011, 32:2, pp. 286-307, DOI: 10.1080/13523260.2011.590355; MCCALLA, R. B., "NATO's persistence after the cold war", *International Organization*, vol. 40, 1996, num. 3, pp. 445-475, DOI:10.1017/S0020818300033440; o HO, K., "NATO: Adaptation and Relevance for the 21st Century", *Journal of International and Area Studies*, vol. 20, 2013, num. 3, pp. 67-82.

23 BEHNKE, A., *NATO's Security Discourse after the Cold War Representing the West*, Londres: Routledge, 2013.

24 Véase a este respecto, por ejemplo: CAMPBELL D., *Writing Security: United States Foreign Policy and the Politics of Identity*, Manchester: Manchester University Press, 1998; o CONNOLLY, W.E., *Identity/Difference: Democratic Negotiations of Political Paradox*, London: Cornell University Press, 1991.

25 BAUMANN, M., "Poststructuralism in International Relations: Discourse and the Military", En SOOKERMANY A. (ed.), *Handbook of Military Sciences*, Nueva York, Springer, 2022, p. 4, DOI: 10.1007/978-3-030-02866-4_38-1

3.1. Definiciones maleables de amenazas y riesgos

El primer CE redactado tras el final de la Guerra Fría marcaba el rumbo que adoptaría la Alianza a partir de entonces[26]. En él se argumentaba que a pesar de que "la monolítica, masiva y potencialmente inmediata amenaza" hubiese desparecido, haciendo una referencia velada a la disolución de la URSS, todavía persistía "una gran incertidumbre sobre el futuro y los riesgos para la seguridad de la Alianza". Este documento, por tanto, atenuaba la amenaza que constituía el bloque soviético para las fronteras europeas, pero en su lugar orientaba el foco hacia los riesgos "de naturaleza multifacética y multidireccional" y difíciles de predecir y evaluar. Ahora los riesgos ya no se encontraban tanto en los confines del territorio europeo, sino que las inestabilidades podían "derivarse de las graves dificultades económicas, sociales y políticas, incluidas las rivalidades étnicas y las disputas territoriales"[27].

El empleo del término 'riesgos', en contraposición al concepto de 'amenazas', supuso un cambio sustancial a la hora de definir la seguridad. Tal como señala José Luis Herreros, en este primer CE el término 'amenaza', empleado durante la Guerra Fría para referirse a la URSS, empezó a ser sustituido por la palabra 'riesgo'. En gran medida, "por la incapacidad de identificar al 'nuevo enemigo'" [28]. Precisamente, fue el uso más amplio e indefinido del concepto de riesgo, que no hace referencia, como es el caso de la amenaza, "a una intencionalidad de causar daño, unida a la capacidad efectiva de causarlo"[29],

---

26 Véase el Concepto Estratégico de la OTAN del 7 de noviembre de 1991: *The Alliance's New Strategic Concept 1991.*

27 Íbidem.

28 HERREROS, J. L., "La evolución del Concepto Estrátegico de la OTAN y su efecto en la Estructura del Mando". *Boletín de Información, Ministerio de Defensa,* 2008, nº 304, p. 28.

29 Íbidem, p. 29.

sino que "indica la simple proximidad o posibilidad de un daño"[30], lo que le permitió a la OTAN empezar a ampliar su radio de acción. De esta forma, junto con la tradicional defensa colectiva, la OTAN incorporaba "la gestión de crisis y la seguridad cooperativa como tareas centrales esenciales"[31].

Sin embargo, la transformación con la que la OTAN consiguió proseguir con su actividad, ahora cimentada sobre la definición amplia y ampliada de los riesgos y una conceptualización imprecisa del concepto de seguridad, generó, paradójicamente, desavenencias entre los estados miembro. El documento estratégico que la Alianza adoptó el año 1999, por ejemplo, hacía manifiesta su disposición a realizar "operaciones de mantenimiento de la paz y otras operaciones"[32]. Esta frase hacía referencia, de forma velada, a la 'intervención humanitaria de la OTAN' en Bosnia y Kosovo. Misión que, aunque el CE de 1999 afirme que el papel de la Alianza en los Balcanes estuvo alineado con el compromiso que la institución había contraído con la consecución de una "estabilidad más amplia"[33], generó tensiones al interior de la Alianza al estimar discutible su legalidad[34].

---

30 Íbidem,

31 FUENTE, I., "Los ocho conceptos estratégicos de la historia aliada". En INSTITUTO ESPAÑOL DE ESTUDIOS ESTRATÉGICOS, *El futuro de la OTAN tras la cumbre de Madrid 2022*, Madrid: Ministerio de Defensa, 2022, p. 38.

32 Véase el Concepto Estratégico de la OTAN del 24 de abril de 1999: *The Alliance's New Strategic Concept 1999.*

33 Íbidem.

34 Véase al respecto, por ejemplo: COHN, M., "Nato bombing of Kosvo: Humanitarian Intervention or Crime against Humanity?", *International Journal of the Semiotics of Law*, 15, 2002, pp. 79-196, DOI: 10.1023/A:1015043810758; GREENWOOD, C., "International Law and the Nato intervention in Kosovo". *International & Comparative Law Quarterly*, vol. 49, 2008, núm. 4, pp. 926-934, DOI:

Estas primeras tensiones se han replicado, más tarde, en los sucesivos procesos de ampliación de la Alianza. Sin entrar a debatir acerca de si de verdad la URSS y EE.UU acordaron que la OTAN no se extendería hacia el este, es evidente que cada fase de ampliación ha generado disputas acerca de la conveniencia o no de dicha decisión. Sobre todo, con la Federación Rusa, con quien la Alianza ha mantenido una relación que ha estado caracterizada por "la ilusión, el optimismo y la anticipación, seguidos de decepción, frustración e ira"[35].

Además, a partir de la década de los ochenta del siglo pasado y, de forma más clara, tras la disolución de la URSS, la globalización y la creciente interdependencia[36] aumentaron las interacciones internacionales, haciendo que los estados dependiesen en mayor grado uno del otro. Ello generó, asimismo, nuevos escenarios de (in)seguridad. Esta realidad, mucho más compleja, y que fue aprehendida por las nuevas corrientes académicas, viene recogida, asimismo, en los CE de la OTAN. Ante la cercanía del cambio de siglo, el documento de 1999 afirmaba, por ejemplo, que la "alianza está comprometida con un enfoque amplio de la seguridad, que

---

10.1017/S00205893000647545; LATAWSKI, P. y SMITH, M. A., "NATO, Kosovo and 'humanitarian intervention'". En P. Latawski y M. A. Smith. *The Kosovo crisis and the evolution of a post-Cold War European Security*, Manchester: Manchester University Press. 2018, pp. 11-38; o MOMTAZ, D., "La 'intervención humanitaria de la OTAN' en Kosovo y la prohibición de recurrir a la fuerza". *Comité Internacional de la Cruz Roja,* 31 de marzo de 2000. Disponible aquí: https://bit.ly/3yqQNrw

35 Monaghan, A., *The new politics of Russia. Interpreting change.* Manchester: Manchester University Press, 2016, p. 19.

36 Véase al respecto, por ejemplo, KEOHANE, R.O. Y NYE, J.S., "Interdependence in World Politics", en CRANE G. T. Y AMAWI A., *The Theoretical evolution of international political economy: a reader.* New York: Oxford University Press, 1997.

reconoce la importancia de los factores políticos, económicos, sociales y ambientales además de la indispensable dimensión de defensa"[37].

Sin embargo, la ausencia de una amenaza clara ha dificultado la unión de la Alianza. Además, aunque la institución mostrase el deseo de promover la seguridad común con los socios "en todo el mundo"[38], este rol fue, más tarde, impugnado incluso por parte del país que hasta entonces había sido el motor de la Alianza. Es más, Donald Trump amenazó con desmantelar la OTAN por completo[39]. Todo ello, sumado a que en varios estados miembro los gobiernos han ido abrazando discursos nacionalistas e iliberales[40], sumió a la Alianza en un estado de parálisis. Manteniendo, empero, signos vitales gracias al segundo de los procesos discursivos.

3.2. Definición consistente de la identidad

Michael C. Williams e Iver B. Neumann argumentan que la OTAN ha perdurado en el tiempo gracias a que se ha valido de sus mecanismos institucionales para

> "*movilizar su inveterada identidad como expresión y garante militar de la civilización occidental, como una organización cuya identidad esencial y cohesión estaban basados en lazos culturales y*

---

37 Véase el Concepto Estratégico de la OTAN del 24 de abril de 1999: *The Alliance's New Strategic Concept 1999.*

38 Véase el Concepto Estratégico de la OTAN del 19-20 de noviembre de 2010: *Strategic Concept for the Defence and Security of the Members of the North Atlantic Treaty Organization*, p. 5.

39 Véase al respecto: WALLANDER, C. A. "NATOs enemies within", *Foreign Affairs*, julio-agosto 2018, disponible aquí: https://fam.ag/3fRZUvc

40 El 15 de septiembre de 2022 el Parlamento Europeo definió el gobierno de Hungría como un 'régimen híbrido de autocracia electoral'.

civilizatorios comunes- en particular 'democráticos', y no en una amenaza militar compartida planteada por la Unión Soviética"[41].

Es decir, que la modificación de la naturaleza y las condiciones de seguridad antes referidas fueron concomitantes con la re-imaginación de esta en términos culturales. De esta forma, el concepto de seguridad pasó a identificarse, positivamente, con los principios culturales y civilizatorios que ahora se consideraban la base de la OTAN; y, negativamente, con la ausencia de tales condiciones, ahora señaladas como amenazas.

Todo ello se plasma en una frase que el Tratado del Atlántico Norte recoge y que, con pequeñas modificaciones, los últimos cuatro CE recuperan. El Tratado dice que los estados firmantes están "decididos a salvaguardar la libertad, la herencia común y la civilización de sus pueblos, basados en los principios de la democracia, las libertades individuales y el imperio de la ley"[42]. Entre los últimos documentos, el tercer CE, firmado en Lisboa el año 2010, es el que más claramente formula esa identidad. Dice así: "Los estados miembros de la OTAN forman una comunidad de valores única, comprometida con los principios de la libertad individual, la democracia, los derechos humanos y el estado de derecho"[43]. Los dos documentos previos emplean los mismos términos a excepción de la 'libertad individual'. En cuanto al último CE, además de repetir la misma fórmula añade que son esos principios los que unen entre sí a los estados que conforman la Alianza.

---

41 WILLIAMS, M. C., y NEUMANN, I. B., "From Alliance to security community: NATO, Russia, and the power of identity". *Millennium: Journal of International Studies*, 29(2), 2000, p. 367, DOI: 10.1177/03058298000290020801.,

42 *Tratado del Atlántico Norte*, NATO, 4 de abril de 1949.

43 Véase el Concepto Estratégico de la OTAN del 19-20 de noviembre de 2010: *Strategic Concept for the Defence and Security of the Members of the North Atlantic Treaty Organization.*

Por tanto, y respondiendo a la pregunta planteada al principio del texto, se podría argumentar que la alianza ha perdurado en el tiempo, aunque fuese en 'muerte cerebral' y estando sujeta a múltiples tensiones, gracias a dos procesos discursivos en apariencia antagónicos, pero que han mostrado ser complementarios. Uno basado en definiciones contingentes y maleables de amenazas, riesgos y oportunidades. El otro sostenido sobre narrativas culturales perdurables que han (re)producido una "identidad existencial" de la Alianza, ahora convertida en una 'Comunidad de Seguridad'[44]. Una identidad que ha sido erigida, al menos discursivamente, sobre "fundamentos democráticos compartidos de sus miembros"[45]. Tal como señala Andreas Behnke, uno de los propósitos de los CE, como discursos performativos, es el de representar a la OTAN como "una institución estable que domina los cambios radicales en el entorno de seguridad que lo rodea"[46], una institución que tiene "validez duradera"[47], a pesar de las contingencias y cambios históricos. No nos debe extrañar, por tanto, que la 'muerte cerebral' diagnosticada por Emmanuel Macron se diese en un contexto en el que tanto EE. UU. como otros estados miembros comenzaron a dar la espalda a los principios culturales e identitarios sobre los que se ha erigido discursivamente la OTAN.

---

44 Iver. B. Nuemman y Michael C. Williams argumentar que la OTAN, mediante los procesos discursivos culturales e identitarios consiguió transformar lo que hasta entonces era una Alianza defensiva en una Comunidad de Seguridad. WILLIAMS, M. C., y NEUMANN, I. B., "From Alliance to security community: NATO, Russia, and the power of identity", op. cit.

45 Íbidem, p. 367.

46 BEHNKE, A., *NATO's Security Discourse after the Cold War Representing the West*, op. cit. p. 215.

47 Véase el Concepto Estratégico de la OTAN del 7 de noviembre de 1991: *The Alliance's New Strategic Concept 1991.*

La invasión rusa de Ucrania, sin embargo, ha vuelto a fijar y clarificar la definición maleable de los riesgos que la OTAN venía desarrollando en los últimos años, volviendo a establecer la seguridad territorial y nacional como ejes del discurso en un contexto en el que la competición geopolítica vuelve al primer plano[48]. Ello ha hecho que la Alianza se muestre ahora fuerte y unida. No solo eso, los discursos que la Federación Rusa ha modulado con el propósito de justificar la guerra han vuelto a establecer una división cultural entre el mundo que representa la Alianza, "our world"[49], y el resto. La intervención rusa, por tanto, ha hecho converger ambos discursos, haciendo olvidar, momentáneamente, las tensiones internas.

No obstante, tal como argumenta el secretario general de la OTAN, Jens Stoltenberg[50], esta unidad se pondrá a prueba en los próximos meses. A este respecto, en el siguiente capítulo mencionaré los usos (y desusos) que la Federación Rusa ha hecho del concepto de la seguridad y exploraré las posibles líneas de fractura que pueden emerger en la Alianza en el futuro.

---

48 Véase al respecto, por ejemplo: DRIVER, D.; DESMAELE, L.; JOHNSTON, S. y POAST, P. "Return to realism? NATO and global competition". *Defence Studies*, 22:3, 2022, pp. 497-501. DOI: 10.1080/14702436.2022.2082958.

49 Véase el Concepto Estratégico de la OTAN 2022, *NATO 2022 Strategic Concept*. Aprobado el 29 de junio de 2022.

50 Declaraciones realizadas el 9 de septiembre de 2022: STOLTENBERG, J., "NATO Secretary General and U.S. Secretary of State address NATO's strong response to Russia's war on Ukraine", *Nato. Press Conference*, disponible aquí: https://bit.ly/3T8jdhR

4. EL CONCEPTO DE SEGURIDAD EN LOS DISCURSOS DEL GOBIERNO RUSO Y LAS (POSIBLES) LÍNEAS DE FRACTURA EN LA ALIANZA

El discurso con el que Vladimir Putin, presidente de la Federación Rusa, anunció la 'operación especial' con el que iniciaba la invasión de Ucrania, violando así las disposiciones del derecho internacional y el Artículo 2(4) de las Naciones Unidas que prohíbe explícitamente a los estados "recurrir a la amenaza o al uso de la fuerza contra la integridad territorial o la independencia política de cualquier Estado, o en cualquier otra forma incompatible con los Propósitos de las Naciones Unidas"[51], comenzó y terminó apelando a la "seguridad de Rusia"[52]. Además, a lo largo del discurso hizo constantes referencias a supuestas amenazas y riesgos. Con ello, el gobierno ruso trató de enmarcar la operación como un acto de defensa propia ante lo que (supuestamente) era una amenaza existencial para el estado ruso y su soberanía. Sirva como ejemplo la siguiente frase, enunciada por Vladimir Putin justo el día en el que Rusia invadió Ucrania.

> "*Con el fin de proteger a las personas que, durante ocho años han estado enfrentándose a la humillación y al genocidio perpetrado por el régimen de Kiev" [...] buscaremos desmilitarizar y desnazificar a Ucrania, así como llevar a juicio a quienes perpetraron numerosos crímenes sangrientos contra civiles, incluso contra ciudadanos de la Federación Rusa*"[53].

Tal como se puede observar en esas declaraciones, la Federación Rusa empleó "prácticas discursivas extremas"[54] para

---

[51] *Carta de Naciones Unidas*, disponible aquí: https://bit.ly/3x07J6E

[52] Discurso a la nación del Presidente ruso Vladimir Putin el 24 de febrero de 2022, disponible aquí: https://bit.ly/3SmY9nZ

[53] Íbidem.

[54] COLAS, B., "Defining and Deterring Faits Accomplis". *The US Army War College Quartely: Parameters*, vol. 52, 2022, nº 2, p. 72.

construir, discursivamente, amenazas que urgían, y justificaban, una respuesta. De esa forma, además de explicitar que el concepto de la seguridad es contestado y contingente, Rusia buscaba reproducir (sin alcanzar el mismo éxito) discursos que Occidente y, en especial, la OTAN han empleado como argumento para llevar a cabo distintas misiones. A este respecto, aunque en el fragmento reproducido anteriormente no se verbalice, al argumentar que la intervención se había realizado para 'proteger' a 'ciudadanos de la Federación Rusa' del genocidio o de los crímenes que estarían padeciendo, Putin hacía referencia implícita a la teoría de la Responsabilidad de Proteger (R2P).

Más allá de que se pueda considerar que la Federación Rusa está distorsionando[55] el espíritu de un concepto que ya, previamente, era controvertido[56], tras estas argumentaciones se intuye la determinación de explorar los límites de la unidad de acción de las distintas instituciones 'Occidentales', con la OTAN y la Unión Europea a la cabeza, y explotar las tensiones que en ellas puedan aflorar. De ahí que resulte más interesante predecir las grietas que puedan aparecer en la Alianza como consecuencia de las diversas y divergentes concepciones de la seguridad.

A este respecto, y aunque realizar cualquier predicción resulte arriesgado en un contexto sumamente cambiante, si reparamos en la posición diametralmente opuesta que han adoptado Polonia y Hungría frente a la guerra en Ucrania, dos estados que hacen frontera con el país eslavo y son

---

55 ASHBY, H. "How the Kremlin Distorts the 'Responsibility to Protect' Principle". *United State Institute of Peace,* 7 de abril de 2022, disponible aquí: https://bit.ly/3CvTM31

56 REID, J., "Putin, pretext, and the dark side of the 'Responsibility To Protect". *War on the rocks,* 21 de mayo 2022, disponible aquí: https://bit.ly/3zUleam

Estados miembros de la OTAN, parece más que plausible que las fisuras sobrevendrán de la dificultad de armonizar los intereses colectivos y los intereses particulares vinculados con la seguridad de los estados.

Mientras que Polonia ha mostrado una actitud beligerante ante Rusia, Hungría se ha mostrado más pasiva[57] (Rankin, 2022). Tras esos posicionamientos desiguales se encuentran distintas realidades históricas, pero también visiones diferentes acerca de lo que constituye una amenaza para su seguridad. Como consecuencia de ello, ambos países chocan en cuanto a las políticas a adoptar. Polonia, por ejemplo, pide más sanciones para Rusia. Hungría, en cambio, como consecuencia de la dependencia que tiene de los combustibles fósiles rusos, ha vetado continuamente el embargo al petróleo ruso. Es decir, mientras que Polonia considera que su seguridad está amenazada militarmente por Rusia, Hungría considera que su seguridad (energética) puede estar en peligro si deja de recibir gas y petróleo ruso.

Lo paradójico, sin embargo, es que ambos gobiernos están siendo cuestionados por las instituciones europeas por no respetar los principios del Estado de derecho. Es decir, y volviendo al marco establecido en este artículo, mientras que en lo referente a las definiciones maleables que la Alianza ha ido desarrollando con respecto a las amenazas y riesgos Polonia y Hungría realizan una lectura particular y divergente, ambas concurren la hora de cuestionar el proceso identitario que ha sustentado la OTAN.

Por consiguiente, aunque en los primeros compases de la guerra estas desavenencias han quedado soslayadas por

---

57 RANKIN, J., "How soulmates Hungary and Poland fell out over Ukraine war". *The Guardian*, 18 de octubre 2022, disponible aquí: https://bit.ly/3TkN7PQ

la unidad de respuesta y acción de la OTAN y la UE, a largo plazo la 'fatiga ucraniana'[58] puede hacer emerger de nuevo las tensiones. O, dicho de otra forma, ante la proliferación de problemas de seguridad interrelacionados que demandan respuestas y soluciones difícilmente compatibles, pueden emerger tensiones entre las visiones individuales que cada uno de los estados tiene respecto a la (in)seguridad y el principio de seguridad colectiva sobre el que se levanta la Alianza.

5. A MODO DE CONCLUSIÓN

Tratando de responder a las preguntas planteadas al inició del artículo se puede argumentar que la OTAN ha evolucionado y se ha ido adecuando a los nuevos tiempos en base a una definición maleable de las amenazas, riesgos y oportunidades. Lo que le ha permitido, a su vez, definir la seguridad de forma imprecisa y actuar en consonancia. No obstante, y paradójicamente, ha sido esa misma 'imprecisión' en la definición la que ha dificultado la unidad de acción dentro de la organización. Además, aquellos estados o actores internacionales que se oponen a la Alianza se han valido de la maleabilidad del concepto para dotarle de su propio significado. De ahí que la OTAN haya empleado narrativas con las que ha generado una suerte de vínculo identitario compartido (al menos en el plano discursivo) por todos los Estados miembros. Por lo tanto, se puede afirmar que la Alianza se ha sostenido sobre definiciones y acciones contingentes y una construcción discursiva de la identidad consistente.

---

58 HURTADO L. M., "EEUU presiona a Kiev a negociar para mitigar la 'fatiga ucraniana', *El Mundo*, 6 de noviembre de 2022, disponible aquí: http://bit.ly/3DRk9kM

De cara al futuro, aunque la agresión rusa a Ucrania ha fortalecido la unidad de la OTAN entorno a la seguridad definida tanto en términos territoriales y militares como identitarios y culturales, los diversos y divergentes significados que adquiere la seguridad, sobre todo, en situaciones de conflicto, pueden (re)producir a la larga tensiones en la Alianza tanto entre lo contingente (definiciones y acciones) y lo consistente (discursos acerca de la identidad, los valores, etc.) como al interior de ambos planos.

Además, es de prever, que ante el "nuevo marco de competición estratégica entre grandes potencias"[59], la lógica de bloques y la competición en oposición a la cooperación desplazarán a un segundo plano discursos de seguridad colectiva. Por otro lado, es posible que los impactos sistémicos[60] y efectos globales de esta guerra[61] generen demandas sociales al interior de los estados. Tampoco se puede descartar que nuevos (y no tan nuevos) liderazgos modifiquen las políticas y posturas actuales respecto a las instituciones comunitarias. Por lo tanto, la unidad de acción y respuesta de la OTAN, pero también de otras instituciones como puede ser la Unión Europea (EU), dependerá en gran medida de las respuestas y soluciones que se aporten a los múltiples problemas de (in)seguridad del presente.

---

59 VILLANUEVA, C. D., "Crónica de un fracaso estratégico", en COLOM G. (ed.). *La guerra de Ucrania. Los 100 días que cambiaron Europa.* Madrid: Catarata, 2022, p. 64.

60 PANTULIANO, S., "The systemic impact of the war in Ukriane: a triple shock", *ODI,* 31 de marzo de 2022, disponible aquí: https://bit.ly/3C0yIl8

61 KATSER-BUCHKOVSKA, N., "The consequences of the war in Ukraine will be far-reaching", *World Economic Forum,* 29 de abril de 202, isponible aquí: https://bitly.is/3SD2un6

Capítulo 4

Normalidades del cambio climático articuladas por la securitización neoliberal y el greenwashing

LAILA VIVAS*

1. INTRODUCCIÓN

Los relatos manta, aquellos que parecen homogeneizantes y lineales, comprenden el riesgo de ocultar matices y texturas que escapan la retórica unívoca. Algunos usos de la expresión *capitalismo,* por ejemplo, pueden deslizar en tales equivocaciones, incluso cuando el posicionamiento ante la espiral de acumulación de capital es crítico. Como manifiesta Bruno Latour, las grandes narrativas prestan tendencias a globalizarse rápidamente y a sistematizar asuntos que no son sistemáticos[1]. Aunque, por otra parte, situar las ideas requiere creer en unos paradigmas algo perennes. Y es que, a través de consensos

---

* Investigadora Predoctoral FPI en el Centro Vasco para el Cambio Climático (BC3) y la Universidad del País Vasco (UPV/EHU) (laila.vivas@bc3research.org). Esta investigación está financiada por la acreditación de excelencia María de Maeztu 2023-2027 (Ref. CEX2021-001201-M), financiada por MCIN/AEI/10.13039/501100011033 y por FSE invierte en tu futuro (Ref. PRE2020-095159).
Todas las páginas web de referencia han sido consultadas por última vez el 30 de octubre de 2022.

1 LATOUR, B., STENGERS, I., TSING, A. y BUBANDT, N, "Anthropologists Are Talking – About Capitalism, Ecology, and Apocalypse", *Ethnos,* vol. 83, 2018, núm. 3.

lingüísticos, el lenguaje incorpora el arte de la distinción y la interpretación. Por ello, sospechar de la inmutabilidad, junto con posibilitar la interpretación, lleva a análisis situados y problematizados[2]. En estos últimos, se admite una fluidez visionaria entre el objetivismo y el relativismo, entre lo interno y lo externo[3], reconociendo la posibilidad de imaginar y prefigurar ideas más allá de lo inmediato[4].

Desde tal proposición, esta comunicación se adentra en el territorio de las narrativas y paradigmas, hipotetizando sobre enredos relacionales que componen el mundo moderno. Particularmente, se parte de una de las problemáticas ecosociales más relevantes del siglo XXI: el cambio climático. Es un tema que ha despertado creciente interés en la disciplina de las Relaciones Internacionales durante los últimos años, provocando el cuestionamiento de configuraciones antropocéntricas y economicistas a la hora de entender el mundo[5].

Aquí, razonamos especialmente relevante dedicar atención a la formulación del cambio climático y las normalidades en las que incurre. Sobre todo, si nos consideramos insertos en el

---

2 GUBER, R, *La etnografía, método, campo y reflexividad.* Cali, Grupo Editorial Norma, 2001; HARAWAY, D, "Situated Knowledges: The Science Question in Feminism and the Privilege of Partial Perspective", *Feminist Studies,* vol. 14, 1988, núm. 3, pp. 575–599.

3 BADESCU, H., y NICOLESCU, B., *Stéphane Lupasco. L'homme et l'oeuvre Broché,* Paris, Du Rocher éditions, 1999.

4 HERRERO, Y, (2021, August 13), "Ausencia de memoria y extravío de la imaginación". *ctxt.es,* 13 de agosto de 2021, https://ctxt.es/es/20210801/Firmas/36939/Yayo-Herrero-memoria-identidad-tierra-conciencia.htm

5 CHANDLER, D., ROTHE, D., y MULLER, F., "Relaciones Internacionales en el Antropoceno", *Relaciones Internacionales,* vol. 50, 2022.

Antropoceno[6] (o Capitaloceno, según Jason Moore[7]), un término que describe una época geológica donde la actividad humana impacta significativamente sobre los ecosistemas y es la principal responsable del cambio climático antropogénico. Es decir, en la que condicionamos aquello que se entiende como naturaleza y al mismo tiempo somos receptores de sus efectos. El significante *Antropoceno* nos recuerda que lo social y lo natural se hallan ineludiblemente entrelazados.

No obstante, la sociedad capitalista no facilita la toma de conciencia sobre estos hibridismos, sino que, al contrario, universaliza la disposición dicotomizadora de la naturaleza y la sociedad. A saber, la naturaleza se erige en un segundo y alienado plano frente a lo cultural y político. Bajo este paraguas ideológico, el vaciar de la abundancia de los sistemas y relaciones biológicas y culturales se representa como una *externalidad* a la sociedad de la producción y el consumo. La naturaleza encarna un ente difuso y apropiable, un *otro,* o un satisfactor a la estela de los deseos e identidades neoliberales. Expresiones como *servicios de los ecosistemas, naturaleza prístina, costes y beneficios* o *escasez de recursos* conciertan una naturaleza foránea, escasa y apropiable.

Al mismo tiempo, las perspectivas modernas son legitimadas y reproducidas por una cosmovisión particularmente mecanicista: el mundo es uniforme, predecible y prefigurable. Aunque se anuncia como maravilloso e imponente, también. Lejos del sinsentido, esta última contradicción proporciona cohesión al binarismo naturaleza-sociedad. Se define mejor la sociedad del consumo urbana desde el contorno contrastable

---

6 CRUTZEN, P. J., y STOERMER, E. G., "The Anthropocene". *IGBP Global Change News,* vol. 41, 2000, pp. 17–18.

7 MOORE, J. W, "The Capitalocene, Part I: on the nature and origins of our ecological crisis". *The Journal of Peasant Studies,* vol. 44, 2017, num. 3, pp. 594–630.

que ofrece el mito de la naturaleza pura y romántica, así como desde el sosiego que ofrece la posibilidad de ese mito.

Estas ideas sobre las epistemes y prácticas de la modernidad brindan un contexto ideológico para entender mejor las dos tendencias sobre las que versa este texto: el *greenwashing* y la securitización neoliberal del cambio climático. Se parte de la base que las acepciones políticas del cambio climático provienen de interacciones simbólicas y materiales entre lo personal, los imaginarios sociales, los sistemas socio-políticos y los sistemas biofísicos. De esta manera, el cambio climático permea los discursos de actores tan variopintos como los de activistas, empresas, asociaciones de barrio, o escuelas. Pero no solamente permea, sino que, transescalarmente, estos actores suscitan nuevas formas de concebir el cambio climático, o nuevas comprensiones culturales. Trasciende y transforma.

Igualmente, resulta importante entender que la securitización del cambio climático no es una mera dimensión más de la seguridad (y del concepto de "amenaza"), sino que esta se basa en una serie de ideas y paradigmas sobre naturaleza y sociedad, como las introducidas anteriormente, inseparables de las relaciones económicas y sociales[8]. Los imaginarios securitizadores se aposentan sobre e instituyen los imaginarios del Antropoceno. Como argumentan David Chandler et al.[9], "*[i]ncluso los relatos críticos que defienden la ampliación de la noción de seguridad…son igualmente inadecuados para comprender la ruptura del Antropoceno. Y es que, tanto las nociones tradicionales de seguridad como las críticas conceptualizan la naturaleza como un factor externo y estable en el que operan los estados u otros actores…*". Protegernos ante una *naturaleza amenazante* –que la maestría racional todavía no ha conseguido controlar– se vuelve un imperativo para preservar la *seguridad humana*.

---

8 CHANDLER et al., *op. cit.*

9 CHANDLER et al., *op. cit.*, p. 119.

Desde este punto de partida y con el fin de comprender mejor las construcciones modernas de la seguridad y la naturaleza, la principal hipótesis de esta comunicación es que el *greenwashing* y la securitización neoliberal del cambio climático se sostienen mutuamente. Es decir, las relaciones entre tales fenómenos mantienen una capacidad ontogénica, creadoras de sus propios sentidos. La construcción del sentido de "amenaza climática" y la construcción del sentido de "capitalismo verde" se entrelazan y (re)producen paisajes mentales y materialidades. De tal forma, se arroja textura simbólica sobre las *normalidades* que conforman la concepción del cambio climático.

Para desarrollar estas ideas, en esta comunicación se conjugan matices analíticos aportados desde la ecología política y los análisis de seguridad, siguiendo las contribuciones de autoras como Naomi Klein[10], Chris Methmann y Delf Rothe[11], Giorgio Shani[12] o Anna L. Tsing[13]. El texto se compone por una primera sección que presenta teorías sobre narrativas y poder en relación al capitalismo verde. Seguidamente, se introduce el *greenwashing* y la securitización neoliberal. Una vez expuesta esta base teórica, se desarrollan las dos premisas centrales:

Primera premisa: la coyuntura ideológica del *greenwashing* y la securitización neoliberal proporciona un sostén narrativo.

---

10 KLEIN, N., *The Shock Doctrine: The Rise of Disaster Capitalism*, London, Picador, 2008.

11 METHMANN, C. y ROTHE, D., "Politics for the day after tomorrow: The logic of apocalypse in global climate politics". *Security Dialogue*, vol. 43, 2012, núm., 4, pp. 323–344.

12 SHANI, G., "Securitizing "bare life": Critical perspectives on human security discourse", En CHANDLER, D. y HYNEK, N. (editores) *Critical Perspectives on Human Security*, London and New York, Routledge, 2010.

13 TSING, A. L., *The Mushroom at the End of the World: On the Possibility of Life in Capitalist Ruins*. Princeton, Princeton University Press, 2015.

Segunda premisa: el *greenwashing* favorece la maleabilidad del significante "cambio climático", facilitando la introducción de una narrativa securitizadora.

Finalmente, en la discusión se observa la Organización del Tratado Atlántico Norte (OTAN), una institución predominante en el terreno de la seguridad militar y que refuerza la securitización neoliberal del cambio climático.

2. *GREENWASHING* Y SECURITIZACIÓN NEOLIBERAL EN EL CAPITALISMO VERDE

2.1. El paradigma del capitalismo verde

El discurso, según Ernesto Laclau y Chantal Mouffe[14], contribuye a estructurar ideas y prácticas y, por tanto, discurso y práctica resultarían indivisibles[15]. Discurso y práctica, además, se enmarcan en un contexto volátil, donde sus elementos centrales cambian de significante, lo que Laclau denomina "significantes flotantes"[16]. La combinación de los significantes conlleva una articulación del discurso en torno a puntos nodales, una articulación que se revela en las prácticas sociales, institucionales, etc.;

---

14 LACLAU, E., y MOUFFE, C., *Hegemony and Socialist Strategy: Towards A Radical Democratic Politics*, London, Verso Books, 2001.

15 LACLAU y MOUFFE, *op. cit.*; STEPHAN, B., ROTHE, D., y METHMANN, C., "The third side of the coin: Hegemony and governmentality in global climate politics". En STRIPPLE, J. y BULKELEY, H. (editoras) *Governing the Climate: New Approaches to Rationality, Power and Politics*, Cambridge, Cambridge University Press, 2011, pp. 59-76.

16 LACLAU, E., "Estructura, historia y lo político". En BUTLER, J., LACLAU, E. y ŽIŽEK, S., *Contingencia, hegemonía, universalidad. Diálogos contemporáneos de la izquierda*, Buenos Aires, FCE, 2004.

en la hegemonía[17]. Michel Foucault aporta que los discursos dominantes acaban convirtiéndose en "regímenes de verdad" con el paso del tiempo y a través de la repetición y la conformación de estructuras de poder o hegemonías[18]. De forma complementaria, Antonio Gramsci[19] incide en el hecho que hegemonía cultural y política se entrelazan, constituyendo un predominio ideológico y estratégico. Añadiendo el papel del conocimiento científico, Bruno Latour[20] muestra como la ciencia (con)forma un continuo con factores estructurales y políticos.

Los pensamientos de Laclau, Mouffe, Foucalt, Gramsci o Latour son unos que rechazan meta-narrativas totalizadoras y problematizan el lugar desde el cual se conoce e interpreta y desde el cual surgen las relaciones entre saber, poder y praxis. La hipótesis planteada en este texto se construye sobre ideas constructivistas y post-estructuralistas concernientes a las relaciones entre saber y poder y entre teoría y praxis, ahondando en teorías críticas sobre el discurso y la articulación. De esta forma y retomando el medio ambiente, los discursos y subjetividades constituidas a través de la sociedad capitalista y neoliberal asignan significados particulares a significantes como *sostenibilidad, cambio climático,* o *transición energética,* unos significados que son fuente de sostén e impulsores de la sociocultura predominante. Mediante la manipulación (deliberada o irreflexiva) de estos términos, se articulan meta-narrativas que propugnan el *status quo* socioeconómico.

---

17 LACLAU, *op. cit.*; LACLAU y MOUFFE, *op. cit.*

18 FOUCALT, M., *The Archaeology of Knowledge: And the Discourse on Language,* New York, Vintage, 1982.

19 Gramsci, A., *Selections from the Prison Notebooks* (HOARE, Q. y NOWELL SMITHh, G., Editoras), New York, International Publishers, 1971.

20 LATOUR, B., *The Pasteurization of France,* Cambridge, Harvard University Press, 1993.

En la actualidad, toma fuerza el paradigma económico del capitalismo verde[21], en el cual empresas, instituciones gubernamentales o actores culturales y mediáticos persiguen garantizar la continuidad del modelo económico capitalista (el crecimiento económico ilimitado) mientras se consideran los *impactos* ambientales del sistema. El eje central del capitalismo verde es la reducción en las emisiones de dióxido de carbono y para ello se despliegan todo tipo de estructuras que tendrían que permitir *transicionar* desde los hidrocarburos fósiles a otras fuentes energéticas. Sin embargo y como señalan diversos análisis[22], salta a la luz una imposibilidad biofísica de asegurar el mismo nivel de productividad a través de fuentes energéticas alternativas, junto con la pugna por los materiales limitados y la desposesión social que vertebran las *soluciones* energéticas dentro del marco de la acumulación económica.

De esta manera, esta propuesta ideológica promueve una continuidad socioeconómica asentada sobre las lógicas del extractivismo/productivismo y otras tendencias correlacionadas, como la dicotomización conceptual entre sociedad y naturaleza, la hipertecnologización y la hiperconectividad de las sociedades humanas[23]. En los relatos neoliberales, los

---

[21] PERROTTI, D., "Conceiving the (everyday) landscape of energy as a transcalar infrastructural device", *Projets de Paysage*, vol. 7, 2012, núm. 6.

[22] HICKEL, J., "Quantifying national responsibility for climate breakdown: An equality-based attribution approach for carbon dioxide emissions in excess of the planetary boundary", *The Lancet Planetary Health*, vol. 4, 2020, núm. 9, pp. e399-e404.; HICKEL, J., SULLIVAN, D., y ZOOMKAWALA, H., "Plunder in the Post-Colonial Era: Quantifying Drain from the Global South Through Unequal Exchange, 1960–2018". *New Political Economy*, 2021; PÉREZ, A., *op. cit.*

[23] DAUVERGNE, P., "The Problem of Consumption", En CONCA, K. y DABELKO, G. (editoras) *Green Planet Blues—Critical Perspectives on Global Environmental Politics*, London and New York, 6.ª ed., Routledge, 2019, pp. 222-231; GUNNARSSON-ÖSTLING, U. y SVEN-

riesgos medioambientales y sociales se traducen a lenguajes económicos y financieros, mientras se asumen escenarios tecno-utópicos o incluso transhumanistas como horizontes para desacoplamientos entre la economía del crecimiento-aceleración y el uso de recursos materiales y de la contaminación (las mal-llamadas "externalidades")[24].

El capitalismo verde, por tanto, se sigue desarrollando desde los mismos patrones que han generado la devastación social y ecológica que vivimos hoy en día. Se podría hablar de un extravío de los equilibrios que sostienen la vida en comunidad y la vida biodiversa: sobreexplotación, cadenas transnacionales de cuidados, degradación de tierras, crecientes desigualdades, toxificación de las cadenas tróficas, deforestación... Circunstancias de destrucción alimentadas por las ilusiones del capital y los epicentros individualistas. Por ello, los significados de los significantes mencionados anteriormente (*sostenibilidad, cambio climático, transición energética*) se contornean

---

FELT, Å., "Sustainability discourses and justice: towards socio-ecological justice". En HOLIFIELD, R., CHAKRABORTY, J. y WALKER, G. (editoras) *The Routledge Handbook of Environmental Justice*, London and New York, Routledge, 2018, pp. 160-171; HICKEL, J. et al., *op. cit.*; LATOUR, B., *Politics of Nature: How to Bring the Sciences into Democracy*, Cambridge, Harvard University Press, 2004.; PÉREZ, A., *Pactos verdes en tiempos de pandemias: El futuro se disputa ahora.* Barcelona y Madrid, Observatori del Deute en la Globalització, Libros en Acción e Icaria Editorial, s.a., 2021.

24 ANGUELOVSKI, I., y MARTÍNEZ-ALIER, J., "The 'Environmentalism of the Poor' revisited: Territory and place in disconnected glocal struggles", *Ecological Economics*, vol. 102, 2014, pp. 167-176.; BECK, U., *La democracia y sus enemigos: Textos escogidos (Estado y Sociedad)*, Barcelona, Ediciones Paidós, 2000.; STEGEMANN, L., y OSSEWAARDE, M., "A sustainable myth: A neo-Gramscian perspective on the populist and post-truth tendencies of the European green growth discourse", *Energy Research & Social Science*, vol. 43, 2018, pp. 25-32.

desde las lógicas del capitalismo verde y generan, a su vez, acepciones *ad hoc* de términos colindantes como *greenwashing* o *securitización.*

2.2. El *greenwashing*

El *greenwashing*[25], o lavado verde, se refiere a la mejora en la imagen corporativa de una empresa mediante la publicidad engañosa de productos o medidas que se autoproclaman favorables para el medio ambiente. Las empresas realizan campañas de publicidad en las cuales su actividad adopta la apariencia de solución frente al cambio climático. Complementariamente, el *greenwashing* engloba un espectro de actividades heterogéneas, entre las cuales se encuentran las colaboraciones público-privadas y privado-privadas[26] o la financiación de cumbres sobre el clima y de iniciativas universitarias sobre el medio ambiente. Estas actividades adquie-

25 *Greenwashing* es un término anglosajón que se emplea en este texto debido a la comprensión generalizada sobre el mismo. Es un concepto que visibiliza las dinámicas de la globalización que se someten a escrutinio. Al mismo tiempo, las lentes críticas que orientan esta comunicación incitan a la deconstrucción de su narrativa.

26 Algunos ejemplos de colaboraciones público-privadas y privada-privadas son la adhesión de empresas a los *Objetivos de Desarrollo Sostenible*, la unión al pacto *Global Compact*, el compromiso con los estándares empresariales *Global Reporting Iniative* o foros como *International Business Leaders Forum, Foro Económico Mundial* o *European Atomic Forum.* También destacan coaliciones empresariales como *World Business Council for Sustainable Development* (WBCSD), *Cámara Internacional de Comercio, Climate Group, Consejo Europeo de la Industria Química,* y *European Business Council for a Sustainable Energy Future.* Asimismo, algunas de las "colaboraciones" público-privadas que sobresalen en la política ambiental son el *Fondo de las Naciones Unidas para la Colaboración Internacional,* el *Fondo Prototipo de Carbono del Banco Mundial* o la *Iniciativa de Ecuador* del PNUD.

ren la denominación de "prácticas de responsabilidad social corporativa" (RSC), formando parte de las estrategias de negocio empresariales y enmarcándose en discursos capitalistas sobre la *economía verde* y la *transición ecológica*[27].

Lejos de resultar prácticas responsables en su sentido más cabal (fomentando relaciones humanas y no humanas sostenibles en el tiempo y simbióticas), encubren instrumentalizaciones filantrópicas del medio ambiente que suelen desviar la atención de modelos económicos alternativos (por ejemplo, propuestas ecologistas y decrecentistas). Asimismo, son prácticas de distracción ante la asunción de responsabilidades que les corresponden a las empresas por sus actividades contaminantes[28]. Se fomentan así estructuras de derecho blando y voluntarias que componen relatos neoliberales, sosteniendo robustas arquitecturas de impunidad empresarial. El *greenwashing*, en consecuencia, aparenta como medio deseable para afrontar las crisis ecológicas y sociales. No obstante, este medio ejerce como fuente de deseos y satisfactores del problemático capitalismo verde.

---

27 FORD, L., "Transnational actors in global environmental politics", En *Global Environmental Politics*, London and New York, 2.ª ed., Routledge, 2018.; PAJARES, M., *Refugiados climáticos: Un gran reto del siglo XXI*, Barcelona, Rayo Verde Editorial, 2020; TIENHAARA, K., "Corporations: business and industrial influence", En HARRIS, P.G. (editor) *Routledge Handbook of Global Environmental Politics*, London and New York, Routledge, 2014, pp. 164-175.; VORMEDAL, I., "The Influence of Business and Industry NGOs in the Negotiation of the Kyoto Mechanisms: The Case of Carbon Capture and Storage in the CDM", *Global Environmental Politics*, vol. 8, 2008, núm. 4, 36-65.

28 BARKEMEYER, R., HOLT, D., PREUSS, L., y TSANG, S., "What Happened to the 'Development' in Sustainable Development? Business Guidelines Two Decades After Brundtland", *Sustainable Development*, *22*, 2014, núm. 1, pp. 15-32.; FORD, L., Op. Cit.

2.3. La securitización neoliberal del cambio climático

La *securitización* es un concepto constructivista desarrollado por la Escuela de Copenhague, consistiendo en un proceso que hace figurar un asunto como cuestión de seguridad o amenaza a la vida. La securitización se suele leer en clave intersubjetiva, vinculada especialmente a aspectos no militares y discursivos de la seguridad[29]. Es decir, el objeto de "amenaza" en sí no es tan relevante, sino que adquiere importancia la formulación narrativa sobre la idea de amenaza. La Escuela de Copenhague aboga por la desecuritización, entendiendo la securitización como la legitimación de acciones excepcionales y militares, así como una simplificación de realidades complejas[30].

La securitización del cambio climático implica un proceso gradual[31] en el cual se construye una narrativa de excepcionalidad alrededor de tal fenómeno. En el proceso de securitización se erige una imagen del cambio climático como amenaza para la seguridad humana global y se favorece la adopción de medidas no convencionales y con carácter de emergencia[32].

---

29 BUZAN, B., WÆVER, O., y DE WILDE, J., *Security: A New Framework for Analysis.* Boulder, Lynne Rienner Publishers, 1998.

30 PÉREZ DE ARMIÑO, K., "¿Más allá de la seguridad humana? Desafíos y aportes de los estudios críticos de seguridad". Ponencia en *Cursos de Derecho Internacional Y Relaciones Internacionales,* 2011, https://www.ehu.eus/es/web/cursosderechointernacionalvitoria/-/mas-alla-de-la-seguridad-humana-desafios-y-aportes-de-los-estudios-criticos-de-seguridad

31 PETERS, K., y MAYHEW, L., "The Securitization of Climate Change: A Developmental Perspective", En BROWN, S. y GRÄVINGHOLT, J. (editoras) *The Securitization of Foreign Aid. Rethinking International Development Series,* London, Palgrave Macmillan, 2016.

32 BUZAN et al., *op. cit.*; KIRK, J. y MCDONALD, M., "The Politics of Exceptionalism: Securitization and COVID-19". *Global Studies Quarterly,* vol. 1, 2021, núm. 3.; METHMANN y ROTHE, *op. cit.*; PÉREZ DE ARMIÑO, *op. cit.*, PETERS y MAYHEW, *op. cit.*

Una particularidad de la securitización del cambio climático es que esta incurre en retóricas de crisis y excepcionalidad por parte de diferentes actores, pero no se ve acompasada por medidas excepcionales y urgentes[33]. Al contrario, las políticas institucionales sobre cambio climático suelen adquirir un carácter mundano, tecnocrático y fragmentado[34].

Por eso, este texto se refiere a la securitización del cambio climático como una "securitización neoliberal", donde causas y consecuencias del cambio climático antropogénico se disocian. Es decir, donde la securitización del cambio climático no aborda los cimientos ideológicos del sistema industrial fósil, viendo la naturaleza como una externalidad que, o bien amenaza, o bien debemos proteger. Protección que sirve para garantizar la continuidad económica y mantener un espacio estanco y visitable de vez en cuando (una idea de *parque natural*). Mientras, el enfoque de seguridad humana que comporta la securitización del cambio climático conduce a que se ignoren importantes aspectos relativos a las relaciones de poder asimétricas y al sistema económico internacional[35].

En su conjunto, la securitización neoliberal del cambio climático propicia una visión antropocéntrica y crisificadora del cambio climático, que propicia una sensación de "falsa urgencia". El *greenwashing* se destapa como herramienta del sistema consumista basada en una cosmovisión capitalista de

---

33 MEHMANN y ROTHE, *op. cit.*; SCOTT, S. V., "The Securitization of Climate Change in World Politics: How Close have We Come and would Full Securitization Enhance the Efficacy of Global Climate Change Policy?", *Review of European Community and International Environmental Law*, vol. 21, 2012, núm. 3.; WARNER, J., y BOAS, I., "Securitization of climate change: How invoking global dangers for instrumental ends can backfire", *Environment and Planning C: Politics and Space*, vol. 37, 2019, núm. 8, pp. 1471–1488.

34 METHMANN y ROTHE, *op. cit.*

35 PÉREZ DE ARMIÑO, *op. cit.*

la naturaleza. Por consiguiente, se puede manifestar que tanto el *greenwashing* como la securitización neoliberal están insertas en la sociedad capitalista, aunque no solamente eso, sino que se configuran como pieza clave –*medio*– del sistema y aparente solución frente a los problemas del cambio climático.

3. LA COMPLEMENTARIEDAD DE LA SECURITIZACIÓN NEOLIBERAL DEL CAMBIO CLIMÁTICO Y EL GREENWASHING

3.1. Primera premisa: la coyuntura ideológica del *greenwashing* y la securitización neoliberal proporciona un sostén narrativo

Los estados sociales que visten la sociedad contemporánea comportan nomenclaturas peculiares. Atomizada, líquida[36], fragmentada, multicultural, globalizada... No tan paradójicamente, contrastan descripciones sobre la fragmentación moderna con descripciones sobre la homogeneización, y es que diferentes agentes y elementos atomizados de la vida se alinean alrededor de paradigmas de referencia[37]. En esta tónica, Diego Andreucci y Christos Zografos[38] presentan la otredad como un mecanismo de inclusión y exclusión del capitalismo, filtrando la diversidad a través de sistemas dominantes de conocimiento.

---

36 BAUMAN, Z., *Liquid Modernity*, Cambridge, Polity Press, 2000.

37 WINKLER, H., "Towards a theory of just transition: A neo-Gramscian understanding of how to shift development pathways to zero poverty and zero carbón", *Energy Research & Social Science*, vol. 70, 2020.

38 ANDREUCCI, D., y ZOGRAFOS, C., "Between improvement and sacrifice: Othering and the (bio)political ecology of climate change", *Political Geography*, vol. 92, 2000.

Anna L. Tsing[39] menciona que la diversidad actual está "contaminada" por historias de exterminio e imperialismo. Laura Pulido[40] lamenta el "multiculturalismo neoliberal" dominante, en el cual no se habla de racismo y opresión, sino de "diferencia" y "diversidad", encubriendo la violencia e inequidad de los sistemas. Es decir, la homogeneización puede encubrir diversidad vaciada de los atisbos de intencionalidad política y unificada en paradigmas capitalistas y neoliberales.

La relevancia de los sistemas dominantes de saber y poder es que estos presentan una seducción ideológica que pauta rasgos esenciales de la sociedad. Así, las tendencias socioeconómicas y las institucionales se retroalimentan, con-formando una red difusa entre conocimiento, aparatos político-institucionales, empresas y cotidianidades subjetivas y sociales[41]. Sobre estos supuestos, la hegemonización de los discursos de *greenwashing* y de securitización del cambio climático son leídas como parte de las tecnologías del poder, pivotando alrededor de los *status quo* capitalistas-neoliberales. Es importante remarcar esta coyuntura ideológica, dado que en ella se complementan las narrativas expuestas y a través de ella, se instrumentalizan mutuamente.

---

39 TSING, A. L., *op. cit.*

40 PULIDO, L., "Historicizing the personal and the political: Evolving racial formations and the environmental justice movement", En HOLIFIELD, R., CHAKRABORTY, J. y WALKER, G. (editoras) *The Routledge Handbook of Environmental Justice*, London and New York, Routledge, 2018, pp. 15-24.

41 HENDRIKS, E., *Understanding Inadequate Climate Change Governance: A Neo-Gramscian Discourse Analysis* [Universiteit Leiden], 2019, https://openaccess.leidenuniv.nl/bitstream/handle/1887/69777/Eefje%20Hendriks_Thesis%20MAIR%20January%202019.pdf?sequence=1; PELLOW, D. N., *What is Critical Environmental Justice?*, Cambridge, Polity Press, 2018.

Giorgio Shani[42] esgrime cómo la globalización neoliberal tiende hacia una igualdad formal y en relación a la seguridad, observa cómo la seguridad humana reproduce dichas lógicas disciplinadoras sobre el individuo, dejando de lado sus contextos culturales y la crítica reflexiva sobre los sistemas en los que operan. La securitización del cambio climático, por tanto, puede resultar instrumental para introducir otros elementos de la agenda neoliberal en la sociedad del consumo. Unidad alrededor de narrativas calamitosas sobre cambio climático, enunciadas por líderes de diferentes gobiernos e instituciones políticas[43], que se ve acompañada por acciones mundanas y no estructurales. Tal despliegue mantiene un carácter objetivo, serio y cuasi globalista ("*reto global*"), un tono que favorece la ejecución de otras políticas[44], como la mecanización de agendas de capitalismo verde y de hipertecnologización[45].

---

42 SHANI, G., *op. cit.*

43 Vease, por ejemplo, la comunicación de la Moncloa del 17 de junio de 2022, sobre la actividad de Pedro Sánchez. En esta comunicación se emplea retórica securitizante abarcando términos como "desafío" o "urgencia": https://www.lamoncloa.gob.es/presidente/actividades/Paginas/2022/170622-sanchezdiadesertificacion.aspx

44 METHMANN, C. y ROTHE, D, *op. cit;* WARNER, J., y BOAS, I., *op. cit.*

45 Un exponente son los mecanismos Next Generation European Union (NGEU) y los planes *ad hoc* para implementar estos fondos en los Estados de la Unión Europea. En España, por ejemplo, los fondos se distribuyen mediante el Plan de Recuperación, Transformación y Resiliencia y específicamente, a través de los Proyectos Estratégicos para la Recuperación y Transformación Económica (PERTE). Estos mecanismos emplean narrativas de sostenibilidad y transición energética, aunque, y como tónica general, introducen importantes estrategias de privatización y digitalización, dotados de un carácter mercantil y productivista (Observatori del Deute en la Globalització, 2021).

Complementariamente, las teorías de Naomi Klein[46] sobre capitalismo del desastre argumentan cómo los periodos de crisis estimulan políticas de mercado neoliberales, en un momento de sumisión emocional colectiva de la población. La securitización o *crisificación* discursiva del cambio climático pudiera servir para este fin, expandiendo las oportunidades de mercado de las corporaciones. Asimismo, la externalización del cambio climático (enmarcado como un "reto" externo y extraño al sistema socioeconómico predominante) transmite el sentir de una "amenaza sin enemigo"[47], conduciendo a un falso sentimiento de seguridad en el marco del sistema actual[48].

Igualmente, y reforzando la idea de coyuntura ideológica, se podría exponer que ambas tendencias, *greenwashing* y securitización neoliberal del cambio climático, viven de alguna forma en aquello que Anna L. Tsing denomina las "*ruinas del capitalismo*"[49]. Es decir, la temporalidad que implican concede la idea de una decadencia socio-ecológica ya presente y el paisaje metabólico en el que obran no es ajeno a ello: aceptan *una idea* (particular) de cambio climático en el que este ya está ocurriendo (las *ruinas* existen). Sin embargo, en el marco de esta aceptación, no se deja ir de paradigmas de progreso y modernidad. De lo contrario, se reproduce el modo de vida

---

46 KLEIN, N., *op. cit.*

47 BECK, U., *op. cit.* PRINS, G., *Threats Without Enemies*, London, Routledge, 1993.

48 WARNER, J., y BOAS, I., *op. cit.*

49 TSING, A. L., *op. cit.*, Tsing (2015) habla de "ruinas del capitalismo" como expresión que pinta las consecuencias desastrosas del modelo capitalista. Es decir, el imaginario de las ruinas ilustra decadencia social, ecológica y económica, mostrando los lugares y personas apartadas y aprovechadas por el sistema capitalista. Pero y paradójicamente, sirve para no entrar en pensamientos colapsistas y derrotistas, pudiendo visualizar tales efectos e imaginar o prefigurar nuevas realidades.

imperial[50], que perturba el medio y extrae de él, delimitando fronteras tanto a los recursos como a la violencia fósil.

Esta aparente contradicción entre las consecuencias del modelo capitalista fósil y la continuidad de estos paradigmas es fomentada por las dos tendencias que son objeto de este artículo. El *greenwashing* propicia crecimiento y extractivismo a través de las actividades industriales-empresariales y la securitización neoliberal alimenta la mercantilización del cambio climático (securitización que no aborda el sistema productivista ni la dicotomización entre naturaleza y sociedad), inscribiendo agendas políticas *ad hoc*. Todo ello mediado por una línea temporal unidireccional y uniforme. Mientras el cambio climático se acepta como un fenómeno dado, se extiende la comprensión presente del progreso hacia los horizontes de futuro, promoviendo una continuidad ideológica.

Por tanto, los discursos de *greenwashing* y de securitización del cambio climático alientan unidad en los valores y prácticas neoliberales y de mercado. Este forjar resulta instrumental para introducir agendas sociopolíticas continuistas, conjugando las expectativas de progreso y futuro que articula el *greenwashing* con sentires catastrofistas y temporalidades sempiternas (entre capitalismos del desastre y ruinas del capitalismo) que promueve la securitización. Unas dinámicas favorecen otras, alineándose con unos imaginarios socioeconómicos lineales y neoliberales. Se vislumbra una coyuntura del Antropoceno en el nexo *greenwashing*-securitización neoliberal.

---

50 BRAND, U., y WISSEN, M., "Global Environmental Politics and the Imperial Mode of Living: Articulations of State–Capital Relations in the Multiple Crisis". *Globalizations*, vol. 9, 2012, núm. 4, pp. 547-560.

3.2. Segunda premisa: el *greenwashing* favorece la maleabilidad del significante "cambio climático", facilitando la introducción de una narrativa securitizadora

Algunas lecturas sobre seguridad argumentan como la seguridad humana proyecta un ideal blando o "*guante de terciopelo*", un "*discurso amable, universalista y basado en valores*", que realmente encubre un poder duro[51]. En esta línea, Methmann y Rothe[52] advierten que las micropolíticas de riesgo requieren macro-securitizaciones que legitiman la maquinaria del gobierno. Para securitizar un asunto es necesario que se reúnan unas condiciones facilitadoras, tales como la aceptación por parte de la sociedad[53]. Asimismo, y según teorías de la articulación ya citadas[54], los significantes contribuyen a estructurar el ambiente político. Es decir, los significados y significantes conforman las condiciones facilitadoras.

Las prácticas de *greenwashing* facilitan macro-securitizaciones al brindar entrega emocional a los mitos del crecimiento verde. El significante "cambio climático", empleado de forma comercial por empresas, articula tendencias de post-verdad sobre el cambio climático que banalizan los efectos de la sociedad del consumo[55]. Un ejemplo son las reducciones de emisiones en el transporte que enuncian grandes corporaciones[56]

---

51 PÉREZ DE ARMIÑO, K., *op. cit.*, p. 258.

52 METHMANN, C. y ROTHE, D, *op. cit*

53 BUZAN et al., *op. cit.*

54 LACLAU, E., *op. cit.*; LACLAU, E. y MOUFFE, C., *op. cit.*

55 DAUVERGNE, P., "The Problem of Consumption". En CONCA, K. y DABELKO, G. (editoras) *Green Planet Blues—Critical Perspectives on Global Environmental Politics*, London and New York, 6.ª ed., Routledge, 2019, pp. 222-231.

56 Ver, por ejemplo, el anuncio de la empresa Amazon https://sostenibilidad.aboutamazon.es/medioambiente/nuestra-huella-de-carbono.

(*greenwashing*), las cuales entablan Paradojas de Jevons (un mayor uso de recursos al aumentar la eficiencia de uso)[57].

Es decir, se normalizan las consecuencias del capitalismo verde, del *greenwashing*, y del binarismo entre economía y ecología. Paralelamente, reforzar esta acepción implica colateralmente una popularización del significante *cambio climático*, convertido en vocablo habitual. Tal sentido común consolida un reconocimiento del problema del cambio climático y auspicia el marco del capitalismo verde como solución. Conforme con la necesidad de macro-securitización[58], este sentido puede acelerar la construcción de una narrativa securitizadora reaccionaria y neoliberal sobre ella.

Otro argumento sobre la maleabilidad y consecuente transformación del concepto "cambio climático" puede observarse a través de los paradigmas de vida y muerte. El mito del crecimiento verde encubre visiones de una socionaturaleza muerta, como nombra Vandana Shiva[59] (*Dead Earth Assumption*), o unos imaginarios de un mundo de partículas fijas e inmutables, una Tierra inerte y muerta sobre la cual se imponen licencias a la manipulación. En otras palabras, una cosmovisión linealmente y bipolarmente antropocéntrica, donde se crea otredad (*imaginarios de naturaleza muerta*) de la naturaleza no-humana, pero también de naturalezas humanas disidentes y excluidas y, por tanto, se propicia su

---

57 Una dependencia explicada, según algunos autores (Pérez, 2021), por la inviabilidad de un desacoplamiento suficiente entre crecimiento económico y el uso de recursos fósiles-materiales.

58 METHMANN, C. y ROTHE, D, *op. cit*

59 SHIVA, V., "Neither extinction nor escape–Vandana Shiva on ecofeminism's way out of our global crisis", Metta Center for Nonviolence, 22 de diciembre de 2022, https://wagingnonviolence.org/metta/podcast/neither-extinction-nor-escape-vandana-shiva-ecofeminism/

apropiación, instrumentalización y dominación. Es decir, una mecanización de y violencia sobre la naturaleza[60].

La sociedad del consumo, como fenómeno sociocultural, conduce a un vaciar constante de la abundancia de la biodiversidad y la diversidad cultural, así como de las relaciones socio-ecológicas; del entender a los seres humanos como seres multi-especies[61] y orgánicos, insertos en complejas y relacionales tramas de la vida[62]. El extractivismo, el acaparamiento de tierras, las luchas por los recursos o las cadenas transnacionales de cuidados son patrones que visibilizan estos paradigmas desarraigados y perturbadores de la vida. Una vez se crea un imaginario desterrado y una *otredad* biopolitizada[63], la introducción de políticas instrumentalizadoras y controladoras, como las securitizadoras, es más factible. La securitización militar del cambio climático es un intento de controlar los fenómenos socioecológicos relacionados al cambio climático, trabajando la previsibilidad de los mismos y configurando unas herramientas securitizadoras *ad hoc*.

La securitización requiere aceptación sobre los ejes, personas y lugares sobre las cuales se aplica la securitización. Como se argumenta en esta comunicación, la securitización neoliberal concibe una naturaleza no integrada en lo social o "muerta". Lo social, por tanto, se haya desterrado de la naturaleza y así, la naturaleza no humana se puede controlar,

---

60 MERCHANT, C., *The Death of Nature: Women, Ecology, and the Scientific Revolution*, New York, HarperOne, 1980.

61 HARAWAY, D. J., *Staying with the Trouble*, Durham, Duke University Press, 2016.

62 HERRERO, Y., "Ausencia de memoria y extravío de la imaginación". *ctxt.es*, 13 de agosto de 2021, https://ctxt.es/es/20210801/Firmas/36939/Yayo-Herrero-memoria-identidad-tierra-conciencia.htm

63 ANDREUCCI, D. y ZOGRAFOS, C., *op. cit.*

mientras se aleja el foco de las raíces socio-económicas del cambio climático antropogénico.

Como ejemplo de estas lógicas en la gobernanza internacional, el Protocolo de Kyoto (1997) impulsó controvertidos mecanismos de flexibilidad, como el comercio de derechos de emisión, el mecanismo de desarrollo limpio y la implementación conjunta[64]. Estas estrategias asociaban el cambio climático a una "amenaza" global y las respuestas (los mecanismos de mercado), precisamente, racionalizaban, externalizaban y mercantilizaban el problema. Tal y como señalan Adam G. Bumpus y Diana M. Liverman[65], los mecanismos de mercado de carbono acarrean nuevas estrategias de acumulación de capital (intensificando el *problema*). Estos autores enmarcan tales dinámicas de regulación de la contaminación como "acumulación por descarbonización".

En definitiva, las agendas de capitalismo verde ensalzan sentidos comunes del cambio climático que contribuyen a las macro-securitizaciones[66] requeridas para la securitización neoliberal. A una naturaleza extraña y controlable a través de lo militar. El *greenwashing* populariza el cambio climático, le da un sentido neoliberal y crea un imaginario desterrado que abre paso a una securitización neoliberal.

---

64 BETSILL, M. M., "Environmental NGOs and the Kyoto Protocol Negotiations: 1995 to 1997", En BETSILL, M. M. y CORELL, E. (editoras) *NGO Diplomacy: The Influence of Nongovernmental Organizations in International Environmental Negotiations*, Cambridge, MIT Press, 2008, pp. 43-66.; BULKELEY, H., y NEWELL, P., *Governing Climate Change*, London and New York: Routledge, 2015; GUPTA, J., *The History of Global Climate Governance*, Cambridge, Cambridge University Press, 2014.

65 BUMPUPS, A. G., y LIVERMAN, D. M., "Accumulation by Decarbonization and the Governance of Carbon Offsets", *Economic Geography*, vol. 84, 2008, núm. 2, pp. 127-155.

66 METHMANN, C. y ROTHE, D, *op. cit.*

4. DISCUSIÓN: SECURITIZACIÓN NEOLIBERAL Y LA OTAN

La Organización del Tratado del Atlántico Norte (OTAN) es una institución militar que aborda el cambio climático como una cuestión de seguridad, caracterizándolo como multiplicador de riesgos que exacerba el conflicto y la fragilidad[67]. Testigo de esta visión, en un discurso sobre clima y seguridad[68] el Secretario General de la OTAN, Jens Stoltenberg, pronunció la necesidad de adaptar las fuerzas armadas, así como de abordar las implicaciones de seguridad que comportará un futuro con mayor actividad económica y militar en el Norte. Este retrato belicista no es especialmente reciente y se proyecta en los documentos estratégicos de la OTAN desde hace más de una década[69].

Esta sección incorpora la securitización militar del cambio climático promovida por la OTAN con el fin de caracterizarla como una securitización neoliberal y afianzar algunos de los puntos argumentados en esta comunicación. El punto de partida para ello es el Informe del Secretario General de la OTAN

---

67 Ver: Organización del Tratado del Atlántico Norte (2021, junio 14). "NATO Climate Change and Security Action Plan". https://www.nato.int/cps/en/natohq/official_texts_185174.htm ; Organización del Tratado del Atlántico Norte (2022, junio 28). "Opening speech". https://www.nato.int/cps/en/natohq/opinions_197168.htm ; Organización del Tratado del Atlántico Norte (2022, julio 26). "*Environment, climate change and security*". https://www.nato.int/cps/en/natohq/topics_91048.htm

68 Organización del Tratado del Atlántico Norte (2022, Junio 28). "Opening speech". https://www.nato.int/cps/en/natohq/opinions_197168.htm

69 Organización del Tratado del Atlántico Norte, *Strategic Concept for the Defence and Security of the Members of the North Atlantic Treaty Organization*, 2010, https://www.nato.int/nato_static_fl2014/assets/pdf/pdf_publications/20120214_strategic-concept-2010-eng.pdf

sobre cambio climático y evaluación del impacto en la seguridad (*Climate Change & Security Impact Assessment*) (en adelante, el Informe)[70]. Es un documento corto que recuerda los peligros de cambio climático e incita a transformaciones integrales en la aproximación de la seguridad y la defensa. Precediendo este documento, en 2021 la OTAN publicó el Plan de Acción sobre Cambio Climático y Seguridad[71], asentando el foco en la respuesta militar al cambio climático y el rol de la OTAN en ella.

Precisamente, el Informe promueve un discurso crisificador, empleando vocabulario como *multiplicador de riesgos*, *peligros del cambio climático*, *competición por los recursos*, o *eficiencia militar*. Asimismo, uno de los temas que trata es el impacto del cambio climático sobre las estructuras militares. Sobresale, por tanto, la centralidad militar y el discurso crisificador sobre cambio climático, donde este asunto es caracterizado como una amenaza externa a combatir y ante la cual la respuesta militar es indispensable.

Un factor no desdeñable para entender el papel de la OTAN es el abuso de recursos (económicos, materiales) por parte de las instituciones militares. Así informan diferentes estudios sobre la relación causal entre crecimiento económico, militarización y el incremento de emisiones de efecto invernadero[72]. El Departamento de Defensa de los Estados Unidos, por ejemplo,

---

70 Organización del Tratado del Atlántico Norte, *Climate Change & Security Impact Assessment*, 2022, https://www.nato.int/nato_static_fl2014/assets/pdf/2022/6/pdf/280622-climate-impact-assessment.pdf

71 Organización del Tratado del Atlántico Norte, "NATO Climate Change and Security Action Plan", 14 de junio de 2021, https://www.nato.int/cps/en/natohq/official_texts_185174.htm

72 MEULEWAETER, C. y BRUNET, P., *Militarismo y crisis ambiental. Una reflexión necesaria*, Centre Delàs d'Estudis per la Pau, 2021, http://centredelas.org/wp-content/uploads/2021/02/informe47_MilitarismoYCrisisAmbiental_CAST.pdf

es la institución que más cantidad de combustibles fósiles consume a nivel mundial[73]. Como respuesta a estas dinámicas, documentos como El Informe pugnan por adaptar los ejércitos a través de tecnologías y propuestas de capitalismo verde que incluyen el uso de combustibles alternativos o la *compensación de la contaminación* mediante la plantación de árboles. Lejos de las advertencias eco-pacifistas sobre los nexos militares, capitalistas y destrucción ecológica[74], una de las consideraciones principales del Informe es que mantener la eficiencia militar de las tareas de la OTAN debe restar una prioridad. El siguiente extracto de un artículo publicado en la revista Forbes, es un exponente claro de esta cosmovisión militarista neoliberal: "*the process of approximation and eventual NATO membership complements the improved institutional frameworks of [among others] a country's corporate security. It also decreases uncertainty and externalities in the environment*"[75].

Son estrategias que se podrían caracterizar como *greenwashing* militar, término que vincula las dos tendencias a las que se refiere esta comunicación: el *greenwashing* y la securitización militar. Grandes despliegues retóricos y apuestas tecnológicas que alejan el cuestionamiento de los efectos del modelo militar y de las ideologías neoliberales de las que radican los principales problemas ecosociales. Como añadido, no dan pie a vislumbrar la responsabilidad histórica de los países miembros de la Alianza en el cambio climático[76].

---

73 MEULEWAETER, C. y BRUNET, P., *op. cit.*

74 BERGANTIÑOS FRANCO, N., y IBARRA GÜELL, P., "Eco-Pacifismo y Antimilitarismo". *Revista de Estudios de Juventud*, vol. 76, 2007, pp. 113-127.

75 GURULI, I., "The Economic Effect of NATO", *Forbes*, 2016 https://forbes.ge/the-economic-effect-of-nato/

76 HICKEL, J., *op. cit.*

En general, el Informe muestra una dicotomía pronunciada de la idea de naturaleza y la de sociedad, vehiculando el cambio climático como una externalidad que se podría eventualmente controlar o, en su defecto y a través de tecnologías militares, contener. Para el Informe, el *elefante en la habitación* no es un modelo económico extractivista y productivista, así como la propia existencia de tales alianzas militares sino que *el elefante* es el cambio climático, enmarcado como reto extraño y apolítico. Se propicia una unidad militar en torno a narrativas calamitosas sobre cambio climático, un tono serio, objetivo y cuasi globalista, o una externalización de la *amenaza del cambio climático.*

Como se ha señalado en este texto, las macro-securitizaciones de riesgo necesitan micro-securitizaciones legitimadoras[77] o unas condiciones facilitadoras que impulsen la aceptación por parte de la sociedad[78]. Una securitización neoliberal del cambio climático requiere patrones como el *greenwashing* que encarnen narrativas neoliberales y como manifiesta Giorgio Shani[79], la igualdad formal de la globalización neoliberal se observa en la militarización. Las normalidades del cambio climático, por ello, se van forjando mediante estas narrativas y las narrativas retroalimentan una sensación de falsa urgencia frente al cambio climático que desemboca en securitización neoliberal e impulso del capitalismo verde. El Informe y en general, las instituciones militares como la OTAN, muestran y refuerzan estas *normalidades* del cambio climático.

---

77 METHMANN, C. y ROTHE, D, *op. cit.*

78 BUZAN et al., *op. cit.*

79 SHANI, G., *op. cit.*

5. CONCLUSIONES

Los sentidos de cambio climático no son estables, aunque pueden adquirir una estabilidad temporal con profundas consecuencias ecosociales. En esta comunicación, se indaga en las *normalidades* del cambio climático, a través de las asociaciones entre el *greenwashing* y la securitización neoliberal. La principal conclusión es que el *greenwashing* y la securitización neoliberal del cambio climático se sostienen (articulan) mutuamente.

Se aborda la securitización como práctica vinculada a nuestra relación con la naturaleza, potenciadora de los paradigmas dualistas de naturaleza-sociedad y paralelamente, estimuladora del capitalismo verde. Una forma clave en que se da cuenta de ello es a través de la construcción de la "amenaza climática", un fraguar indisoluble del paradigma del capitalismo verde. En el texto también se argumenta que, complementariamente, el capitalismo verde conduce a un forjar neoliberal del sentido común del cambio climático y a la popularización del término, propiciando condiciones macro-securitizadoras.

En su conjunto, esta comunicación profundiza en las relaciones entre el *greenwashing* y la securitización neoliberal, dotando tales relaciones de una capacidad ontogénica. Dar cuenta de estas dinámicas contribuye a entender la seguridad en relación al cambio climático y a los paradigmas neoliberales, así como a entender los paradigmas neoliberales en relación al cambio climático y a la seguridad. El objetivo último es comprender mejor las *normalidades* que conforman la concepción del cambio climático. Así pues, fomentando la deconstrucción de tales normalidades y ampliando las posibilidades de ensalzar imaginarios alternativos *sostenibles* y pacifistas.

PARTE 2

EL NUEVO ESCENARIO DE SEGURIDAD: RIESGOS Y AMENAZAS EMERGENTES

Capítulo 5

El dilema de seguridad de la conectividad: la fragmentación del orden internacional[1]

ESTHER BARBÉ IZUEL*

"Soldiers do not have the monopoly of war"
Qiao Liang y Wang Xiangsui, Unrestricted warfare

1. INTRODUCCIÓN

La noción de pandemia está plenamente integrada en nuestras vidas. La hemos vivido, al menos en nuestra parte del mundo, como una amenaza desconocida, nueva o emergente. En 2020, durante el confinamiento escribí: "Estamos frente a una pandemia, una enfermedad infecciosa que une al mundo, lo paraliza y monopoliza las políticas públicas, tanto a nivel local como a nivel global. De pronto, se ha hecho evidente el valor de la salud en tanto que bien público global. Ahora bien, otros problemas relacionados con bienes públicos globales, como la diversidad biológica o la

---

1 El presente texto se inscribe en el marco del proyecto "La emergencia de la soberanía europea en un mundo de rivalidad sistémica: Autonomía estratégica y consensos permisivos" (EUSOV) financiado por el Ministerio de Ciencia e Innovación (PID2020-116443GB-I00).

* Catedrática de Relaciones Internacionales en la Universidad Autónoma de Barcelona. La autora es, además, Investigadora Asociada Senior en el Instituto Barcelona de Estudios Internacionales (IBEI).

estabilidad climática, no han desaparecido. Al contrario, los analistas y científicos ponen de relieve la conexión entre los problemas de la agenda internacional. [Según] Barry Commoner, pionero del movimiento medioambientalista, «Todo está conectado con Todo». Esa conectividad es lo que hace precisamente más difícil entender los cambios en el orden internacional de nuestros días"[2].

Aún en plena Covid-19, Mark Leonard se refirió a otra pandemia que recorre el mundo y se transmite deliberadamente de persona a persona: "no es una fuerza biológica sino comportamientos tóxicos que se multiplican como un virus. Las conexiones entre las personas y los pueblos se han convertido en armas [*weaponization*] y, de la misma manera que unen al mundo, lo separan"[3]. Leonard construye una idea-fuerza: las conexiones de nuestro mundo globalizado, a través de internet, de las cadenas de valor, de los movimientos financieros o de población, entre otros fenómenos, generan "guerras de conectividad"[4]. Así pues, entender los cambios en el orden internacional desde el prisma de la seguridad nos obliga a poner el foco en la conectividad como fuente de inseguridad.

Dicha aproximación, agudizada por los efectos de la Covid-19, está presente en documentos estratégicos de estados y organizaciones internacionales. Así, la Unión Europea (UE) indicaba en su Estrategia Global de 2016, "el

---

2 BARBÉ, E., "El invierno que no llegó: El orden internacional en tiempos de pandemia", *Revista Española de Derecho Internacional*, vol. 72, núm. 2, 2020, p. 15.

3 LEONARD, M., *The age of unpeace. How connectivity causes conflict*, Dublín, Penguin, 2021, p. 1. El término inglés de *weaponization* recoge dicho proceso y es habitual en la literatura sobre seguridad.

4 LEONARD, M. (ed.), *Connectivity Wars*, European Council on Foreign Relations, 2016. Disponible en: https://ecfr.eu/publication/connectivity_wars_5064/ (consultado 15 octubre 2022).

terrorismo, las amenazas híbridas, la volatilidad económica, el cambio climático y la inseguridad energética se ciernen tanto sobre nuestra población como sobre nuestro territorio".[5] La Brújula Estratégica de la UE, adoptada el 21 de marzo de 2022, considera que "Vivimos en una era de competencia estratégica y de complejas amenazas para la seguridad [..] Se están intensificando la frecuencia y las repercusiones de las amenazas híbridas. Cada vez más, la interdependencia se vuelve conflictiva y el poder simbólico se utiliza de manera coactiva: las vacunas, los datos y los estándares tecnológicos son, todos ellos, instrumentos de competencia política. El acceso a alta mar, al espacio ultraterrestre y al ámbito digital es objeto de una rivalidad creciente. Nos enfrentamos a intentos de coacción económica y energética cada vez mayores. Además, los conflictos y la inestabilidad a menudo se ven agravados por el cambio climático, que actúa como multiplicador de amenazas"[6].

Los documentos estadounidenses de seguridad nacional repiten dicha pauta: "las pandemias y otros riesgos biológicos, la crisis climática en aumento, las ciberamenazas, las disrupciones de la economía internacional [..] plantean peligros profundos y, en muchos casos, existenciales".[7] Por su parte, el Concepto Estratégico de la OTAN, adoptado en

---

5 *Una visión común, una actuación conjunta: una Europa más fuerte. Estrategia Global para la política exterior y de seguridad de la Unión Europea,* 2016. Disponible en: https://eeas.europa.eu/archives/docs/top_stories/pdf/eugs_es_.pdf (consultado 6 octubre 2022).

6 Consejo de la Unión Europea, *Una Brújula Estratégica para la Seguridad y la Defensa,* 7371/22, Bruselas, 21 marzo 2022. Disponible en: https://data.consilium.europa.eu/doc/document/ST-7371-2022-INIT/es/pdf (consultado 7 octubre 2022).

7 BIDEN, J., *Interim National Security Strategic Guidance,* The White House, 2021, p. 7. Disponible en: https://www.whitehouse.gov/wp-content/uploads/2021/03/NSC-1v2.pdf (consultado 6 octubre 2022).

mayo de 2022, recoge: "Los competidores estratégicos ponen a prueba nuestra capacidad de resistencia y tratan de explotar la apertura, la interconexión y la digitalización de nuestros países. Se entrometen en nuestros procesos e instituciones democráticos y atacan la seguridad de nuestros ciudadanos mediante tácticas híbridas, tanto directamente como a través de agentes subsidiarios. Llevan a cabo actividades maliciosas en el ciberespacio y en el espacio, promueven campañas de desinformación, instrumentalizan la emigración, manipulan el suministro de energía y utilizan la coacción económica. Estos actores también están al frente del esfuerzo deliberado de socavar las normas e instituciones multilaterales y promover modelos autoritarios de gobernanza".[8]

Fuera del contexto euroatlántico, Chile, en línea con la Declaración OEA sobre Seguridad en las Américas, destaca nuevas amenazas y desafíos de naturaleza híbrida (campañas de desinformación, ciberataques, terrorismo, sabotaje, insurgencia, etc.) derivadas del "cambio tecnológico y cultural que ha devenido en la llamada sociedad de la información, el mayor acceso a tecnologías disruptivas y armas convencionales, combinado con vulnerabilidades de las infraestructuras críticas y la falta de adaptación de las estructuras organizacionales y legales frente a este tipo de amenazas".[9] En esta línea, Brasil destaca, de manera concreta, las amenazas para la seguridad del

8 *NATO 2022 Strategic Concept,* 29 junio 2022. Disponible en: https://www.nato.int/nato_static_fl2014/assets/pdf/2022/6/pdf/290622-strategic-concept.pdf (consultado 7 octubre 2022).

9 *Política de Defensa de Chile, Edición 2020,* aprobada mediante Decreto Supremo N°004, 4 diciembre 2020. Disponible en: https://www.defensa.cl/wp-content/uploads/POL%C3%8DTICA-DE-DEFENSA-NACIONAL-DE-CHILE-2020.pdf (consultado 6 octubre 2022).

país derivadas de las desigualdades tecnológicas, las tecnologías disruptivas y el bloqueo de los flujos de información.[10]

En otros contextos geográficos no es habitual la publicación de documentos equivalentes a los anteriores. En África o en el mundo árabe es más habitual encontrar programas de actuación a medio y largo plazo en términos de desafíos para el desarrollo; caso de la Agenda 2063 de la Unión Africana o la Estrategia para la Cuarta Revolución Industrial lanzada por el gobierno de los Emiratos Árabes Unidos, donde temas como la energía, la seguridad alimentaria, el transporte, las infraestructuras o la inteligencia artificial son presentados como desafíos, pero más en términos de desarrollo que de seguridad[11]. En cambio, para China la tecnología ocupa un lugar preeminente en su concepto de seguridad nacional amplia (*comprehensive*), que tiene como objetivo el mantenimiento de la estabilidad política, económica y social. Aunque no se producen documentos equivalentes a los del mundo occidental, lo cierto es que el propio Xi Jinping ha aludido a la tecnología y a las finanzas como ámbitos de riesgo para el régimen.[12]

La *weaponization* de la conectividad o, en términos clásicos de Relaciones Internacionales, vincular interdependencia a conflicto es contrario a los cánones establecidos y nos plantea dudas: ¿las amenazas derivadas de la conectividad sustituyen a las amenazas tradicionales?, ¿cabe esperar una disminución

---

10 *Política nacional de defesa. Estratégia nacional de defesa,* Brasil, 2020. Disponible en: https://www.gov.br/defesa/pt-br/arquivos/estado_e_defesa/pnd_end_congresso_.pdf (consultado 6 octubre 2022)

11 United Arab Emirates. Ministry Cabinet Affairs, *Shaping the future.* Disponible en: https://www.moca.gov.ae/en/area-of-focus/future-foresight (consultado 7 octubre 2022).

12 CHARON, P., "Strategic Foresight in China", *ISS Brief/5,* marzo 2021. Disponible en: https://www.iss.europa.eu/content/strategic-foresight-china (consultado 7 octubre 2022).

de las capacidades militares tradicionales?, ¿cómo afecta la *weaponization* de la interdependencia al orden internacional de nuestro mundo, globalizado y fuertemente regulado?, ¿cómo interactúan geopolítica y gobernanza global? Este texto aborda dichas preguntas apoyándose en tres ideas centrales en la teoría de las Relaciones Internacionales –el dilema de seguridad, la paz como producto de la interdependencia y el orden internacional basado en reglas– con la intención de fomentar el debate académico y de abrir vías de investigación.

2. LA PERSISTENCIA DEL DILEMA DE SEGURIDAD

La emergencia de amenazas derivadas de la conectividad en un mundo globalizado es una idea establecida que se enmarca en el término de amenazas híbridas, entendidas como "la utilización de tácticas convencionales y no convencionales en escenarios de conflicto o en la confrontación geopolítica entre los grandes actores globales" y se caracterizan por ser "un elemento crecientemente desestabilizador en el orden internacional».[13] La emergencia de nuevas amenazas derivadas de la conectividad –como la interferencia en elecciones a través del uso de la desinformación en las redes sociales o el ataque a infraestructuras críticas como aeropuertos con virus informáticos– ha ido en paralelo al proceso más tradicional en los estudios sobre seguridad: el desarrollo de las capacidades militares como instrumento necesario para la defensa de los estados.

En efecto, los últimos datos sobre gasto militar muestran que en 2021 se mantuvo la tendencia de los últimos siete años:

---

[13] MORILLAS, P., "Prólogo", *Amenazas híbridas, orden vulnerable. CIDOB Report # 8*, septiembre 2022, p. 5. Disponible en: https://www.cidob.org/publicaciones/serie_de_publicacion/cidob_report/cidob_report/amenazas_hibridas_orden_vulnerable (consultado 30 septiembre 2022).

el aumento del gasto militar, a pesar del contexto de Covid-19 supuestamente centrado en la salud pública global. La espiral armamentista, teóricamente asentada en la aproximación clásica del dilema de seguridad, es un hecho. En 2021 se alcanzó el gasto récord de 2,1 billones[14] de dólares, que supone un crecimiento del 6% respecto del año anterior. En el caso de Rusia el crecimiento fue de un 2,9%, muy vinculado al desarrollo de sus fuerzas en las fronteras de Ucrania, mientras que en China fue del 4,7%. El rearme chino, durante 27 años sucesivos, que la ha convertido en la segunda potencia militar del mundo, ha ido seguido de un rearme general en Asia y en Oceanía: el gasto japonés en 2021 aumentó un 7,3%, el aumento más alto desde 1973, y Australia ha iniciado un programa de rearme con submarinos a propulsión nuclear (con un coste de 128.000 millones de dólares) en el marco de la alianza militar estratégica con Estados Unidos y Reino Unido, conocida como AUKUS.[15] El programa de rearme australiano ha dado lugar a la reacción de China que ve en el mismo un incumplimiento del Tratado de No Proliferación Nuclear, tal y como trasladó a la Agencia Internacional de la Energía Atómica.[16]

¿Cómo se explica esta espiral armamentista? De manera coloquial, y recordando el famoso "It's the economy, stupid" de la campaña electoral de Bill Clinton en 1992 que pretendía explicar que el mundo está regido por la economía, nos

---

14 Trillones en inglés americano.

15 Todos los datos sobre gasto militar provienen de SIPRI, "World Military Expenditure passes $2 trillion for first time", 25 abril 2022. Disponible en: https://www.sipri.org/media/press-release/2022/world-military-expenditure-passes-2-trillion-first-time (consultado 3 octubre 2022).

16 "China, AUKUS countries clash at IAEA over nuclear submarine plan", *Reuters*, 16 septiembre 2022. Disponible en: https://www.reuters.com/world/china-aukus-countries-clash-iaea-over-nuclear-submarine-plan-2022-09-16/ (consultado 10 octubre 2022).

hemos encontrado en la última década con el "It's geopolitics, stupid".[17] Los presidentes de la Comisión Europea, poco cercanos tradicionalmente a lo que el término comporta, lo han asumido para formular políticas. En 2018, Jean Claude Juncker vinculó geopolítica y soberanía europea[18]. Ursula von der Leyen prometió en 2019, ante el Parlamento Europeo, una Comisión Geopolítica[19] y, en 2022 en plena guerra de Ucrania, declaró "nuestra política de ampliación se basa en los méritos, pero es también una inversión geoestratégica".[20] Es un hecho, el retorno de la geopolítica es central en las relaciones internacionales en la vida política y en la vida académica.[21] ¿Qué comportamientos cabe esperar? ¿Cómo afecta al orden internacional? Ello nos lleva conceptualmente al dilema de seguridad.

Contra lo que cabría esperar en un mundo de amenazas híbridas, los datos nos sitúan frente a la clásica espiral armamentista propia del dilema de seguridad, "una de las ideas teóricas más importantes en relaciones internacionales [y] eje teórico del realismo defensivo".[22] El dilema de seguridad, acuñado en 1950 por John H. Herz en un artículo publicado en *World Politics*, explica como en una sociedad sin gobierno (anarquía), caso de la sociedad de estados-nación, cada estado construye su propia seguridad (auto-ayuda), fundamentalmente a través

---

17 GÖTZ, E., "It's geopolitics, stupid: Explaining Russia's Ukraine policy", *Global Affairs*, vol. 1, núm. 1, 2015, pp. 3-10.

18 *Annual State of the EU address by President Juncker at the European Parliament*, Bruselas, 12 septiembre 2018.

19 *Speech by the President-elect von der Leyen in the European Parliament Plenary*, Bruselas, 27 noviembre 2019.

20 "Bruselas impulsa la ampliación de la UE y opta por Bosnia-Herzegovina", *La Vanguardia*, 13 octubre 2022, p. 6.

21 La consulta del término "the return of geopolitics" en Google da 11.500.000 resultados (consulta realizada el 10 de octubre de 2022).

22 TANG, S., "The Security Dilemma: A Conceptual Analysis", *Security Studies*, vol. 18, núm. 3, 2009, pp. 587-8.

del gasto militar, y con ello tiende, de manera paradójica, a generar sentimiento de inseguridad en otros estados que responderán en consecuencia para reequilibrar la situación, bien sea mediante rearme (espiral de la carrera armamentística), creación de alianzas o ataques preventivos. Es un proceso de acción-reacción en plena incertidumbre. A pesar de que el texto de Herz se vio como una lectura de las relaciones Estados Unidos-Unión Soviética, lo cierto es que el mismo autor lo caracterizó como un concepto aplicable a cualquier contexto histórico, de carácter estructural y como un "círculo vicioso".[23] En otras palabras, el carácter trágico de las relaciones internacionales, que siempre lleva al conflicto (guerra), básico en el realismo clásico.[24]

El dilema de seguridad ha generado debates notables entre los académicos, en torno a su capacidad explicativa. Así, por ejemplo, Robert Jervis[25] reafirmó dicha capacidad explicativa en un artículo publicado en 1978 en *World Politics.* En el mismo llevaba a cabo un ejercicio de teoría de juegos para ilustrar la variación de comportamientos posibles tanto por parte de estados en favor del estatus-quo como de estados agresores, ilustrados con ejemplos históricos. En el artículo se pregunta bajo qué condiciones se da la premisa del dilema de seguridad; es decir, que el aumento de la seguridad de un estado reduce por definición la de otro/s y, a partir de ahí, se

---

23 HERZ, J.H., "Idealist internationalism and the security dilemma", *World Politics,* vol. 2, núm. 2, 1950, pp. 157.

24 Hans J. Morgenthau lo atribuye a la naturaleza humana (pesimismo antropológico). Véase BARBÉ, E. (Estudio preliminar, traducción y notas), *Escritos sobre política internacional. Hans J. Morgenthau,* Madrid, Tecnos, 1990. Es muy simbólico el título de su libro homenaje: THOMPSON, K. (ed.), *Truth and Tragedy. Tribute to Hans J. Morgenthau,* New Brunswick, 1977.

25 JERVIS, R., "Cooperation under the security dilemma", *World Politics,* vol. 30, núm. 2, 1978, p. 211.

pone en marcha una espiral de acción/reacción, la lógica de la disuasión. En dicho artículo, Jervis introdujo una diferenciación fundamental entre comportamiento defensivo y comportamiento ofensivo, que no llevan necesariamente a paz, el primero, y a guerra, el segundo. Al contrario, Jervis construyó dos variables relacionadas, por un lado, con la percepción de los *decision makers* (¿son capaces, o no, de diferenciar las políticas, y las armas, ofensivas de las defensivas?); y, por otro, con sus cálculos estratégicos (¿qué comportamiento es más ventajoso, el ofensivo o el defensivo?). El cruce de estas variables da lugar a "cuatro mundos posibles", donde recoge, por ejemplo, que se puede dar guerra sin que haya dilema de seguridad, a causa de comportamientos que no se centran en la búsqueda de seguridad sino en la maximización de poder, o puede que haya guerra a causa de errores de percepción entre estados que desean mantener el estatus-quo. El escenario más positivo lo definió como "doblemente estable", cuando, por una parte, se puede distinguir si una decisión es ofensiva o defensiva (no hay incertidumbre, por ejemplo, en torno al carácter defensivo de las armas) y, por la otra, tiene más ventaja el comportamiento defensivo que el ofensivo. Dicho escenario hace que el dilema de seguridad abra la vía para la cooperación entre los estados; lo que facilita su aceptación entre académicos liberales.

En términos académicos y de debate, lo más relevante es que el dilema de seguridad ha dividido a los académicos realistas entre defensivos y ofensivos; lo que tiene que ver con el objetivo último de los estados en la arena internacional[26]. Para los llamados realistas defensivos, como el mismo Jervis,

---

26 Véase, entre los primeros, S.M. WALT, *The origins of alliance,* Ithaca: Cornell University Press, Ithaca, 1990 y, entre los segundos, J.J. MEARSHEIMER, *The tragedy of great power politics,* Norton, Nueva York, 2001

Kenneth Waltz o Stephen Walt, la hipótesis de partida es que los estados buscan simplemente estar seguros. Su objetivo no es, por tanto, escalar posiciones en la estructura de poder, sino simplemente no perderlas. Esta hipótesis, por tanto, lleva a esperar una política exterior relativamente moderada, preocupada básicamente por defender la continuidad y por minimizar los riesgos a la propia seguridad, que puede generar políticas acordadas en torno a la paridad armamentística o las medidas de confianza militares.

Los realistas ofensivos, en cambio, se toman al pie de la letra la idea del realismo clásico de que en un sistema internacional anárquico la única forma que tienen los estados de proporcionarse seguridad es acumulando poder. No hay dilema de seguridad, la competición no termina nunca porque uno siempre puede acumular más poder o intentar reponerse de su pérdida. Todo el poder que un actor gane lo perderán los demás. Así como la búsqueda de seguridad puede dar lugar a arreglos más o menos duraderos entre estados o alianzas (todos pueden sentirse razonablemente seguros a la vez), para los realistas ofensivos no hay juegos de suma positiva en la búsqueda de poder. Los actores están obligados a competir para mantener su posición. De esta forma, los realistas ofensivos esperan una política exterior más agresiva.

El dilema de seguridad sigue vigente tanto teórica[27] como analíticamente. En 1997, *World Politics* publicó un número especial, para celebrar sus 50 años de vida, con una serie de artículos que giraban en torno a aquellos temas o conceptos con impacto en el pensamiento político-internacionalista y perseguían "conmemorar el trabajo antiguo a la vez que explorar nuevas vías".[28] Dicho número incorpora un artículo

---

27 Véase, por ejemplo, TANG, *op. cit.*

28 BIENEN, H.S., "Introduction", *World Politcs,* vol. 50, núm. 1, 1997, p. 6.

de Charles Glasser[29] sobre el dilema de seguridad, que aporta algunas ideas relevantes: 1. La dificultad para diferenciar entre *security seeker* y *power maximizer,* desde el momento en el que la expansión de poder puede entenderse como un medio para obtener seguridad; 2. El dilema de seguridad no viene dado de manera natural sino que, en lógica constructivista, es una estructura social basada en la interpretación de las intenciones de los demás (desconfianza sistemática, por ejemplo, basada en las experiencias históricas); 3. La dificultad para diferenciar entre armas ofensivas y defensivas, sobre todo en el ámbito convencional, en menor medida en el caso de las armas nucleares.

¿En qué medida pensamos en términos de dilema de seguridad cuando nos enfrentamos al actual contexto internacional? ¿Nos sirve para explicar los cambios? Por ejemplo, el borrador de la Brújula Estratégica de la UE se modificó de manera sustancial tras la agresión rusa a Ucrania, añadiéndose quince nuevas referencias a Rusia en dicho texto[30] y un texto que hablaba de "compromisos selectivos con Rusia" pasó a describir la invasión rusa de Ucrania como "movimiento tectónico en la historia de Europa". El símil geológico capta perfectamente el nivel de incertidumbre que el ataque ruso añade a la crisis del orden internacional, que vive en estado de *interregnum,* en el sentido gramsciano del término; es decir, «una crisis que consiste precisamente en que lo viejo muere y lo nuevo no puede nacer, y en ese lapso de tiempo aparecen los más diversos síntomas morbosos», entre los que se ha citado el triste destino de las

---

[29] GLASSER, C.L., "The Security Dilemma Revisited", *World Politics*, vol. 50, núm. 1, 1997, pp. 171-201.

[30] BELL, R.G., The War in Ukraine, the Strategic Compass, and the Debate Over EU Strategic Autonomy, *CSDS Policy Brief 11/2022.* Disponible en: https://brussels-school.be/sites/default/files/CSDS%20Policy%20brief_2211.pdf (consultado 19 julio 2022).

revoluciones árabes, la revitalización de la extrema derecha en Europa o la victoria de Donald Trump en Estados Unidos[31]. La guerra en Ucrania viene a sumarse a dichos síntomas.

Los análisis sobre la agresión rusa a Ucrania nos llevan una y otra vez a los argumentos manejados en este apartado para explicar el comportamiento de los estados bajo el discurso del dilema de seguridad; fundamentalmente "búsqueda de seguridad" y "maximización de poder". Así, John Mearsheimer, realista ofensivo, en *Foreign Affairs* y Stephen Walt, realista defensivo, en *Foreign Policy* han publicado a lo largo de 2022 aportaciones en las que miran hacia el futuro en términos de riesgo catastrófico de escalada (Mearsheimer) y de necesidad de instituciones para monitorear los comportamientos y reducir las incertidumbres (Walt), si bien los dos insisten en la centralidad de las percepciones.[32] En otras palabras, estos trabajos empíricos (con voluntad prescriptiva) nos sugieren que las agendas de investigación que adoptan el dilema de seguridad asocian su capacidad analítica a enfoques y niveles de análisis tan diversos como los sesgos burocráticos, políticos y psicológicos que inciden en el comportamiento de los estados[33], con especial énfasis en la literatura sobre factores psicológicos de los líderes en torno a reputación y credibilidad[34], o las limitaciones estructurales en torno a la distribución asimétrica del poder.

---

31 ACHCAR, G., *Morbid symptoms. Relapse in the Arab Uprising*, Saqui Books, 2016.

32 MEARSHEIMER, J., "Playing with fire in Ukraine", *Foreign Affairs*, 17 agosto 2022. Disponible en: https://www.foreignaffairs.com/ukraine/playing-fire-ukraine (consultado 22 septiembre 2022) y WALT, S., "Does anyone still understand the Security Dilemma?", *Foreign Policy*, 26 julio 2022. Disponible en: https://foreignpolicy.com/2022/07/26/misperception-security-dilemma-ir-theory-russia-ukraine/ (consultado 22 septiembre 2022).

33 GLASSER, *op. cit.*, p. 201.

34 TANG, *op. cit.*, p. 621.

3. LA INESPERADA AMENAZA DE LA CONECTIVIDAD

Es inesperado que un representante de la élite política europea, como Josep Borrell, nos anuncie la "muerte" de premisas asentadas en la teoría de las Relaciones Internacionales; en sus palabras: "vivimos en un mundo de política de poder. El sistema basado en reglas que nosotros defendemos se ve desafiado como nunca y nuestra interdependencia, que se suponía que era una cosa buena, capaz de prevenir la guerra, ahora se ha convertido en un arma (*weaponised*)".[35]

Josep Borrell nos habla desde el mundo de la integración europea, desde la UE, que ha dado lugar a constructos nuevos en la sociedad internacional, como el mercado único o la ciudadanía europea, que reformulan la soberanía. Bajo esa realidad política subyace el pensamiento liberal en la teoría de las Relaciones Internacionales, un pensamiento que ha vinculado interdependencia con paz. Frente al realismo, y su dilema de seguridad, el liberalismo ofrecía lecturas muy diferentes que, de una u otra manera, recogían la premisa anterior: la correlación entre interdependencia y paz, asentada en el pensamiento liberal clásico que hace del libre comercio un instrumento de ganancias recíprocas (todo el mundo gana) y, a partir de ahí, se espera un comportamiento cooperativo y pacífico por parte de los estados[36]. En la teoría

---

35 BORRELL, J., *European Diplomatic Academy: Opening remarks by High Representative Josep Borrell at the inauguration of the pilot programme*, Brujas, 13 octubre 2022. Disponible en: https://www.eeas.europa.eu/eeas/european-diplomatic-academy-opening-remarks-high-representative-josep-borrell-inauguration_en (consultado 13 octubre 2022).

36 IBÁÑEZ, M. y GARCÍA DURÁN, P., "Libre comercio: Los intercambios económicos nos benefician a todos" en BARBÉ, E. (dir.), *Las normas internacionales ante la crisis del orden liberal*, Madrid, Tecnos, 2021, pp. 45-78.

de las Relaciones Internacionales encontramos formulaciones diversas del liberalismo.[37] Karl Deutsch, en sus estudios de la década de 1950 sobre la comunidad euroatlántica, ya destacó el papel de las comunicaciones y de las redes sociales como base para lo que él definió como "comunidades de seguridad" que dejan de lado el uso de la fuerza. Los teóricos clásicos de la integración europea, como David Mitrany o Ernst Haas, asumen la transformación pacífica que comporta el proceso de integración, se explique de una u otra manera (funcionalismo, neofuncionalismo, etc.).[38] El giro transnacionalista de la década de 1970 enriqueció la noción de interdependencia en sentido analítico, siempre con una visión cooperativa y pacífica. James Rosenau argumentó en favor del rol creciente de los actores no estatales y sus redes transnacionales frente a la centralidad de los estados. Robert Keohane y Joseph Nye construyeron el concepto de interdependencia compleja para caracterizar unas relaciones internacionales con mayor densidad de interacciones y con predominio de la agenda "blanda" (economía) sobre la agenda "dura" (seguridad militar).[39]

La idea de que la interdependencia ha de conducir a la paz[40], dominante en el discurso de la UE, se ha convertido,

---

37 Véase la clasificación de JACKSON, R. y SORENSEN, G., *Introduction to International Relations: Theories and Approaches,* Oxford, Oxford U.P., 2007, que diferencian entre liberalismo sociológico, republicano, institucional y de la interdependencia.

38 Las lecturas básicas de Deutsch, Haas y Mitrany se encuentran en NELSEN, B.F. y STUBB, A., *The European Union: Reading on the Theory and Practice of European Integration,* Boulder, Lynne Rienner, 2014.

39 ROSENAU, J., "International Studies in a transnational world", *Millenium,* vol. 5, núm. 1, 1976, pp. 1-20; KEOHANE, R. y NYE, J., *Power and interdependence. World Politics in transition,* Boston, Little Brown, 1977.

40 Los realistas han criticado tradicionalmente dicho supuesto mientras que la teoría crítica ha abordado la interdependencia en términos de dependencia (entre centro y periferia).

según Mark Leonard, en claramente disfuncional en el siglo XXI.[41] Por ejemplo, la densidad de interacciones propia de la interdependencia, traducida en hiperconectividad, se recoge también en los numerosos ciberataques que se producen regularmente cada día. Analistas de la ciberseguridad han definido las amenazas constantes a la seguridad en internet como una situación de *unpeace*: no hay guerra convencional, pero las interconexiones se convierten en amenazas.[42] Tanto es así que Anne-Marie Slaughter ha construido el concepto de MAC (Mutual Assured Cyberdestruction) para abordar el fenómeno en el marco de la agresión rusa a Ucrania, recreando la MAD (Mutual Assured Destruction) de la era nuclear.[43]

La interdependencia se ha geopolitizado. No es un fenómeno nuevo, pero sí que ha dado lugar a una agenda de investigación novedosa, empezando por la aparición de conceptos, como guerra híbrida, popularizada en documentos de la OTAN a principios del siglo XXI[44], o conflicto híbrido, definido como la "situación en la cual las partes se abstienen del uso abierto de la fuerza (armada) y actúan combinando la intimidación

---

41 LEONARD, *op. cit.*

42 KELLO, L., *The Virtual Weaspon and International Order*, Yale, Yale U.P., 2017.

43 SLAUGHTER, A-M., "Put an End to Brinkmanship", *Foreign Policy*, Disponible en: https://foreignpolicy.com/2023/01/05/russia-ukraine-next-war-lessons-china-taiwan-strategy-technology-deterrence/?utm_source=postup&utm_medium=email&utm_campaign=winter2023printmagazine_email&utm_term=10623&utm_content=email1&tpcc=winter2023printmagazine_email&utm_source=PostUp&utm_medium=email&utm_campaign=FP%20Subscriber%20-%20Digital&utm_term=64380&tpcc=FP%20Subscriber%20-%20Digital#anne-marie-slaughter (consultado 7 enero 2023).

44 JONSHON, R., "Hybrid War and Its Countermeasures: A Critique of the Literature", *Small Wars & Insurgencies*, vol. 29, núm. 1, 2018, p. 141.

militar (sin llegar a un ataque convencional) y la explotación de vulnerabilidades económicas, políticas, tecnológicas y diplomáticas".[45] ¿Dónde está la novedad cuando se trata de explotar vulnerabilidades? Primero de todo, la percepción de que las amenazas actuales afectan "a los que se creían invulnerables"[46] (el centro del sistema internacional); segundo, hay incremento y diversificación de las tácticas utilizadas (el desarrollo tecnológico tiene mucho que ver) y tercero, el aumento espectacular de la interdependencia entre estados y sociedades o lo que Mark Leonard ha definido como "hiperconectividad".[47] El mejor ejemplo de ello es la conectividad digital. Internet es el paradigma de la globalización. En términos materiales, los 250.000 kilómetros de fronteras interestatales que dividen a los estados del mundo son una tercera parte de los 750.000 kilómetros de cables submarinos de internet[48] y, en términos sociales, el 60% de la humanidad tiene acceso a internet y el 54% hace uso de redes sociales.

Tecnología y economía en sus diversas formas (internet, control de fronteras, cadenas de suministro, sistema financiero, etc.) son las principales responsables de la conectividad material e ideacional. Uno de los sectores económicos que mejor recoge la *weaponization* de la interdependencia es el energético. Ciertamente, no es una novedad. La energía ha sido central en la geopolítica de la segunda mitad del siglo XX, por acción o por omisión. Helen Thompson, que admite haber

---

45 GALÁN, C., "Amenazas híbridas: nuevas herramientas para viejas aspiraciones", *Documento de Trabajo20/2018,* Real Instituto Elcano, 2018. Disponible en: https://media.realinstitutoelcano.org/wp-content/uploads/2021/10/dt20-2018-galan-amenazas-hibridas-nuevas-herramientas-para-viejas-aspiraciones.pdf (consultado 14 octubre 2022).

46 MORILLAS, *op. cit.*

47 LEONARD, *op. cit.*

48 Cifras de Parag Khanna, cit. por LEONARD, *op. cit.*, p. 10.

empezado a pensar geopolíticamente a partir de sus estudios sobre energía, lo ilustra perfectamente con un ejemplo: la crisis de Suez de 1956 comportó un cambio geopolítico para los europeos ya que la pérdida del acceso fácil a Oriente Medio los llevó a girarse hacia las exportaciones energéticas desde la Unión Soviética y, a partir de ahí, se explican diferencias transatlánticas y diferencias intraeuropeas vigentes en el siglo XXI.[49] La energía es un instrumento de poder, en el mercado o en la geopolítica. Gran Bretaña como potencia fue de la mano del carbón en el siglo XIX, los Estados Unidos de la mano del petróleo en el siglo XX y la emergencia de la energía verde, que requiere numerosos metales raros, está potencialmente en manos de China. La agresión rusa a Ucrania ha mostrado claramente el poder de dicha arma frente a las limitaciones de las capacidades militares tradicionales. La respuesta occidental a dicha agresión, a través de la imposición de sanciones, muestra otra dimensión de la *weaponization* de la economía. Dados los altos niveles de conectividad entre las economías nacionales (cadenas globales de suministro, sistema financiero dolarizado) se pueden explotar las dependencias existentes en el mundo de la interdependencia, como muestra el uso por parte de Estados Unidos de la tecnología frente a China (decisión de la administración Biden, adoptada en octubre de 2022, de prohibir la venta de chips y semiconductores con tecnología innovadora estadounidense so pena de sanciones).

Las armas no-militares no son nada nuevo, pero lo relevante es que su uso se ha intensificado y que las amenazas nunca cesan (caso de los ciberataques). No hay diferencia entre momentos de paz y momentos de guerra, la incertidumbre es permanente (un mundo de *unpeace*). Además, como ya se ha dicho, impactan tanto en el centro (el Pentágono fue

---

49 THOMPSON, H., *Disorder. Hard times in the 21st century*, Oxford, Oxford U.P., 2022, p. 60.

supuestamente atacado por Rusia, por primera vez, en 2008), como en la periferia (el ciberataque a la central nuclear iraní de Natanz en 2021 fue supuestamente obra de Israel) y es muy difícil identificar a los atacantes.

Los objetivos de estos ataques híbridos, que no se utilizan ni para ganar la guerra ni la paz[50], se centran en generar inestabilidad. Como hemos visto en el apartado anterior, China vincula seguridad a estabilidad en los ámbitos financiero y tecnológico. La percepción de seguridad en la UE se ha visto erosionada en los últimos años por supuestas acciones de Rusia: ciberataques, campañas de desinformación, injerencias en procesos democráticos o instrumentalización de migrantes en las fronteras exteriores de la UE. Dichas acciones agudizan la polarización existente en las sociedades occidentales y ponen de relieve la vulnerabilidad de sus valores y de sus sistemas políticos, tanto a nivel de las democracias nacionales como a nivel de la UE. En este último caso, hay muchos estudios que analizan la crisis de la integración europea a partir de la reacción que se da en la esfera pública, a nivel nacional y a nivel europeo, en relación con temas controvertidos, como la inmigración o el propio proceso de integración europea (agudizado desde la crisis del euro).[51] Es justamente en torno a dichos temas donde más campañas de desinformación se detectan. Los medios digitales han favorecido su extensión y, con ella, la polarización: "las sociedades ya no se dividen por opiniones contrapuestas sino por hechos contrapuestos",[52] a través de discursos de

---

50 BARGUÉS, P. y BOUREKBA, M., "La Guerra por todos los medios: La intensificación de los conflictos híbridos", *Amenazas híbridas, orden vulnerable. CIDOB Report # 8, op. cit.*

51 GRANDE, E. y HUTTER, S., 'Introduction: European integration and the challenge of politicization' en HUTTER, S., GRANDE, E. y KRIESI, H. (eds.), *Politicising Europe. Integration and Mass Politics*, Cambridge, Cambridge UP, 2016, pp. 3-31.

52 LEONARD, *op. cit.*, p. 11.

posverdad y campañas de desinformación. En el caso del referéndum del Brexit –una crisis altamente desestabilizadora para la UE– la Cámara de los Comunes alertó en un Informe sobre la intromisión rusa en el proceso a través de medios digitales. El Informe concluye sobre la manipulación llevada a cabo por Rusia a través de dichos medios, si bien apunta que es difícil calcular su impacto en el resultado electoral.[53] Hay incertidumbre, se genera sentimiento de inseguridad por los efectos desestabilizadores, ya mencionados, que llevan a Leonard a afirmar que "el dilema de seguridad es aplicable hoy en día tanto a las armas como a la tecnología".[54] En otras palabras, estamos frente a un dilema de seguridad de la conectividad que "tiene implicaciones profundas para el orden internacional"[55].

4. LA FRAGMENTACIÓN DEL ORDEN INTERNACIONAL

El concepto de orden internacional nos remite a un mundo formado por estados soberanos (desagregados) y otros actores que interactúan a través de acuerdos y compromisos. En dicho orden, el cambio se canaliza a través de instituciones multilaterales. Estamos hablando del orden nacido tras la segunda guerra mundial bajo hegemonía estadounidense; el orden internacional liberal que, en palabras de Ikenberry, es un orden internacional «abierto y basado en reglas»[56] o instituciones, si entendemos, como Keohane, que una insti-

53 BRÄNDLE, V.K., GALPIN, C. y TRENZ, H.J., "Brexit as 'politics of division': social media campaigning after the referendum", *Social Movement Studies*, 2022, vol. 21, núm.1-2, pp. 234-253.

54 LEONARD, *op. cit.*, p. 45.

55 BARGUÉS y BOUREKBA, *op. cit.*

56 DUNNE, T. y FLOCKHART, T., *Liberal World Orders*, Oxford University Press, Oxford, 2013, p. 25.

tución es un «conjunto permanente y conectado de reglas que prescriben los comportamientos, constriñen la actividad y moldean las expectativas»[57]. Gracias a la hegemonía occidental, el orden liberal se convirtió en un multilateralismo de alcance global tras el final de la guerra fría. Se pasó, en palabras de Tanja Börzel y Michael Zürn, «de un multilateralismo liberal a un liberalismo posnacional»[58] en el sentido de cómo las instituciones han ganado en autoridad. Aparecen «nuevas instituciones, mucho más intrusivas que las instituciones internacionales convencionales»[59], con el consiguiente impacto sobre la soberanía nacional. Prácticas de la política doméstica liberal, como la rendición de cuentas y la participación de la sociedad civil en la formulación de políticas, saltan a las instituciones internacionales.

Dicho orden está en crisis; lo que se constata a nivel normativo. Las normas internacionales se ven contestadas.[60] La redistribución del poder (*shift of power*) ha llevado al fin de la hegemonía y, por tanto, al desvanecimiento de una "cultura global". Lo que se traduce en fragmentación en tanto que respuesta dialéctica a la globalización. La globalización se asumía como occidentalización y extensión de la modernidad al mundo y la fragmentación supone la resistencia a la hegemonía de las

---

57 KEOHANE, R., «International Institutions: Two approaches», en KRATOCHWIL, F. y MANSFIELD, E.D., *International Organization and Global Governance. A Reader*, Pearson, Nueva York, 2006 (2ª ed.), p. 61.

58 BÖRZEL, T. y ZÜRN, M., «Contestations of the Liberal International Order: From Liberal Multilateralism to Postnational Liberalism», *International Organization*, vol. 75, núm 2, 2021, p. 286.

59 ZÜRN, M. y STEPHEN, M., «The view of Old and New Powers on the Legitimacy of International Institutions», *Politics*, vol. 30, nº 1, 2010, p. 93.

60 BARBÉ (dir.), *op. cit.*

ideas y las prácticas institucionales establecidas.[61] Según Rob Walker, en un lenguaje más filosófico, se trata de la resistencia de la particularidad frente a la universalidad.[62]

La fragmentación ha sido central en los estudios sobre orden internacional, en momentos en los que orden se confundía con gobernanza global, a causa de la diversificación de la autoridad (pública y privada) y de la globalización de la agenda. Entre los juristas, el tema se abrió en 2001, con la intervención del presidente de la Corte Internacional de Justicia en la Asamblea General de Naciones Unidas, en la que advirtió que el orden jurídico internacional se estaba fragmentando a causa de la creciente autonomía de regímenes especiales y de la proliferación de métodos y procedimientos. Normativamente, la preocupación sobre la pérdida de coherencia del sistema jurídico internacional ha dado paso a una visión positiva de dicha fragmentación en términos de pluralismo, diversidad y flexibilidad del derecho internacional.[63] En las relaciones internacionales, en línea con lo anterior, algunos autores entienden la fragmentación de las normas internacionales como un proceso de "localización" (adaptación de las normas a contextos locales a través de legislación y/o tribunales nacionales). Según Amitav Acharya, es la manera de promover un orden descentrado culturalmente y diverso políticamente, en el que las normas están fuertemente localizadas de tal manera que permiten la existencia de modernidades (en plural).[64]

---

61 CLARK, I., *Globalization and Fragmentation*, Oxford, Oxford UP., 1997, p. 29.

62 WALKER, R.B.J., "Security, Sovereignty and the Challenge of World Politics", *Alternatives*, 1990, vol. 15, núm. 1.

63 PETERS, A., "The refinement of international law: From fragmentation to regime interaction and politicization", *I-CON-International Journal of Constitutional Law*, vol. 15, núm. 3, 2017, pp. 671-704.

64 ACHARYA, A., *The end of American world order*, Cambridge, Polity, 2014.

¿Qué impacto tiene el "dilema de seguridad de la conectividad" en la fragmentación del orden internacional? La respuesta es doble si atendemos a la afirmación de que "el mundo multilateral de la globalización no ha desplazado al mundo multipolar de la competición entre potencias. La realidad geopolítica del siglo XXI está mucho más cerca de la fusión entre la dos". [65]

Dicha fusión se puede ilustrar con un caso bien representativo de la interacción entre conectividad y multilateralismo. La elección de un/a presidente/a para la Unión Internacional de Comunicaciones (UIT) se convirtió en septiembre de 2022 en una batalla política de primer nivel en la que se opusieron dos cosmovisiones en lo relativo al establecimiento de regulaciones globales para el mundo digital. Se presentaron dos candidaturas, una estadounidense y otra rusa. El voto tuvo lugar el 29 de septiembre y acabó con el resultado de 139 votos favorables para la candidata estadounidense de los 172 votos emitidos. Lo destacable de dicha competición por el liderazgo de la UIT es la fragmentación en términos de orden que la misma comportaba, el choque entre liberalismo posnacional y soberanismo. Por una parte, Estados Unidos promovió, junto con la UE, una "Declaración para el futuro de Internet", firmada por más de sesenta países, que recoge referencias a libre circulación de la información, protección de derechos humanos y libertades fundamentales, así como "un enfoque de gobernanza de múltiples partes interesadas que mantiene a internet en funcionamiento en beneficio de todos".[66]

Frente a dicha cosmovisión de internet (libre circulación, privacidad, gobernanza con presencia de autoridades privadas), la candidatura rusa defendía el posicionamiento adoptado por Putin y Xi Jinping, en una declaración de 2021, en la que defendían

---

65 LEONARD, *op. cit.*, p. 139.

66 Disponible en https://ec.europa.eu/commission/presscorner/detail/es/ip_22_2695 (consultado 20 octubre 2022).

la preservación del "derecho soberano de los estados a regular el segmento nacional de internet" frente al peligro de las corporaciones globales; lo que ha venido a definirse como balcanización u "orden cerrado" frente al "orden abierto" impulsado por el modelo occidental. Este ejemplo nos permite constatar la potencial fragmentación del orden internacional (estándares y reglas globales) en un ámbito tan fundamental para la conectividad como es internet. No hay posibilidad de universalidad.

Situaciones como la anterior han llevado a algunos analistas (y a muchos políticos) a hablar de la emergencia de un orden internacional basado en bloques. El seguimiento de lo ocurrido en Naciones Unidas desde la invasión rusa de Ucrania en febrero de 2022 nos muestra que la situación es mucho más compleja. Dos preguntas de investigación se pueden plantear aquí. Primera pregunta, ¿cómo cambia el orden dependiendo del sector temático (*issue area*) elegido? El caso que acabamos de ver nos orienta en un ámbito que ilustra perfectamente el dilema de seguridad de la conectividad, pero no nos explica el impacto de este en el orden internacional en su conjunto. Un análisis sistemático de estudios de caso conformaría una agenda de investigación básica para encontrar respuestas de carácter general.

Segundo, ¿existe una cosmovisión Estados Unidos-Unión Europea sobre el orden internacional entendido como multilateralismo de alcance global? Aquí se pueden apuntar algunas ideas como base para un desarrollo posterior. De entrada, hay que señalar que tanto Estados Unidos como la UE han desarrollado estrategias proteccionistas frente a las vulnerabilidades de la conectividad (sospechas de interferencias externas en la elección de Donald Trump, impacto en la UE de la crisis de refugiados de 2015), reforzadas por la pandemia de la Covid-19. En el caso de Estados Unidos, la idea dominante es la desvinculación (*decoupling*) de China, reduciendo los niveles de interdependencia con dicho país en materia económica y tecnológica. En el caso de la UE, el concepto movilizador ha sido la autonomía estratégica[67], centrada en un principio en el ámbito de la defensa, en términos operativos e industriales, y extendida más tarde a otros sectores (soberanía tecnológica, por ejemplo) y con lecturas tanto internas (más autonomía de decisión) como externas (mayor autonomía tanto respecto de Estados Unidos como de China).

Para finalizar, y con la voluntad de comparar el discurso de ambos actores (Estados Unidos y la UE) en materia de orden internacional entendido como multilateralismo de alcance global, se puede analizar el discurso de sus representantes (el presidente Biden y el presidente del Consejo Europeo, Charles Michel) en el Debate General de la Asamblea General de Naciones Unidas, celebrado en septiembre de 2022.

Utilizando el símil del realismo ofensivo y defensivo, la primera gran diferencia es que Estado Unidos construye un discurso ofensivo frente al discurso defensivo de la UE. Biden[68] propone la construcción de un orden internacional basado en reglas (no se menciona el término de multilateralismo) para sectores asentados en la conectividad (comercio, inversiones, datos, cadenas globales de valor) con los socios democráticos; un orden de alcance limitado, no global (exclusión de China). La referencia a valores en su discurso es en términos de nuestros valores democráticos, valores comunes con nuestros socios o similares. Hay que señalar que el Concepto Estratégico de la OTAN, ya citado, asume la misma formulación en términos

---

67 FIOTT, D. *Strategic autonomy: towards 'European sovereignty' in defence*, EUISS, 2018. Disponible en: https://www.iss.europa.eu/content/strategic-autonomy-towards-%E2%80%98european-sovereignty%E2%80%99-defence (consultado 10 febrero 2021).

68 BIDEN, J., "Discurso del presidente de Estados Unidos a la Asamblea General de las Naciones Unidas", 21 septiembre 2022. Disponible en: https://gadebate.un.org/en/77/united-states-america (consultado 27 septiembre 2022).

de valores. Estados Unidos se autorepresenta como líder en la construcción de dicho orden de multilateralismo instrumental y fragmentador (sólo con socios democráticos).

Michel[69], por su parte, defiende el orden internacional basado en normas, en el Derecho Internacional y en el multilateralismo efectivo (discurso propio de la UE, desde 2003, que implica ámbito global), que debe ser reformado (reforma del orden). Su referencia a valores es doble; por un lado, se refiere a nuestros valores (al igual que Estados Unidos), pero también hace referencia a valores universales. En este caso, la doble referencia normativa también se encuentra en la Brújula Estratégica de la UE, ya citada. La defensa del multilateralismo en el caso de la UE tiene asimismo carácter normativo, no instrumental. Michel defiende la cooperación multilateral como inteligencia colectiva en acción y, en términos de autorepresentación como ADN de la UE. La UE asume el rol de líder de la regulación, en línea con su posición dominante como potencia reguladora en el orden internacional.

En conclusión, más allá de las preocupaciones suscitadas en términos de implementación por parte de juristas y de analistas de la gobernanza global, la fragmentación es un hecho en el orden actual. Las instituciones multilaterales, en tanto que espacios de legitimación colectiva de las ideas y de reconocimiento del estatus de los estados más corporaciones (como hemos visto en el caso de internet), son "campos de batalla" para el choque entre liberalismo posnacional y soberanía o para la, en términos de Leonard, previsible confrontación entre los tres imperios de la conectividad que son Estados Unidos, China y la UE.[70]

---

69 MICHEL, C. "Discurso del presidente del Consejo Europeo a la Asamblea General de las Naciones Unidas", 23 septiembre 2022. Disponible en: https://gadebate.un.org/sites/default/files/gastatements/77/eu-en.pdf (consultado 10 octubre 2022).

70 LEONARD, *op. cit.*, p. 146.

Capítulo 6

El papel securitizador de la OTAN ante el fenómeno de la desinformación

PATRICIA DEL CASTAÑO PORTILLO*

1. INTRODUCCIÓN

El fenómeno de la desinformación en el que se centra este trabajo ha cobrado relevancia académica en los últimos años. Se enmarca en un nuevo territorio geoestratégico y tecnológico, producto de un proceso de digitalización de la sociedad internacional imparable sumado a un contexto de transición de poder de naturaleza estructural[1]. En este sentido, la desinformación

* Investigadora predoctoral en el Departamento de Derecho Internacional Público, Relaciones Internacionales e Historia del Derecho de la Universidad del País Vasco (patricia.delcastano@ehu.eus).

1 Véase: GARCÍA, C. "Westfalia, worldfalia, eastfalia. El impacto de las transformaciones de la estructura de poder interestatal en el orden internacional", *REDI*, vol. 69, 2017, núm. 2, pp. 45-70; BENNETT, L. y LIVINGSTON, S. "The disinformation order: Disruptive communication and the decline of democratic institutions", *European Journal of Communication*, vol. 33, 2018, núm. 2, pp. 122–139. CHANG, YY., "The Post-Pandemic World: between Constitutionalized and Authoritarian Orders: China's Narrative-Power Play in the Pandemic Era", *Journal of China Political Science*, 2020, núm. 26, pp. 27–65. YAN, X., "Bipolar Rivalry in the Early Digital Age", *The Chinese Journal of International Politics*, vol. 13, 2020, núm. 3, pp. 313–341; MOURE, L., "China ante la crisis del orden liberal internacional", *China ante un mundo en crisis*, 2021, núm. 52; y SÁNCHEZ, A., "El orden liberal frente al equilibrio de poder y la redefinición de la legitimidad", REEI, 2022, núm. 43, pp. 1-22.

ha comenzado a percibirse como un gran desafío, fundamentalmente, para las democracias occidentales y las instituciones liberales constituidas desde el final de la Segunda Guerra Mundial[2]. Sin duda, el fenómeno puede suponer una amenaza para los valores, ideas y normas sobre las que se asienta el orden internacional liberal que hoy conocemos[3].

En la actualidad, el conflicto armado no es siempre el principal medio para imponer la voluntad política. Las actividades formales e informales llamadas juegos informativos, tienen un efecto destructivo para la economía y los sistemas financieros, provocando malestar social y político[4]. Tradicionalmente, cuando se hacía referencia a cuestiones de seguridad, se invocaba casi exclusivamente al ámbito militar y político. Sin embargo, esta realidad se fue modificado sustancialmente con llegada de innovaciones tecnológicas y comunicativas a gran escala. Desde un punto de vista político, la ampliación de la noción de seguridad a este ámbito supone, en la práctica, la extensión del campo de actuación de los órganos del estado en la materia [5].

---

2 JEANGÈNE, J.B., ESCORCIA, A.; GUILLAUME, M. y HERRERA, J., "Information Manipulation. A challenge for Our Democracies", report by the Policy Planning Staff (CAPS) of the Ministry for Europe and Foreign Affairs and the Institute for Strategic Research (IRSEM) of the Ministry for the Armed Forces, 2020, Paris; CHANG, MC., CHANG, CC. y LIN, TH., "The Art of iWar: Disinformation Campaign as a Strategy of Informational Autocracy Promotio", *American Political Science Association's Annual Meeting & Exhibition,*2020, pp. 1-38.

3 LANCE, B. y LIVINGSTON, S., "The disinformation order: Disruptive communication and the decline of democratic institutions," *European Journal of Communication,* vol. 33, 2018, núm. 2, pp. 122–139.

4 ARAZNA, M., "Conflicts of the 21st century based on multidimensional warfare – hybrid warfare, disinformation and manipulation," *Security and Defence Quarterly,* vol. 8, 2015, núm. 3, pp.103-129.

5 ABAD, G., "El concepto de seguridad: su transformación", *Comillas Journal of International Relations,* 2015, núm. 4, pp. 40-51; y VERDES-

Por otra parte, teniendo en cuenta las posibilidades que este campo de batalla ofrece, algunos actores internacionales especialmente relevantes se han convertido en expertos en el uso de sofisticadas armas digitales, provocando cada vez una mayor tendencia hacia la securitización de la desinformación desde el ámbito estatal e intergubernamental[6].

Prueba de ello es que el Concepto Estratégico la OTAN formulado en 2022 incluye la desinformación y los ciberataques como acciones que ponen en riesgo la seguridad euroatlántica[7]. El hecho de que instituciones internacionales tradicionalmente orientadas a la defensa se refieran al fenómeno de la desinformación en términos de "amenaza", ha contribuido a diferenciarlo de las formas más tradicionales de manipulación informativa o propaganda. Por otra parte, parece lógico que la OTAN, en tanto que es Alianza político-miltar, esté jugando un papel especialmente relevante como agente de securitización del fenómeno de la desinformación.

Por ello, y teniendo en cuenta el escenario arriba descrito, este trabajo abordará una aproximación a la teoría de la securitización, enmarcando en ella el fenómeno de la desinformación y analizando el rol seguritizador de la OTAN en los últimos años.

MONTENEGRO, F., "Securitización: agendas de investigación abiertas para el estudio de la seguridad", *Relaciones Internacionales,* 2015, núm. 29, pp. 111–131.

6 SAMIR, H., "In Search of Cyber Stability: International Relations, Mutually Assured Destruction and the Age of Cyber Warfare" en J.F. BREMER & B. MÜLLER (eds.), *Cyberspace and International Relations,* Berlin, Springer, pp. 59-76.

7 NATO, *Strategic Concept,* 2022, Madrid.

2. LA TEORÍA DE LA SECURITIZACIÓN: UN ENFOQUE PARA EL ANÁLISIS DE LA DESINFORMACIÓN INTERNACIONAL

Como se ha señalado en la introducción, la ampliación del concepto de seguridad ha supuesto que su estudio sea abordado desde una perspectiva multidimensional y no gire exclusivamente en torno a asuntos políticos y militares[8].

A lo largo de las últimas tres décadas, la producción académica sobre seguridad y el análisis del propio concepto en clave reflexiva ha contribuido a impulsar y refundar los Estudios de Seguridad en Relaciones Internacionales. Una de las grandes aportaciones al debate ha sido, precisamente, la teoría de la securitización, formulada en los años noventa por la escuela de Copenhague.[9] Wæver y Buzan, declarados explícitamente constructivistas, a través de un análisis crítico del discurso observaron que algunos asuntos de la agenda internacional eran progresivamente desviados del debate común y elevados a rango de emergencia[10]. Esta constatación les llevó a plantearse en su obra conjunta *Security: A New Framework for Analysis*: "¿Quién puede securitizar

---

8 ABAD, G., op. cit.; VERDES-MONTENEGRO, F. op.cit

9 BUZAN, B., WÆVER, O., y WILDE, J., *A New Framework for Analysis*, Londres, Lynne Rienner, 1998, pp.21-49; MCDONALD, M., "Securitization and the Construction of Security", European *Journal of International Relations*, 2008, núm 4, pp. 563–587; BELZACQ, T., "A theory of securitization. Origins, core assumptions, and variants", en BELZACQ, T. (ed.), *Securitization Theory. How security problems emerge and dissolve*, Nueva York, Routledge, 2011, pp. 1-31; BELZACQ, T., GUZZINI, S., WILLIAMS, M.C., y PATOMAKI, H., "Forum: What of theory–if any– is securitization?, *International Relations*, vol. 29, 2015, núm. 1, pp. 96 –136.
Para profundizar, véase: VERDES-MONTENEGRO, F., *op. cit.*

10 TELLO, S., *op.cit.*.

qué y bajo qué condiciones?". A esta pregunta da respuesta la teoría de la securitización, que décadas después revisaría Thierry Balzacq[11].

Wæver y Buzan construyeron su teoría sobre la base de la de los actos de habla (*speech acts*), que en la Filosofía del Lenguaje, se conoce como performatividad del lenguaje: verbalizar ideas implica en ocasiones materializarlas, cambiar su estatus funcional[12]. Es decir, se ponía de relieve la capacidad de las palabras no solo para describir objetos o fenómenos, sino para dotarlos de forma y sustancia. Partiendo de esta premisa, el proceso de securitización "hace referencia a los actos de habla de una autoridad considerada como legítima, que designa una amenaza a la que hay que responder con una actuación de emergencia" [13]. Y es que como explica Belzacq, la securitización desarrolla, en definitiva, la idea de que ninguna cuestión es esencialmente una amenaza, sino que se le otorga dicha categoría a través de la política discursiva. Así, este último autor define la securitización como:

> "*Un conjunto articulado de prácticas por las que los artefactos heurísticos (metáforas, herramientas políticas, repertorios de imágenes, analogías, estereotipos, emociones, etc.) son movilizados contextualmente por un actor de la seguritización, que trabaja para incitar a un público a construir una red coherente de implicaciones (sentimientos, sensaciones, pensamientos e intuiciones) sobre la*

---

11 BUZAN, B., WÆVER, O., y WILDE, J., *op. cit*; y TRITZEL, H., "Towards a theory of securitization: Copenhagen and beyond", *European Journal of International Relations*, núm. 13, 2007, pp. 357–383; VERDES-MONTENEGRO, F., *op.cit.*

12 SEARLE, J.; KIEFER, F. y MANFRED, B., *Speech Act Theory and Pragmatics"*, Boston, D. Reidel Publishing Company, 1980.

13 DEMURTAS, A., "Veinte años de la teoría de la securitización: puntos fuertes y débiles de su operacionalización", *Análisis Jurídico-Político*, vol. 1, 2019, núm. 1, pp. 167-187.

vulnerabilidad crítica de un objeto que concuerda con las razones del actor securitizador para elegir y actuar, invistiendo al asunto en cuestión con un aura de amenaza sin precedentes que obliga a emprender inmediatamente una política personalizada para bloquear su desarrollo." [14]

En otras palabras, la securitización representa un acto extremo de politización de una cuestión[15]. No obstante, solo se convierte en realidad cuando la audiencia reconoce como verdadera la declaración del actor o agente securitizador[16]. Es decir, para que el proceso de securitización sea exitoso es indispensable que la opinión pública juzgue como válido el discurso en el que una institución legítima ha categorizado un fenómeno como amenaza[17]. Dicha amenaza puede ser real o simplemente percibida como tal, en cuyo caso, las autoridades, medios de comunicación u opinión pública deben percibir un daño potencial que exige la implementación de medidas urgentes para hacerle frente. Precisamente por ello, son dos los niveles de análisis que Buzan plantea, (1) el análisis materialista: en el que se examina si el objeto representa o no una amenaza y cuál es su nivel de peligrosidad; (2) la propia securitización: ¿puede ser construido como una amenaza gracias a la aceptación de la opinión pública? [18]

---

14 BELZACQ, T., "A theory of securitization. Origins, core assumptions, and variants", en BELZACQ, T. (ed.), *Securitization Theory. How security problems emerge and dissolve,* Nueva York, Routledge, 2011, pp. 1-31.

15 DEMURTAS, A., op. cit.

16 TELLO, S., "Revisando la securitización de la agenda internacional: la normalización de las políticas del pánico", *Relaciones Internacionales,* 2011, núm. 18, pp. 189-200.

17 DEMURTAS, A., *op. cit.*

18 BUZAN B., "Will the 'global war in terrorism' be the new Cold War?", *International Affairs,* vol. 82, 2006, núm. 6, pp. 1101-1118.

En este sentido, la teoría de la securitización cuestiona la teoría racional de la verdad como correspondencia que sostiene que una proposición es verdad dependiendo de su relación de adecuación con los propios hechos [19]. En el marco de la teoría de la securitización, la validez de las declaraciones sobre seguridad no depende de su correspondencia (o no) con una realidad externa, sino con los principios convencionalmente aceptados. Sin embargo y de manera contrapuesta, la teoría de la securitización diferencia claramente el acto de securitizar, es decir, presentar un fenómeno como amenaza, de la propia securitización o aceptación de la audiencia de que dicho fenómeno supone efectivamente una amenaza[20].

El debate en torno a la audiencia está estrechamente vinculado con las cuestiones empíricas de securitización, al plantear preguntas como cuál debe ser la naturaleza de la audiencia, cuáles son las funciones del público en el proceso o cuándo este ha sido exitoso. Existe, de hecho, un importante debate entre diferentes autores que gira en torno a si el foco debe ponerse en los actos de habla (enfoque subjetivo de la securitización)[21], o en la audiencia (poniendo énfasis añadido el aspecto intersubjetivo y negociado de la construcción de la

---

19 BELZACQ, T., "Securitization Theory, Past, Present, and Future", *Polity*, vol. 51, 2019, núm. 2, pp. 000-000. Para profundizar véase: OYARZÚNO, S., "La evolución de la teoría de la correspondencia en la epistemología de Karl Popper", *Cuadernos De Filosofía*, 2019, núm. 34, pp. 39-61; e ISLAS, D., "La teoría correspondentista de la verdad y la confirmación científica.", *Sophia*, 2021, núm. 31, pp. 65-87

20 BELZACQ, T., "Will the 'global war in terrorism' be the new Cold War?", *International Affairs*, vol. 82, 2006, núm. 6, 1101-1118.

21 Por ejemplo: WAEVER, O. "Security, the Speech Act. Analysing the Politics of a Word", Paper presented at the Research Training Seminar, Sostrup Manor, June 1989, Jerusalem.

amenaza)[22]. La Escuela de Copenhague, por ejemplo, ha tratado de subrayar en los últimos tiempos la relevancia de ambos aspectos, sin embargo, la formulación original asociaba claramente los movimientos de securitización a los actos de habla, no a la securitización en sí misma [23].

Teniendo en cuenta lo expuesto anteriormente, se entiende que las unidades de análisis que deben ser tenidas en cuenta en el estudio de un proceso de securitización son, en primer lugar, (1) el objeto referente, es decir, aquel que se encuentra bajo amenaza. En segundo, el (2) actor securitizante que promueve el discurso. La escuela de Copenhaguen incluye aquí a los medios de comunicación dotándoles de especial relevancia[24]. En tercer lugar, el (3) sujeto referente, es decir, la propia amenaza. En cuarto y último lugar, (4) la audiencia, cuyo acuerdo es necesario para conferir un estatus intersubjetivo[25].

Por último, y dado el carácter global que ha adquirido el fenómeno de la desinformación a lo largo de los últimos años en la sociedad interconectada actual, es interesante introducir el concepto macro-securitización. Waever y Buzan señalan que, en ocasiones, en la sociedad internacional un orden superior

---

22 Véase: STRITZEL, H., *op. cit*; LEONARD, S. y CH. KAUNERT, "Reconceptualizing the audience in the securitization theory", en en BELZACQ, T. (ed.), *Securitization Theory. How security problems emerge and dissolve,* Nueva York, Routledge, 2011, pp. 57-77. Para mayor profuncización: VERDES-MONTENEGRO, F., "Securitización: agendas de investigación abiertas para el estudio de la seguridad", *op. cit.*

23 BELZACQ, T., "Securitization Theory, Past, Present, and Future", *op. cit.*

24 Juegan un papel especialmente relevante en la politización de la amenaza. Sin embargo, no tiene que ser favorable al proceso de securituización, en tanto que, los medios de comunicación pueden adoptar también una postura antagónica a las autoridades públicas.

25 BALZACQ, T., LÉONARD, S., y RUZICKA, J., *op.cit.*

de securitización se incorpora, alineando y jerarquizando las seguridades que se encuentran por debajo de ella. De forma que, la seguridad internacional queda estructurada por un conflicto general. Ocurrió, por ejemplo, con la Guerra Global contra el Terrorismo tras el atentado del 11S, o con el discurso contemporáneo sobre el cambio climático[26].

La idea de macro-securitización es, en definitiva, la misma que la de securituización pero a una escala mucho mayor, con el objetivo de enmarcar las agendas de seguridad a nivel de todo el sistema. Ello se logra a través de construcciones universalistas de amenazas y (o) objetos de referencia[27]. Las macrosecuritizaciones son necesariamente candidatas a representar amenazas de primer orden [28].

Teniendo en cuenta la importancia que ha cobrado la desinformación y el aumento exponencial de su incorporación en los debates en los Estados y organizaciones internacionales, puede que estemos en presencia de un proceso de macrosecuritización de primer nivel.

3. LA DESINFORMACIÓN COMO SUJETO REFERENTE

El tratamiento ontológico y científico del fenómeno de la desinformación ha sido reciente y controvertido, aun cuando existen indicios claros de que las "actividades desinformativas se pueden documentar en textos extremadamente antiguos,

---

26 WÆVER, O. y BUZAN, B., "Macrosecuritization and security constellations: reconsidering scale in securitization theory", *Review of International Studies,* vol.35, 2009, núm. 2, pp. 253-276.

27 STONE, M., "Security According to Buzan: A Comprehensive Security Analysis", *Security discussion papers series,* vol. 1, 2009, p. 1-11.

28 WÆVER, O. y BUZAN, B., *op. cit.*

lo que nos puede estar hablando de una práctica tan antigua como la propia organización social"[29].

No obstante, el desarrollo tecnológico de las últimas décadas ha hecho que los procesos de desinformación disten de los más tradicionales centrados en exclusividad en la manipulación de información. Actualmente, la desinformación prolifera, por ejemplo, a través de las redes sociales, lo que hace que aumente considerablemente la velocidad de propagación pero también su alcance e impacto[30]. En la técnica básica de la desinformación internacional los sistemas informáticos incentivan y automatizan el contenido de los medios de comunicación, de tal manera que se produce una circulación más amplia (y focalizada) de la información distorsionada. Los *hackers, trolls, honey-pots, bots,* y cuentas falsas en las redes digitales, así como los grupos de usuarios falsos (*astroturf*) y otros actores de la esfera digital participan en la difusión de mensajes sesgados y falsos y otros contenidos informativos manipulados[31]. Cabría señalar que los actores emplean discursivamente para referirse al fenómeno, además del término desinformación, otros como "fake new", "sobre carga de información", "guerra informativa" o "infoglut". Todos ellos, a pesar de tener matices que podrían

---

29 ROMERO, L. (2013), "Hacia un estado de la cuestión de las investigaciones sobre desinformación / misinformación," *Correspondencias & Análisis,* 2013, núm. 3, pp. 319-342.

30 LA COUR, C., "Theorising digital disinformation in international relations," *International Politics,* 2020, núm.57, pp. 704-723

31 GERRITS, A., "Disinformation in International Relations: How Important Is It?," *Security and Human Rights,* vol.29, 2018, núm. 1-4, pp. 3-23; y RODRÍGUEZ, R., "Fundamentos del concepto de desinformación como práctica manipuladora en la comunicación política y las relaciones internacionales," *Historia y comunicación social,* vol. 23, 2018, núm. 1, pp. 231-244.

diferenciarlos, suelen ser empleados como sinónimos, otorgándoles un mismo significado[32].

Adicionalmente, cuando hay actores estatales implicados y la desinformación se dirige deliberadamente a audiencias extranjeras, es posible tratar la desinformación como un objeto de estudios de las Relaciones Internacionales[33]. Sin duda, como La Cour señala, actualmente, "la desinformación digital es una característica importante de las relaciones internacionales modernas"[34].

Prueba de ello es que la Cyberpace Solarium Comission (CSC)[35] de Estados Unidos señala que la desinformación se ha convertido en un arma e instrumento incisivo de la política estatal[36]. El objetivo último de estos procesos desinformadores es obtener un beneficio estratégico de las decisiones de

---

32 Para mayor profundización véase: ZELDES, N., "Infoglut,", *IEEE Spectrum*, vol. 46, 2009, núm. 10, pp. 30-55; HAMELEERS, M., y MINIHOLD, S. "Constructing Discourses on (Un)truthfulness: Attributions of Reality, Misinformation, and Disinformation by Politicians in a Comparative Social Media Setting", *Communication Research*, vol. 49, 2022, núm. 8, pp. 1176–119; SOE, S., "A unified account of information, misinformation, and disinformation", *Synthese*, 2021, núm. 198, pp. 5929–5949.

33 JEANGÈNE, J.B., ESCORCIA, A.; GUILLAUME, M. y HERRERA, J. *op. cit.*

34 LA COUR, C., "Theorising digital disinformation in international relations," *International Politics*, 2020, núm.57, pp. 704-723.

35 La CSC se estableció en la Ley de Autorización de Defensa Nacional John S. McCain en 2019 para desarrollar un enfoque estratégico para defender a los Estados Unidos en el ciberespacio contra ataques cibernéticos. Para más información véase: *https://www.solarium.gov/home*. Consultada por última vez: 11 noviembre 2022.

36 CYBERSPACE SOLARIUM COMISSION, *Countering disinformation in the United Space, White Paper*, 6, 2021.

otros gobiernos para, en último término, aumentar la propia influencia relativa[37].

Igualmente, la Unión Europea, define el término como "información verificablemente falsa o engañosa que se crea, presenta y divulga con fines lucrativos o para engañar deliberadamente a la población, y que puede causar un perjuicio público"[38]. El perjuicio público incluye las amenazas a bienes públicos como la salud, el medio ambiente o la seguridad de los ciudadanos de la Unión y se encuadra dentro de las denominadas guerras híbridas.

En suma, presenciamos un viejo fenómeno perfectamente adaptado al entorno digital. Este nuevo ecosistema (des)informativo tiene nuevos actores (y son globales), nuevas lógicas económicas y políticas, y también nuevas prácticas culturales[39]. La desinformación ha ido captando la atención de diferentes actores que, con distintos métodos y objetivos, buscan un lugar estratégico en el que posicionarse a través del control de las nuevas tecnologías y la elaboración de normas y regulaciones.

Así las cosas, en los últimos años el fenómeno de la desinformación se ha convertido en un sujeto referente y, por tanto, securitizable. A pesar de que ya formaba parte del discurso dominante, a partir de 2016 el concepto de desinformación y su tratamiento como una amenaza prolifera

---

[37] COLOMINA, C., "La desinformación de nueva generación. Cinco escenarios políticos y geoestratégicos ante el *fake*". *Anuario interternacional CIDOB,* 2019, pp. 61-66.

[38] COMISIÓN EUROPEA, *Comunicación conjunta al Parlamento Europeo, al Consejo Europeo, al Consejo, al Comité Económico y Social Europeo y al Comité de las Regiones. Plan de Acción contra la desinformación,* Bruselas, 2018, pp. 1-30.

[39] COLOMINA, C., *op.cit.*

de manera sobresaliente[40]. A lo largo de este año, diversos países occidentales sufrieron injerencia extranjera a través de campañas desinformativas, es el caso, por ejemplo, de los *bots* rusos que presuntamente contribuyeron al voto del Brexit y a los disturbios civiles en Cataluña[41].

Otro momento relevante en el posicionamiento de la desinformación como fenómeno internacional de primer orden, fue la pandemia producida por el Covid-19 en 2020. El flujo excesivo de (des)información llevó a la Organización Mundial de la Salud (OMS) a manifestar su preocupación al señalar que la sociedad se encontraba sumida en una *infodemia*; cuyo principal peligro era la difusión de información errónea, desinformación y rumores durante la situación de emergencia sanitaria[42]. Esto consiguió en ocasiones minar la respuesta mundial al comprometer las medidas necesarias para controlar la pandemia[43].

---

40 ÜNVER, A. y KURNAZ, A., "Securitization of Disinformation in NATO Lexicon: A Computational Text Analysis", 2022, pp. 1-20.

41 MORTERA, C., "What is Europe doing to fight disinformation?" *Center for European Reform Bulletin,* 2019, pp. 1-3.

42 ALEIZANDRE, R., CASTELLÓ, L., y VALDERRAMA, J.C. "Información y comunicación durante los primeros meses de Covid-19. Infodemia, desinformación y papel de los profesionales de la información", *Profesional de* la Información, Vol. 9, 2020, núm. 4, pp. 1-17; BERNAD, R., BOWSHER, G., SULLIVAN, R. y GIBSON-FALL, F. "Desinformation and epidemics: Anticipating the next phase of biowarfare", *Health Security,* Vol. 19, 2021, núm. 1, pp. 3-12

43 ORGANIZACIÓN MUNDIAL DE LA SALUD. "Gestión de la infodemia sobre la COVID-19: Promover comportamientos saludables y mitigar los daños derivados de la información incorrecta y falsa", 23 de septiembre 2020. Véase también: COMISIÓN EUROPEA, *Comunicación conjunta al Parlamento Europeo, al Consejo Europeo, al Consejo, al Comité Económico y Social Europeo y al Comité de las Regiones.* La lucha contra la desinformación acerca de la COVID-19: contrastando los datos, Bruselas, 2022, pp. 1-19.

En la actualidad, es común que los líderes de las principales potencias e instituciones occidentales se refieren a la desinformación en clave de amenaza[44]. Así, por ejemplo, como se ha señalado previamente, la Unión Europea enmarca el fenómeno dentro de las "amenazas híbridas" [45]. También la OTAN, en la cumbre de Bruselas de 2018 ya posicionaba la desinformación como una amenaza al señalar que la Alianza "debe estar atenta a las nuevas amenazas, ya sea en forma de códigos informáticos, desinformación o combatientes extranjeros" [46].

Otro elemento clave para determinar si la desinformación está bajo un proceso de securitización es la movilización de recursos y la implementación de medidas urgentes. Las democracias occidentales han vinculado las estrategias de lucha contra la desinformación con elementos de ciberdefensa, ligados a las fuerzas armadas y los servicios de inteligencia[47].

---

44 Véanse como ejemplo: Bassets, M., "Macron anuncia una ley contra las noticias falsas", *El País,* 4 enero 2018; EUROPAPRESS, "Reino Unido reforzará las leyes de Internet para luchar contra la desinformación de Rusia", *Europapress* 5 julio 2022; KILLEEN, M., "War journalism vital, says Germany's Scholz as Ukraine wins media award", *Euroactive,* 16 de septiembre 2022; y SANGER, D., "Biden's National Security Strategy Focuses on China, Russia and Democracy at Home", *The New York Times,* 12 octubre 2022.

45 COMISIÓN EUROPEA, *Comunicación conjunta al Parlamento Europeo, al Consejo Europeo, al Consejo, al Comité Económico y Social Europeo y al Comité de las Regiones. Plan de Acción contra la desinformación*, Bruselas, 2018, pp. 1-30.

46 NATO, *Summit Guide*, Buselas, 11 y 12 de julio de 2018.

47 GARCÍA, B., "El derecho internacional frente a los nuevos medios y espacios en que desarrollar la guerra: La ciberguerra", *Revista chilena de derecho y tecnología*, vol. 10, 2021, núm. 2, pp. 43-68.

Así, por ejemplo, la Comisión Europea ha elaborado distintos documentos estratégicos[48], incluido un Plan de Acción contra la desinformación en 2018, que proporciona una guía para la lucha contra esta amenaza[49]. El plan europeo estableció un Sistema de Alerta Rápida que dispara avisos en tiempo real cuando detecta campañas de desinformación que tengan como objetivo desestabilizar a la UE o a sus Estados miembros. De la misma manera, en la cumbre canadiense del G7 de junio de 2018 se presentó el Compromiso de Charlevoix sobre la defensa de la democracia frente a las amenazas, que incluía la cooperación de los socios para compartir lecciones e información y contrarrestar la desinformación. Igualmente, el documento incluía el compromiso de «Establecer un Mecanismo de Respuesta Rápida (RRM) del G7 para fortalecer nuestra coordinación para identificar y responder a las diversas y cambiantes amenazas a nuestras democracias, incluso mediante el intercambio de información»[50].

---

48 Algunos ejemplos: UNIÓN EUROPEA, *Una visión común, una actuación conjunta: una Europa más fuerte. Estrategia global para la política exterior y de seguridad de la Unión Europea*, Bruselas, 2016, pp. 1-41; y UNIÓN EUROPEA, *The Strengthened Code of Practice on Disinformation*, Bruselas, 2022, pp. 1-48.
Para mayor profundización véase: DE CASTRO, J.L., "La desinformación como instrumento político en la Sociedad Internacional actual: las respuestas desde la Unión Europea", *Revista Aranzadi Unión Europea*, 2018, núm. 7, 2018; MORTERA, C. (2019), *op. cit.*; y SEIJAS, R., Las soluciones europeas a la desinformación y su riesgo de impacto en los derechos fundamentales", *Revista de los Estudios de Derecho y Ciencia Política*, 2020, núm. 31, pp. 1-14.
Enlace de interés: UEvsDisinfo. Disponible en: https://euvsdisinfo.eu/es/

49 SCHEIDT, M., "The European Union versus External Disinformation Campaigns in the Midst of Information Warfare: Ready for the Battle?," *EU Diplomacy Papers, College of Europe*, 2019, pp. 1-33.

50 G7 (2018), *Charlevoix commitment on defending democracy from foreign threats*, Charlevoix, 2018, pp.1-2.

El RRM estableció el Global Engagement Center (GEC[51]) del Departamento de Estado como su punto de contacto con el gobierno estadounidense. De este modo, el RRM podría enlazar con el Sistema de Alerta Rápida (RAS) de la UE y el GEC del Departamento de Estado, creando una base institucional para compartir información sobre las campañas de desinformación, con suerte en tiempo casi real[52].

Se constata, por tanto, que diversas instituciones internacionales son actores securitizantes que han tratado la desinformación desde el punto de vista discursivo como sujeto referente y, consecuentemente, han destinado recursos y han comenzado a implementar medidas que permitan, al menos, contener la amenaza que representa. La forma en que diferentes Estados y organizaciones intergubernamentales, incorporan, alinean y combaten interna e internacionalmente la desinformación, nos lleva a perfilar un escenario, no solo de securitización, sino también de macrosecuritización del fenómeno.

---

51 El GEC ha comenzado a distribuir importantes fondos a grupos de la sociedad civil y socios del sector privado, entre ellos: para la investigación de la desinformación y las tácticas de lucha contra la desinformación (9 millones de dólares); a periodistas, verificadores de hechos y personas influyentes en línea (9 millones de dólares); a organizaciones asociadas para apoyar los esfuerzos locales de lucha contra la desinformación; y para desarrollar nuevas tecnologías útiles para las acciones de lucha contra la desinformación. El GEC también participa activamente en el RRM del G7, en la coalición bilateral entre el Reino Unido y Estados Unidos, y en el esfuerzo de lucha contra la injerencia liderado por Australia.

52 POLYAKOVA, A. y FRIED, D. (2019), "Democratic Defense Against Disinformation 2.0" *Atantic Council*, pp. 1-24.

4. LA OTAN COMO ACTOR SECURITIZANTE ANTE LA AMENAZA DE LA DESINFORMACIÓN

Como se ha señalado previamente, en el Concepto Estratégico de Madrid (2022), la OTAN incluye la desinformación y los ciberataques como acciones que ponen en riesgo la seguridad euroatlántica[53], estableciendo como objeto referente a todos los miembros de la Alianza, pero también a los valores, normas e ideas sobre los que se asienta el orden internacional[54]. Si bien es cierto que no es el único actor internacional persuadido de que la desinformación supone una amenaza, es especialmente relevante teniendo en cuenta que OTAN podría posicionarse política, militar e intelectualmente como líder a través de la formulación de políticas y leyes ciberespaciales[55].

En el Concepto Estratégico de 2022 la idea de desinformación, a pesar de citarse explícitamente solo en dos ocasiones, se menciona de manera implícita en las nociones más amplias de ciberseguridad o ciberamenaza. En este caso, el prefijo "cyber" se contabiliza un total de trece ocasiones en el documento[56]. Este dato es relevante en tanto que, en su antecesor el Concepto Estratégico de 2010, se menciona tan solo en cinco[57]. Adicionalmente, en 2022 la desinformación, junto con las amenazas híbridas y la seguridad humana, ha sido también uno de los temas centrales de la 46ª reunión anual

---

53 NATO, *Strategic Concept*, 2022, Madrid.

54 LANCE, B. y LIVINGSTON, S., *op. cit.*

55 LÉTÉ, B. y DEGE, D., "NATO Cybersecurity: A Roadmap to Resilience, *German Marshall Fund of the United States*, 2017, núm. 23, pp. 1-6.

56 NATO, *Strategic Concept*, 2022, Madrid.

57 NATO, *Strategic Concept*, 2010, Lisboa.

del Comité De Perspectiva de Género de la Alianza[58]. Ello muestra como estos han ido adquiriendo relevancia en los últimos años. Se entiende así que la desinformación digital se enmarca actualmente en el ciberespacio, donde la Alianza tiene ahora su nueva frontera de seguridad.

En cuanto a las técnicas para paliar los efectos de la desinformación, en la misma línea que el resto de potencias occidentales, la OTAN sigue una estrategia de doble vía apoyada en dos grandes pilares: (1) la comprensión del entorno informativo, para ello se rastrean, vigilan y analizan las amenazas informativas, incluyendo las campañas de desinformación y propaganda; y (2) el compromiso proactivo con las audiencias[59]. Audiencias, cuyo acuerdo es necesario para conferir un estatus intersubjetivo a la amenaza de la desinformación completando así el proceso de securitización.

Ejemplo de ello es la constitución de Setting the Record Straight, plataforma a través de la cual se expone y desacredita la desinformación procedente de actores extranjeros. Esta plataforma lleva activa desde 2014 y ha aumentado exponencialmente su número de publicaciones desde la invasión rusa de Ucrania[60]. Es más, se ha creado un apartado específico: "NATO-Russia. Setiing the record straight"[61], en la que se desautoriza la (des)información relativa al conflicto.

---

58 NATO, *The 46th NATO Committee on Gender Perspectives focuses on hybrid threats, disinformation and human security*, 2022. Disponible en: *https://www.nato.int/cps/en/natohq/news_207985.htm* . Consultada por última vez: 11 de noviembre de 2022.

59 BRAŽE, B., "La OTAN y la nueva agenda de desinformación rusa", *Cuadernos de estrategia,* 2022, núm. 211, pp. 71-84.

60 OTAN, 22. Disponible en: *https://www.nato.intl.* Consultado por última vez: 11 de noviembre de 2022.

61 Se puede visitar en: *https://www.nato.int/cps/en/natohq/115204.htm.* Consultado por última vez: 11 de noviembre de 2022.

En esta misma línea, con el fin de contrarrestar este tipo de mensajes, la OTAN puso en marcha la campaña #WeAreNATO, dirigida especialmente al público joven y cuyo objetivo fomentar la resiliencia y promover sus valores frente a la propaganda y la desinformación.

5. LOS ESTADOS MIEMBROS Y LA CIUDADANÍA: LA ACEPTACIÓN DEL DISCURSO DE SECURITIZACIÓN

Como ya se ha mencionado, la aceptación intersubjetiva de la audiencia es un requisito necesario para que el proceso de securitización sea exitoso. Es ineludible, por tanto, definir en primer lugar cuáles son las audiencias que participan en este proceso. Tomando en consideración la estructura discursiva de la Alianza, los Estados miembros constituyen uno de los grandes públicos objetivos del discurso. De manera paralela, la OTAN no pierde de vista a la ciudadanía euroatlántica y, como ya se ha descrito con anterioridad, promueve fuertes campañas de concienciación contra la desinformación.

Baiba Braze secretaria general adjunta de la OTAN para Diplomacia Pública, señala que, en lo que se refiere al compromiso proactivo con las audiencias: "Nuestras comunicaciones se basan en los valores fundamentales de la Alianza: democracia, libertad de expresión y Estado de derecho (…). En nuestra opinión, involucrar al público y crear resiliencia a medio y largo plazo es la forma más eficaz de inocular a la gente contra la información hostil"[62].

Por otra parte, anualmente la OTAN desarrolla un estudio para conocer la opinión pública en materia de seguridad. Hasta la fecha, las encuestas no plantean preguntas específicamente

---

62 BRAŽE, B., "La OTAN y la nueva agenda de desinformación rusa", *Cuadernos de estrategia,* 2022, núm. 211, pp. 71-84

sobre desinformación, no obstante, la del Seguimiento Anual de 2021 reveló que los ataques ciberespaciales y online (en los que se pueden enmarcar las campañas de desinformación), generan preocupación entre los ciudadanos. De hecho, actualmente los ciber-ataques son la mayor preocupación del 8% de la población[63]. Podría inferirse, por tanto, que comienza a existir un acuerdo intersubjetivo que revela que la desinformación es percibida como una fuente de amenaza para la ciudanía de los Estados miembros.

El caso de estos últimos es especialmente particular, en tanto que constituyen parcialmente la audiencia y el objeto referente (aquel que se encuentra bajo amenaza). La desinformación pone en peligro las democracias occidentales y a las instituciones que han ido construyendo[64]. Por ello, los Estados miembros no solo han aceptado la retórica de la Alianza, sino que han comenzado a poner en marcha medidas y estrategias de su lucha nacional contra este fenómeno.

Por ejemplo, España ha establecido mecanismos de coordinación permanente entre los diferentes órganos de la Administración, entre los que destaca la Comisión Permanente de Lucha contra la Desinformación, establecida en marzo de 2019[65]. "Nuestras instituciones democráticas y nuestros valores comunes –la libertad de expresión y la libertad y pluralidad de los medios de comunicación, entre otros– son el fundamento de la resiliencia de nuestras sociedades frente a los desafíos"[66].

---

63 OTAN, *Annual Tracking Research*, 2021.

64 JEANGÈNE, J.B., ESCORCIA, A.; GUILLAUME, M. y HERRERA, J. *op. cit.*

65 Ministerio de Asuntos Exteriores, Unión Europea y Cooperación, *La lucha contra la desinformación*, disponible en: *https://www.exteriores.gob.es/es/PoliticaExterior/Paginas/LaLuchaContraLaDesinformacion.aspx*. Consultado por última vez: 11 de noviembre de 2022.

66 BOE núm. 292, de 5 de noviembre de 2020.

Otro ejemplo es Francia, que en 2018 modificó la regulación electoral para incluir la lucha contra la manipulación y desinformación electoral. Como resultado, enmarcado en la Secretaría General de Defensa y Seguridad Nacional, se constituyó el Servicio de Vigilancia y Protección contra las Interferencias Digitales Extranjeras[67].

Fuera de la Unión Europea, Noruega, por ejemplo, ha llevado a cabo diferentes campañas de concienciación ciudadana, recogidas en documento *Fighting Fakes- the Nordic Way*, elaborado por el Nordic Council of Ministers[68]. En el caso de Reino Unido, se han creado plataformas y herramientas cuya finalidad es proporcionar ayuda a grupos vulnerables de la ciudadanía para detectar la desinformación y reforzar su seguridad en línea, es el caso de The Media Literacy Taskforce Fund[69]. También, y como se ha ido viendo a lo largo del trabajo, los Estados Unidos han sido especialmente activos en este terreno.

La OTAN proporciona ayuda a los Estados miembro para el desarrollo de estas actividades. Según declara Braze, actualmente se está desarrollando lo que será una gran herramienta de información y desinformación. Esta incluye conceptualizaciones clave, definición de enfoques y posibles opciones de respuesta ante una injerencia desinformativa. Además, existen también grupos de expertos con capacidad para proporcionar asistencia personalizada a los países aliados, bajo previa petición, para prepararse y responder a las actividades híbridas, lo que incluye desinformación y propaganda.

---

[67] JORF núm. 0297 du 23diciembre de 2018.

[68] NORDIC COUNCIL OF MINISTERS, *Fighting Fakes- the Nordic Way*, 2017.

[69] Para más información véase: *https://www.gov.uk/government/news/help-for-vulnerable-people-to-spot-disinformation-and-boost-online-safety*. Consultado por última vez: 11 de noviembre de 2022.

De este escenario se deduce que a través de los discursos estatales sobre desinformación y los de la OTAN, en particular, la desinformación se ha convertido en una amenaza para los Estados que conforman la Alianza y, consecuentemente, han comenzado a movilizan recursos para mitigar los efectos nocivos sobre sus instituciones y sociedades. No cabe duda, por tanto, que la desinformación se encuentra bajo un proceso de securitización.

6. CONCLUSIONES

La desinformación se ha convertido en un arma muy poderosa que, como ya se ha podido comprobar en más de una ocasión, es capaz de cumplir los mismos objetivos (o al menos similares) que los métodos más tradicionales empleados en conflictos. Por consiguiente, las potencias occidentales lo presentan como un claro peligro para los valores, ideas y normas sobre las que se asienta el orden internacional liberal que hoy conocemos.

De los ejemplos planteados previamente, podemos concluir que la OTAN, en su papel como actor securitizante sigue diferentes estrategias que favorecen el estatus intersubjetivo del acuerdo con sus audiencias. Con el objetivo de posicionarse como líder en el desarrollo de normativas, herramientas y mecanismos que permitan hacer frente a dicho fenómeno, lo ha incluido en El Concepto Estratégico de Madrid.

Los Estados miembros (sujeto referente y audiencia al mismo tiempo) no solo han aceptado el discurso (produciéndose así el acuerdo intersubjetivo), sino que además han movilizado recursos nacionales en su propia lucha nacional. Teniendo en cuenta la importancia que ha cobrado la desinformación y el aumento exponencial de su incorporación en los debates en los Estados y organizaciones internacionales, puede que se acabe produciendo un proceso de macro-securitización en las agendas de seguridad a nivel de todo el sistema. En este caso, la Alianza euroatlántica podría convertirse en la institución de referencia capaz de coordinar y conectar a los socios y aliados.

Capítulo 7

El nuevo escenario de seguridad de la OTAN: entre regionalismo y globalismo

RAFAEL CALDUCH TORRES*

1. EL DILEMA ESTADOUNIDENSE Y LAS REALIDADES EUROPEAS

A partir de 1999 la Organización del Tratado del Atlántico Norte (OTAN) ha ido asumiendo una serie de funciones en materia de gestión de crisis y de seguridad cooperativa que han transformado su cometido y concepción originales y que han respondido al afán de los Estados Unidos (EE.UU.) de encontrar un acomodo a su realidad de única superpotencia global, en un mundo multipolar.

1.1. El dilema estadounidense

Este dilema, que analizaremos en profundidad a continuación, comenzó a abordarse durante el mandato de Bill Clinton (1993-2001), lo que motivó tres revisiones de la estrategia de *Engagement and enlargement*[1], resumida en el concepto de

---

* Profesor de Relaciones Internacionales Universidad Europea de Madrid (rafael.calduch@universidadeuropea.es), todas las páginas webs mencionadas en este estudio han sido consultadas el 11 de noviembre de 2022

1 Gobierno de los EEUU A National Security Strategy of Engagement and Enlargement. Washinton 1994. documento digital extraído de https://history.defense.gov/Portals/70/Documents/nss/nss1994.pdf?ver=YPdbuschbfpPz3tyQQxaLg%3d%3d

Democratic enlargement y una revisión final, que nos llevó a una *Strategy for a Global Age*[2]. Pese a que desde el principio se identifica el cambio de escenario provocado a raíz del fin del comunismo y se presenta un plan de acción que será mantenido al menos hasta 1999, a los retos que se concretan en el '94, como los conflictos étnicos o el cambio climático, se le añadirán modificaciones que los irán desdibujando hasta llegar al punto de desaparecer del prefacio de la estrategia de 2000; precisamente son los prefacios uno de los elementos fundamentales de estas estrategias, pues en ellos los presidentes exponen su visión personalísima sobre la temática a tratar y sus consideraciones fundamentales, lo que nos deja, por ejemplo, en la duda de si el plan funcionó o no. Es más, la evolución se romperá inmediatamente después por el impacto de los atentados del 11-S, pero lo hará sin haber encontrado una respuesta clara a la pregunta clave, que no es otra que determinar qué liderazgo debería desarrollar Estados Unidos en un mundo multipolar cada vez más interdependiente.

Los atentados contra las Torres Gemelas y el Pentágono, que recordémoslo suponen la primera vulneración del territorio atlántico continental estadounidense desde la toma y saqueo de Washington en 1812[3], provocan el desarrollo de la *War on terror*[4] de Bush Jr, y modifican diametralmente la estrategia previa, apostando por una respuesta convencional, la guerra, contra una amenaza no convencional como es la del

---

2 Presentada en 1994, revisada en 1995 y 96, pasó a ser Strategy for a New Century en 1997, se revisó dos veces más (1998 y 1999) y la última fue en 2000 cuando se adopta el nombre indicado.

3 De ahí su tremendo impacto emocional y, por tanto, psicológico sobre la élite política y el conjunto de la sociedad estadounidense.

4 Gobierno de los Estados Unidos. *The National Security Strategy of the United States of America.* Washington 2002, documento digital extraído de *https://history.defense.gov/Portals/70/Documents/nss/nss2002.pdf?ver=oyVN99aEnrAWijAc_O5eiQ%3d%3d*

terrorismo. Esta aproximación, con salvedades, se mantendrá con la doctrina Obama del *Engagement and preservation*[5] y ni ellas ni sus revisiones (2006 y 2016 respectivamente) avanzarán en la concreción de un liderazgo internacional estadounidense que concite los suficientes apoyos interiores e internacionales, es más, los medios utilizados para implementarlas abrieron la puerta a un cuestionamiento cada vez más abierto de las acciones estadounidenses por una parte de la comunidad internacional.

La reacción tampoco vino de la mano de la *America first*[6] de Trump, un ejemplo del pragmatismo estadounidense que le permitirá justificar el repliegue sobre sí mismo y ahondar en la unilateralidad, pero que a nuestro entender sólo ha servido para reforzar el desgaste del país en el ámbito internacional, al agregar el hecho de que la experiencia doméstica estadounidense no es necesariamente extrapolable, algo que Biden ni tan siquiera corrigió durante la campaña y que en la recientemente publicada *The competition for what comes next*[7] tampoco nos parece que lo aborde ofreciendo una respuesta consolidada al problema en cuestión, por lo que lejos de acercar una solución, la actual situación de polarización política, no ha hecho más que alejarla.

---

5 Gobierno de los Estados Unidos. *The National Security Strategy of the United States of America*. Washington 2010, documento digital extraído de *https://history.defense.gov/Portals/70/Documents/nss/NSS2010.pdf?ver=Zt7IeSPX2uNQt00_7wq6Hg%3d%3d*

6 Gobierno de los Estados Unidos. *The National Security Strategy of the United States of America*. Washington 2017, documento digital extraído de *https://history.defense.gov/Historical-Sources/National-Security-Strategy/*

7 Gobierno de los Estados Unidos. *The National Security Strategy of the United States of America*. Washington 2010, documento digital extraído de *https://nssarchive.us/wp-content/uploads/2022/10/Biden-Harris-Administrations-National-Security-Strategy-10.2022.pdf*

1.2. Las realidades europeas

Además de este vaivén estratégico de los EE.UU., la Alianza se ha tenido que enfrentar a dos realidades contrapuestas desde el lado europeo. Para empezar y tal y como demuestran los datos, (ver figuras 1 y 2) del *Stockholm Institute for Peace Research* (SIPRI)[8], desde 1989 a 1995 y desde 2000 a 2015, los presupuestos de defensa de los socios europeos, se redujeron considerablemente en términos porcentuales sobre el PIB, algo que aún no se ha revertido completamente, pasando en las potencias nucleares del viejo continente (Reino Unido y Francia) a un entorno del 2%, mientras otros actores como Alemania, España o Italia los contraerían muy por debajo de dicha cifra, quedando los primeros, por ejemplo, en el entorno del 1,4%; mientras Rusia consolidaba un crecimiento exponencial de su inversión en sus fuerzas armadas, hasta convertirse en la primera potencia militar del continente por gasto neto desde 2015 al menos, y mantenía una pauta de gasto similar a la de EE.UU., situándose ambos entre el 3-4% entre 1989 y 2020[9].

Esta perspectiva nos parece que ha abonado la idea de una percepción menor del riesgo por parte de las sociedades europeas, al menos hasta la anexión rusa de Crimea en 2014[10],que ha ido seguida de un nuevo impulso en materia de seguridad, en particular tras los sucesos de 2021 y 2022, dirigida hacia la reforma de los instrumentos que los socios europeos (dentro del marco de una revisión más profunda de la propia Unión Europea tras el Brexit), están acometiendo de cara al reforzamiento

---

8 SIPRI: *SIPRI Military Expenditure Database*, extraído de *https://milex.sipri.org/sipri*

9 CALDUCH TORRES R. "La guerra de Ucrania: un conflicto sistémico" en Brochner, G, Pinto Tortosa, A y Sansó-Rubert Pascual, D. (eds) *¿Hacia un nuevo Telón de Acero? Treinta Años de Geopolítica en la Posguerra Fría.* Valencia: 2023. Tirant Lo Blanch pp. 167-205

10 Íbid.

de sus capacidades militares y de defensa conjunta. De hecho, el impacto del Brexit en las relaciones OTAN-Unión Europea (UE)[11] es probable que termine provocando un escenario triple de convergencia, paralelismo y divergencia según los elementos a tratar, lo que evidentemente no hace sino incrementar la incertidumbre; mientras que, en relación a la política se seguridad y defensa, la influencia vendrá condicionada por las necesidades de cada parte y en particular por el devenir del proceso de integración europeo[12], que marcará claramente una relación ya de por sí asimétrica, pese a que ambos actores, la UE y el Reino Unido comparten muchos de los intereses estratégicos y de seguridad, pero no todos.

2. EL DILEMA DE LA OTAN

Estas dos realidades han provocado el surgimiento de otro dilema fundamental, esta vez que afecta a la identidad misma de la Alianza y que la recién terminada cumbre de Madrid y su decisión de revisar el escenario de seguridad no ha sabido resolver, como no lo hicieron los conceptos estratégicos precedentes[13],

---

11 BÁRCENAS MEDINA, L.A. "El *Brexit* y las relaciones OTAN-UE" en *Documentos de Trabajo 2/2019: El Brexit y sus implicaciones en la seguridad y defensa europea.* Instituto Español de Estudios Estratégicos, Madrid, 2019, pp.49-55

12 PONTIJAS CALDERÓN, JL. "La brújula estratégica de la Unión Europea", *Documento de análisis 45/2021,* Instituto Español de Estudios Estratégicos, 17 de noviembre 2021, pp. 75-77, extraído de https://www.ieee.es/Galerias/fichero/docs_analisis/2021/DIEEEA45_2021_JOSPON_Brujula.pdf

13 ARTEAGA, F y SIMÓN, L. "La OTAN se actualiza: el Concepto Estratégico de Madrid". *ARI 106/2021,* Real Instituto ELCANO, 13 de diciembre de 2021, extraído de *https://www.realinstitutoelcano.org/analisis/la-otan-se-actualiza-el-concepto-estrategico-de-madrid/* y PONTIJAS CALDERÓN, JL, "Un nuevo concepto estratégico para la

a saber, si la OTAN debe mantener su función aliancista regional originaria o, definitivamente, transformarse en un actor de seguridad global, cuya intervención no siempre es coincidente con las exigencias del sistema de seguridad colectiva de Naciones Unidas (NN.UU.), como se demostró en la guerra de Kosovo, precisamente en 1999.

2.1. Primera disfuncionalidad

De este dilema se han deducido dos claras disfuncionalidades estratégicas que van a determinar los problemas a los que nos enfrentamos en la actualidad y en el futuro, y que han sido uno de los elementos considerados para que los rusos se embarcasen en la reciente invasión de sus vecinos ucranianos, pues han dejado al descubierto la disparidad de intereses entre los dos lados del Atlántico, lo que evidentemente se ha interpretado, aunque a nuestro entender de forma errónea, como un signo de esquizofrenia institucional y por lo tanto de debilidad.

La primera de estas disfuncionalidades es la oposición entre los requerimientos de las nuevas funciones de gestión de crisis y de seguridad cooperativa y la realidad de la amenaza inmediata de seguridad que Rusia y sus aliados representa para los socios europeos, y que la podemos analizar partiendo de dos realidades interrelacionadas. La primera es la coincidencia de espacios de seguridad estratégica, pero que se perciben de forma divergente a uno y otro lado del Atlántico. La segunda es la plasmación de estas percepciones en los documentos que resumen la estrategia de seguridad en Europa, esto es el "Concepto estratégico" de la OTAN y la "Brújula estratégica" de la UE.

OTAN", *Documento de análisis 40/2020*, Instituto Español de Estudios Estratégicos,16 de diciembre de 2020, extraído de *https://www.ieee.es/publicaciones-new/documentos-de-analisis/2020/DIEEEA40_2020JOSPON_estrategiaOTAN.html*

2.1.1. La coincidencia de espacios de seguridad estratégica

El primer paso es, por tanto, establecer la coincidencia de espacios de seguridad estratégica.

El colapso de poder subsiguiente a la desaparición de la Unión Soviética trajo como principal consecuencia a nivel geoestratégico un repliegue de los espacios de seguridad[14] de la nueva Federación de Rusia, al tiempo que obligaba a la revisión de las relaciones entre ésta y los principales aliados occidentales, los EE.UU. y los estados europeos. Cada uno de ellos estableció un proceso diferenciado para copar el vacío de poder creado por el colapso soviético, pero que tuvieron el mismo resultado: la extensión a Europa Oriental de las necesidades de seguridad estratégicas de Europa Occidental. Para los miembros de las Comunidades Europeas, posteriormente Unión Europea desde 1992-93, el proceso fue por un lado de expansión física[15], lo que motivó que se hiciera fronteriza con Rusia ya para 1995, pero por el otro, también de interdependencia económica compleja[16]; lo que convirtió a la UE en el principal proveedor de asistencia económica a Rusia, con más de 14.000 millones de euros[17] en el periodo 1994-2001 en el que la economía rusa se contrajo en casi un 50%[18].

---

14 Para más información sobre los espacios de seguridad: CALDUCH TORRES, R. *Las élites y la política exterior de los Estados Unidos (1952-1974): las doctrinas estratégicas y el NSC.* Tesis UCM, Madrid 2016

15 Integración de la RDA en 1989; Austria, Finlandia y Suecia en 1995; Chipre, Eslovaquia, Eslovenia, Estonia, Hungría, Letonia, Lituania, Malta, Polonia y Rep. Checa en 2004; Bulgaria y Rumania en 2007; Croacia en 2012.

16 Acuerdo de colaboración con la URSS en 1989; Acuerdo de cooperación con Rusia en 1997

17 SERRA, F. "Rusia ante la ampliación europea". *Cuadernos Constitucionales de la Cátedra Fadrique Furió Ceriol.* N° 43-44,2003 pp. 79-92

18 BANCO MUNDIAL (BM), "PIB per cápita (US$ a precios actuales)–Russian Federation", *Datos sobre las cuentas nacionales del Banco Mundial y archivos de datos sobre cuentas nacionales de la OCDE,*

Por el contrario, los Estados Unidos enfrentaron este vacío con una simple expansión estratégica que al no contar con implicaciones físicas facilitaba que se ignorasen las políticas. Para ello desarrolla dos procesos convergentes que se superponen en el objetivo de vincular las necesidades de seguridad de Estados Unidos con las de la UE: la expansión de la OTAN y el escudo antimisiles.

El primero, permite que ya para 1989 el territorio de la RDA quede bajo la protección de la Alianza, extendiéndose en los años siguientes a varios de los antiguos satélites de la URSS, como Hungría, Polonia y República Checa en 1999; Bulgaria, Eslovenia, Eslovaquia, Estonia, Letonia, Lituania y Rumanía en 2004; Albania, Croacia en 2007; Montenegro en 2017 o Macedonia del Norte en 2020; haciéndola fronteriza con la Federación desde la integración de Polonia.

El segundo, iniciado en 1999 con la mejora del radar de la base de Vardo en Noruega[19], será redimensionado en 2009 por la Administración Obama (2009-2017) y, a día de hoy, no está concluido.

a) Percepciones contrapuestas

Ambos procesos, el europeo y el estadounidense, fueron percibidos como hostiles por Moscú, que ha ido advirtiendo en consecuencia a los occidentales[20] y, por tanto, haciendo

---

extraído de *https://datos.bancomundial.org/indicador/NY.GDP.PCAP.CD?locations=RU*

19 ARTEAGA, F. "Seguridad internacional: Los europeos y el escudo antimisiles de los EEUU en Europa (ARI)". Real Instituto ELCANO, 2007, extraído de *https://www.realinstitutoelcano.org/analisis/los-europeos-y-el-escudo-antimisiles-de-los-eeuu-en-europa-ari/*

20 GILES, K, "Russian National Security Strategy to 2020". NATO Defense College, Jun 2009 extraído de *https://www.files.ethz.ch/isn/154909/RusNatSecStrategyto2020.pdf*

ver que la extensión de los instrumentos de dominio continental europeo (el proceso de integración política y económica de la UE y el "paraguas" de seguridad de la OTAN), suponían una amenaza directa a la seguridad rusa, convirtiendo a Europa Oriental en un espacio de solapamiento entre los intereses de seguridad occidentales y los rusos y, por tanto, en un espacio de seguridad para los tres actores involucrados.

Sin embargo, esta situación, que a priori parece evidente, no ha sido así reconocida por las potencias occidentales. Bruselas ha percibido algo más claramente el riesgo que suponía Rusia y ha centrado su estrategia en interconectar de tal manera la economía de la Federación con la suya propia, que cualquier intento de violentar la seguridad europea supusiera un suicidio económico, como así esta siendo. En 2020 la economía rusa[21] dirigía a la UE el 41% de sus exportaciones manufactureras y obtenía de ella el 34%, mientras que por el lado europeo Rusia representaba el 6 y el 4% respectivamente. Esta vinculación se apuntaló desde el principio con diversos partenariados económicos[22].

Washington, por el contrario, ha hecho caso omiso de que su vinculación política a través de la OTAN y económica con la UE, destino del 16% de sus exportaciones y origen del 18% de sus importaciones en 2020[23], suponía de facto una vinculación con las realidades de seguridad europeas más allá de la Europa Occidental y ha optado por imponer a la Alianza un programa

---

21 ORGANIZACIÓN MUNDIAL DEL COMERCIO (OMC), 10 de noviembre de 2022 extraído de *https://www.wto.org/english/res_e/statis_e/statis_maps_e.htm?country_selected=RUS&optionSelected=3*

22 Programas Interreg VIb 2021-2027 o *Next Black Sea basin*, por poner los ejemplos más recientes.

23 ORGANIZACIÓN MUNDIAL DEL COMERCIO (OMC), *Member information, United States of America and the WTO*, extraído de *https://www.wto.org/english/thewto_e/countries_e/usa_e.htm*

estratégico que huye de esta realidad y cuyos principales retos son "la necesidad de preparar a la Alianza para un mundo caracterizado por el auge de las amenazas interestatales y la competición entre grandes potencias" [24].

b) La oposición principal resultante

Es evidente que en vista de lo expuesto, ambas funcionalidades, esto es la gestión de crisis y la seguridad cooperativa, se han asumido a escala mundial, como se ha demostrado ya en actuaciones como las de Irak o Afganistán, el problema es que ello se ha debido no a una decisión multilateral de los miembros de la OTAN concitando acuerdo sobre los intereses de unos y otros, sino al ya apuntado vaivén estratégico que, en el proceso de redefinición de su papel internacional y su proyección global, los EE. UU. llevan desarrollando casi treinta años y al que los intereses de los socios europeos le son ajenos.

Mientras tanto, la realidad de la amenaza inmediata de seguridad que Rusia y sus aliados representa para los estados europeos, no acaba de percibirse como un problema del todo propio en Washington, lo que se demuestra en que todavía hoy, el complejo militar-industrial no está involucrado directamente en la defensa de Ucrania, sino que la mayor parte de los envíos de material y armamento han salido de las propias reservas del ejército estadounidense, lo que ha llegado a alarmar al Pentágono[25] algo que no sería así de haber entendido

---

24 SIMÓN, L "El Concepto estratégico de Madrid y el futuro de la OTAN" en *NATO Review*, 02 de junio de 2022, extraído de *https://www.nato.int/docu/review/es/articles/2022/06/02/el-concepto-estrategico-de-madrid-y-el-futuro-de-la-otan/*

25 KESLING, B; LUBODL, G. y YOUSSEF, NA. "Ukraine War Is Depleting U.S. Ammunition Stockpiles, Sparking Pentagon Concern" *The Wall Street Journal*, 29 Agosto de 2022, extraído de *https://www.wsj.com/articles/ukraine-war-depleting-u-s-ammunition-stockpiles-spark-*

que esta amenaza rusa es también directa contra los Estados Unidos y no sólo contra los europeos.

2.1.2. La dualidad en los marcos estratégicos de referencia.

El segundo paso será constatar cómo se ha traducido esta dualidad en los marcos estratégicos de referencia. Así en el "Concepto Estratégico 2022", la OTAN establece seis dimensiones principales de seguridad[26], a saber y por orden de importancia, la contención de la amenaza rusa y del autoritarismo (puntos 6 al 9); la lucha contra el terrorismo y su especial incidencia en África y Oriente Medio (puntos 10-12); China (puntos 13 y 14); el ciberespacio y la competición tecnológica (puntos 15-17); el proceso de rearme y de proliferación de armas de destrucción masiva en particular chino, coreano, iraní y ruso (punto 18) y el cambio climático (punto 19).

Por el contrario, la "Brújula estratégica para la seguridad y la defensa"[27], establece cinco amenazas claras para la seguridad de la Unión, que serán, de nuevo por orden de importancia, a) el terrorismo y el extremismo violento; b) la proliferación de armas de destrucción masiva; c) estrategias híbridas, ciberataques, campañas de desinformación e injerencia por parte de actores estatales y no estatales; d) el cambio climático y como

---

ing-pentagon-concern-11661792188 y SAKAGUCHI, Y. "U.S. weapons stockpiles depleted by Ukraine war", *Nikkei Asia*, 27 de Octubre de 2022 extraído de *https://asia.nikkei.com/cms/Politics/Ukraine-war/U.S.-weapons-stockpiles-depleted-by-Ukraine-war*

26 OTAN: *Concepto Estratégico*, 2022. pp. 3-6; *https://www.nato.int/nato_static_fl2014/assets/pdf/2022/6/pdf/290622-strategic-concept.pdf*

27 UNIÓN EUROPEA: *Brújula Estratégica para la seguridad y la defensa*, 2022, pp 11-12 *https://data.consilium.europa.eu/doc/document/ST-7371-2022-INIT/es/pdf*

derivados de éste los efectos de las catástrofes naturales y, finalmente, e) las crisis sanitarias mundiales.

De la comparación de ambos instrumentos que sientan las bases de las estrategias de seguridad de los principales estados occidentales, se deduce una clara contraposición entre los intereses de la OTAN y la UE. No sólo es que no coinciden en todas las dimensiones susceptibles de ser amenazadas, sino que cuando lo hacen, como con el terrorismo (posición 1 para la UE y 3 para la OTAN) o la proliferación de armas de destrucción masiva (posición 2 para la UE y 5 para la OTAN), demuestran que las percepciones de los riesgos no se miden igual a ambos lados del Atlántico.

2.1.3. Otros elementos a considerar

Respecto a esta alteración de los intereses compartidos entre EE.UU. y la UE creemos que también influye la percepción subyacente que se ha ido gestando en los pasillos de Washington y que ha quedado patente a raíz de los conflictos comerciales con la Administración Trump[28], (hasta el punto de que ambas potencias económicas mantienen abiertas en la Organización Mundial del Comercio[29] más de cincuenta procedimientos de disputa)[30]; de que los europeos ya no son

---

28 En 2019 las autoridades estadounidenses impusieron un aumento de tarifas de aduanas en diversos productos europeos desde la aviación (10%) hasta determinados productos agrícolas y derivados (25% en el caso de algunos vinos franceses, quesos italianos o bebidas alcohólicas británicas).

29 ORGANIZACIÓN MUNDIAL DEL COMERCIO (OMC), "Map of disputes between WTO Members", *Dispute settlement: the disputes*, extraído de *https://www.wto.org/english/tratop_e/dispu_e/dispu_maps_e.htm*

30 35 la UE contra EE.UU. y 20 de EE.UU. contra la UE, sin contar los otros 21 que plantea bilateralmente con Alemania, Bélgica, Di-

sólo el conjunto de principales socios y aliados de los EEUU sino también el principal competidor económico, político y tecnológico, y que tienen unas visiones geopolíticas propias que, como estamos viendo, empiezan a divergir claramente de sus contrapartidas estadounidenses; elementos estos que durante la Guerra Fría habían quedado aparcados habida cuenta de las necesidades perentorias de seguridad, y a los que habrá que sumarle el aspecto militar si las ideas de los proyectos de seguridad común europea terminan desarrollando la perspectiva francesa de convertirse en alternativas, en vez de en complementos, de las capacidades operativas de la OTAN.

2.2. Segunda disfuncionalidad

La segunda disfuncionalidad que analizaremos es la relativa a la emergencia de una serie de amenazas y escenarios que van complicando el planteamiento estratégico de la Alianza y de los que todavía carecemos de información suficiente como para predecir su importancia final, aunque ya nos obligan a redimensionar nuestras relaciones con Rusia y China y probablemente con algún otro de los actores emergentes en los últimos tiempos, como la India.

2.2.1. Ciber amenazas

Hablamos para empezar de las ciber amenazas, cuya capacidad de influencia sobre los escenarios bélicos ha quedado en entredicho en el actual conflicto ucraniano, pero de la que tenemos múltiples evidencias de su utilidad en los estadios prebélicos y postbélicos tras las experiencias de Irak,

---

namarca, España, Francia, Grecia, Hungría, Irlanda, Italia, Países Bajos, Portugal, Rumanía y Suecia.

Afganistán, Siria y más cerca, en la relación entre los socios europeos y la Federación o sus satélites de Bielorrusia o Kazajistán. Es de destacar que los ciberataques desarrollados por Rusia desde 2007[31] en adelante, han ido haciéndose más sofisticados y contrariamente a la tendencia hasta 2016[32], cada vez más encubiertos y centrados en estrategias de medio y largo plazo[33].

2.2.2. CRMs

Seguiremos con la importancia creciente de los *Critical Raw Materials* (en adelante CRMs) o materias primas críticas[34], algunos de cuyos principales productores son precisamente Rusia, India o China[35] y que nos hacen dependientes de estos actores habida cuenta de su importancia para el sostenimiento del desarrollo industrial y tecnológico de Occidente. Estos CRMs se pueden agrupar en cinco grandes categorías de las que Australia-Canadá-EE.UU. (combinados), China, y Rusia serían los principales productores mundiales: a) el Aluminio; b) el Níquel; c) el grupo de minerales del Platino y el Paladio;

---

31 Con el ataque de denegación de servicio dirigido contra la infraestructura de Estonia

32 Con el ataque al Comité Nacional Demócrata en EEUU

33 WOLF, F. "Understanding Russia Cyberstrategy", *Russia Foreign Policy Papers,* Foreign Policy Research Institute (FIPRI), 6 de julio de 2021 extraído de *https://www.fpri.org/article/2021/07/understanding-russias-cyber-strategy/*

34 Definidos así por el GSUS (*Geological Service of the United States*) y que aparecen ya así tratados incluso en la legislación estadounidense, como en la *Energy Act* de 2020 que le dedica todo su Título VII (secciones 7001-7003).

35 US GEOLOGICAL SERVICE. *Mineral commodity summaries 2020,* 6 de febrero de 2020 extraído de *https://www.usgs.gov/publications/mineral-commodity-summaries-2020*

d) las denominadas “tierras raras” y e) los minerales relacionados con el Titanio. De estos cinco grupos, Rusia sería crucial en la producción de tres de ellos, el níquel (primera potencia mundial, si desagregamos la producción combinada de Australia, EE.UU. y Canadá); los del grupo del paladio (de nuevo el principal productor mundial) y los relacionados con el titanio; aunque tiene presencia en las cinco categorías[36]

2.2.3. El Ártico

Pasaremos ahora al deshielo del Ártico, que abrirá la posibilidad de redimensionar no sólo el comercio mundial con Asia, sino también el mercado de los recursos naturales y evidentemente tendrá que ser gestionado por la UE y los EE.UU. no sólo con Canadá, socio natural, sino con China y Rusia que ya tienen intereses y planes estratégicos[37] respecto a esta contingencia.

Como sabemos Rusia es uno de los miembros del Consejo Ártico junto con Canadá, Dinamarca, Estados Unidos, Finlandia, Islandia, Noruega y Suecia y del que son además observadores Alemania, China, Francia, Italia, India, Japón y Reino Unido entre otros. Y su postura es clara con respecto a la gobernanza y explotación del Ártico, que quiere liderar; sobre el control de las rutas comerciales con Asia, que pretende monopolizar[38] y en

---

36 CALDUCH TORRES, R. op. cit.

37 En el caso de Rusia se cuentan, al menos tres, “Basics of the Russian Federation State Policy in the Arctic ” de 2000, “The Foundations of Russia’s Strategy in the Arctic” de 2008 y “Strategy for the Development of the Arctic Zone of the Russian Federation Through 2020 ” aprobado en 2013

38 TRENIN, D. “Russia and China in the Arctic: Cooperation, Competition, and Consequences”. *Foreign and Security Policy / Pax Sinica.* Carnegie Endowment for International Peace, 31 de marzo de

cuanto al ámbito militar y de seguridad en donde el Ártico ha formado parte de la estrategia rusa desde el año 2000, cuando Putin plantea que *all activities in the Arctic should be tied to the interests of defense and security to the maximum degree*[39].

2.2.4. El espacio ultraterrestre

Finalmente nos remitiremos de forma meramente enunciativa a las posibilidades que la nueva era de explotación del espacio ultraterrestre ha puesto sobre la mesa y a las que especialmente China[40] pero también Rusia[41], quieren tener un acceso privilegiado e independiente[42].

2020 extraído de *https://carnegiemoscow.org/commentary/81407#:~:text=Russia%E2%80%99s%20Arctic%20strategy%20views%20the%20region%20as%20a,of%20a%20border%20control%20system%20in%20the%20region*

39 DEVYATIKIN, P. "Russia's Arctic Strategy: Military and Security (Part II)". *Russia Arctic Strategy Series* 2018, The Arctic Institute, 13 de febrero de 2018, extraído de *https://www.thearcticinstitute.org/russias-arctic-military-and-security-part-two/*

40 CORDESMAN, AH y KENDALL, J, *Chinese Strategy and Military Modernization in 2016* Center for Strategic and International Studies (CSIS), 8 de diciembre de 2016, extraído de *https://www.csis.org/analysis/chinese-strategy-and-military-modernization-2016*

41 JACKSON, N, "Outer Space in Russia's Security Strategy", *Simons Working Paper Series in Security and Development* nº 64, agosto 2018, School for International Studies, Simon Frasier University, California, extraído de *https://summit.sfu.ca/item/18164*

42 McCLINTOCK, B, *Russia's National Security Space Strategy: How to Avoid Repeating History*. Italian Institute for International Studies (ISPI), 11 de diciembre de 2020, extraído de *https://www.ispionline.it/en/pubblicazione/russias-national-security-space-strategy-how-avoid-repeating-history-28335*

2.2.5. El escenario de cooperación y coordinación con los rivales

De todo esto se desprende una necesidad de cooperación y coordinación con ambos actores y alguno más, que deviene incontestable en circunstancias en las que la interdependencia internacional se constata de la peor manera, como en la gestión de la COVID-19, las restricciones al desarrollo nuclear iraní o la estabilidad en Oriente Medio y el Sahel. Lo que nos obliga necesariamente a establecer un planteamiento claro de hasta dónde podemos llegar con respecto a Moscú y Beijing y cuáles deben ser los conciertos básicos a los que debemos entregarnos con ellos.

Estas realidades también nos fuerzan a al menos analizar en profundidad cómo el nuevo papel de la OTAN va a afectarlos en un mundo post guerra de Ucrania, en el que ya está claro que la influencia del poder militar ruso se va a ver resentida gravemente y la estabilidad económica china se tendrá que asegurar por cualquier medio, porque si de algo nos está sirviendo la guerra de Ucrania es para constatar que, por un lado parece evidente que las perspectivas de China y Rusia sobre su seguridad nacional y sus ambiciones regionales chocan directamente con los dos planteamientos sobre los que la Alianza se mueve, y que, al mismo tiempo, es imposible concebir un escenario de seguridad en Europa, Magreb y Oriente Medio, Asia Central o el Indo-Pacífico sin establecer contactos e instrumentos de cooperación con ambos actores sistémicos, que como quedó claro concretamente con motivo del fin de las operaciones en Afganistán en 2021, no sólo es en sí mismo un planteamiento lógico, sino que de no respetarlo, representaría un riesgo real para nuestros efectivos y las poblaciones civiles que dependen de ellos.

2.3. Una reflexión sobre el papel de España

Antes de concluir este análisis no podremos dejar de mencionar que el papel de España en este proceso es fundamental en tanto que, gracias a sus capacidades logísticas y de proyección de fuerza, en particular aérea y aerotransportada, así como su extensa experiencia en los procesos de reconstrucción y en la gestión de crisis y protección civil internacional, es uno de los seis "exportadores netos" de seguridad de la Alianza (los otros serían Estados Unidos, Alemania, Italia, Francia y Reino Unido) y es además un actor clave por su posición de retaguardia y por tanto de sostén logístico y de abastecimiento[43] con respecto a muchos de los teatros en los que la Alianza ha intervenido recientemente, como Oriente Medio, el Mediterráneo Oriental y Asia Central.

Sin embargo, la posición de los gobiernos de distinto color político de nuestro país no sólo no han reconocido esta importancia, sino que aún hoy encuentran dificultades en incrementar la aportación española a la seguridad colectiva, como hemos podido ver con respecto al aumento del gasto militar comprometido por el presidente del gobierno precisamente en la reunión de Madrid del pasado mayo (y ello aunque nos hayamos embarcado también en el proceso de construcción de las capacidades militares de la Unión Europea, de la que recordemos, somos la cuarta economía). Creemos que parte de este problema se ha debido a la dejación de funciones que con respecto a la seguridad, los diferentes gobiernos españoles han tenido a la hora de comunicarse con la población, lo que ha desvirtuado a nuestro entender, la información que la sociedad española maneja sobre la importancia de los procesos y escenarios antes mencionados y ello no puede por menos que suponer un problema, de cara de definir nuestros intereses nacionales con respecto a los dilemas que hemos

---

[43] De hecho, así se ha reconocido precisamente con la instrumentalización de nuestro país en el despliegue del escudo antimisiles hasta el presente año 2022 y más allá, pues hay planes de potenciarlo al menos hasta 2026.

reseñado, por lo que entendemos que es perentorio que debamos corregir esta tendencia.

3. CONCLUSIONES

Los problemas de definición estratégica a ambos lados del Atlántico a raíz del colapso de la URSS y del desarrollo histórico de las primeras décadas del SXXI, han terminado haciendo mella en la concepción misma de la OTAN, abocándola a un dilema de difícil solución que afecta a su concepción y funcionalidad básica y que lejos de ser abordado de forma directa en los sucesivos conceptos estratégicos que se han ido sucediendo, hasta el presentado en Madrid en este mismo año, ha quedado postpuesto *sine die* debido a los vaivenes políticos en Estados Unidos y Europa, lo que, cuando menos, ha propiciado la percepción errónea por parte de otros actores internacionales de que los aliados transatlánticos habían perdido su capacidad de reacción coordinada. El conflicto en Ucrania ha desmontado ese mito, pero no ha servido para resolver las cuestiones fundamentales que aún afectan a la Alianza y mucho menos para acercar un horizonte de solución a los dilemas que hemos presentado.

Así las cosas el futuro de la Alianza es aún incierto, pues al depender la resolución de sus problemas de que a uno y otro lado del Atlántico los principales miembros de la OTAN decidan qué papel quieren jugar en el entorno del SXXI y qué amenazas son las que de verdad requerirán de una acción coordinada entre todos ellos, algo que aún no se está produciendo y que no tiene visos de producirse a medio plazo, será poco probable que se llegue a una posición común que permita delimitar, analizar y evaluar las posibles soluciones a los males que constriñen las capacidades de la OTAN.

Y mientras esta reflexión no sea llevada a cabo de forma conjunta y paralela en las capitales europeas y en Washington, los escenarios de incertidumbre internacional se seguirán sucediendo y las respuestas de la Alianza seguirán siendo cortoplacistas y reactivas, en vez de proactivas y de largo alcance.

4. FIGURAS

Figura 1. Comparativa de presupuesto militar absoluto entre los países europeos y Rusia[44].

Alemania	Francia	Italia
España	Rusia	RU

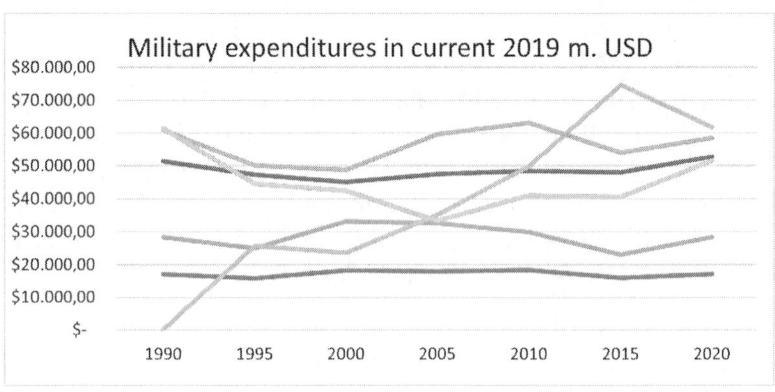

Fuente: elaboración propia con datos del Banco Mundial, extraídos de https://data.worldbank.org/indicator/NY.GDP.MKTP.CD?most_recent_value_desc=true

44 CALDUCH TORRES, R, op. cit pp. 167-205.

Figura 2. Evolución de los gastos militares como porcentaje sobre el PIB de Estados Unidos y Rusia[45].

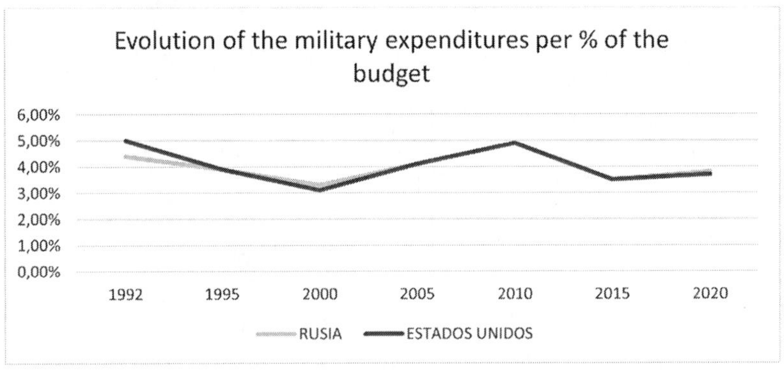

Fuente: elaboración propia con datos del Banco Mundial y el SIPRI, extraídos de https://data.worldbank.org/indicator/NY.GDP.MKTP.CD?most_recent_value_desc=true y https://milex.sipri.org/sipri

45 CALDUCH TORRES, R, op. cit. pp. 167-205.

Capítulo 8

Guerra de agresión y guerra informativa en Ucrania. Llegó la hora de la verdad... y de las mentiras

CHEMA SUÁREZ SERRANO*

1. INTRODUCCIÓN

Entre las consecuencias de la agresión militar de Rusia sobre Ucrania hay que considerar de manera especial su efecto en la información que recibimos. Cada una de las partes ofrece una versión tan diferente que parecen irreales, imposible que se estén refiriendo al mismo hecho, de manera que la información llega a convertirse en otra herramienta estratégica para el esfuerzo militar o para repeler la agresión. Su adecuado manejo, incluyendo la manipulación con fines maliciosos, representa una importante baza para lograr objetivos militares o políticos y así ocurre desde hace décadas e incluso siglos, pero en los últimos años está alcanzando proporciones inéditas. La paulatina perfección de las técnicas y el impulso de las herramientas digitales provocan tal impacto entre la población que invita a continuar con estas campañas y hace prever un incremento.

* Doctor en Derecho Internacional Público y Relaciones Internacionales. Periodista en Radio Televisión de Andalucía, chemasuarez1@gmail.com. Todas las páginas web mencionadas en este estudio han sido consultadas el 8 de enero de 2023.

Ya lo estamos viendo, día a día, en el conflicto armado en Ucrania desencadenado por la intervención de Rusia en febrero de 2022, como continuación de la intervención de 2014 en Crimnea. La propaganda y la desinformación, como elementos de desestabilización, comenzaron a aparecer mucho antes que los movimientos de tropas y cada vez a mayor escala, se propagan con más velocidad y consecuentemente aumenta su capacidad de causar daño. Provienen de actores estatales y no estatales, apuntan a objetivos civiles, y puesto que pretenden abarcar el mayor número posible de voluntades, no discriminan ni distinguen, se han convertido en parte esencial de los conflictos híbridos contemporáneos, de la *guerra moderna* según el Tribunal de Justicia de la Unión Europea (TJUE)[1], y representan uno de los desafíos más urgentes para la Unión Europea y la OTAN[2] que las incluye en su nuevo concepto estratégico aprobado en la cumbre de Madrid de 2022. Según ambas organizaciones internacionales, Rusia emplea sistemáticamente la desinformación para justificar sus campañas militares sobre Ucrania desde hace más de una década, antes incluso de la invasión de la península de Crimea en 2014. Desde entonces la UE ha elaborado una importante batería de medidas para contrarrestar el efecto de la manipulación informativa sobre los ciudadanos aunque con eficacia incierta. El caso de Ucrania no es único pero sí muy revelador y avisa de lo que está ocurriendo sin que lo percibamos porque la información maliciosa se ha extendido como método de guerra híbrida, y amenaza tanto a los estados como a las organizaciones internacionales. El propio gobierno de España señala que la intoxicación informativa de manera profusa y estratégica para desestabilizar a otros

---

1 Sentencia del Tribunal General (Gran Sala) de 27 de julio de 2022. RT France contra el Consejo de la Unión Europea. ECLI:EU:T:2022:483 par. 162.

2 NATO's response to hybrid threats, june 2022. *https://www.nato.int/cps/en/natohq/topics_156338.htm*

estados y polarizar a la población civil con grandes oleadas de propaganda y desinformación, se ha consolidado por mérito propio entre las amenazas más acuciantes de nuestro tiempo.[3] De ahí que entre los muchos enfoques que merece la invasión de Ucrania y la posterior anexión de algunos de sus territorios por parte de Rusia, hay que considerar de manera particular las consecuencias provocadas por la difusión de información desde todos los sectores implicados, con el argumento formal de repeler los ataques propagandísticos del rival.

Por una parte, Rusia no permite a los medios de comunicación que trabajen en su territorio, tanto nacionales como extranjeros, la emisión de mensajes sobre lo que está ocurriendo en Ucrania si contradicen la versión oficial, que niega la agresión y se refiere a una operación militar para defender a la población de las autoproclamadas repúblicas de Donetsk y Lugansk del hostigamiento de Ucrania. El gobierno ruso sostiene que lo hace en cumplimiento del tratado de amistad firmado con ambos territorios, y al amparo del artículo 51 (Capítulo 7) de la Carta de la ONU, que autoriza la legítima defensa. Y por otra parte, la Unión Europea habla de la agresión de Rusia no provocada e injustificada contra un estado soberano que vulnera la Carta de la ONU y entre las medidas de urgencia para rechazarla prohíbe la difusión en su territorio de los mensajes que sustenten la posición formal de Rusia. Para ello ha modificado dos actos normativos aprobados en 2014, ampliando las sanciones dictadas entonces por la anexión de Crimea.[4] Estando tan distantes en las causas del conflicto, ambas partes

---

3 Centro Criptológico Nacional, *Ciberamenazas y Tendencias,* Edición 2018 mayo 2018, p.10. *https://www.ccn-cert.cni.es/informes/informes-ccn-cert-publicos/2835-ccn-cert-ia-09-18-ciberamenzas-y-tendencias-edicion-2018-1/file.html*

4 Reglamento (UE) 2022/350 del Consejo de 1 de marzo de 2022 por el que se modifica el Reglamento (UE) n.o 833/2014 relativo a medidas restrictivas motivadas por acciones de Rusia que desestabi-

se aproximan en las consecuencias, con un planteamiento informativo de rechazo frontal hacia la otra con cruce de acusaciones sobre el uso de información maliciosa para confundir a la opinión pública. Al final, se impone el silencio informativo sobre la versión que contradice la propia. El desafío es arduo por la dificultad que supone contener estos ataques sin vulnerar el derecho a la información libre, como pide la Comisión Europea.[5] La respuesta tampoco es armada sino pedagógica, es decir, interrumpir sólo el flujo de mensajes maliciosos y ningún otro requiere un análisis concienzudo para no extralimitarse ni dejar lagunas.

1.1. Desinformación y medios de comunicación como método y medio de guerra

En lo único que hay acuerdo entre los actores implicados es que las llamadas noticias falsas se han convertido en eficaz método dentro de las guerras híbridas contemporáneas. En el lado occidental, la OTAN y las instituciones de la Unión Europea han ido dando la razón al escenario anunciado en 2013 por el Foro Económico Mundial[6] que anticipaba la situación

---

lizan la situación en Ucrania *https://eur-lex.europa.eu/legal-content/ES/TXT/?uri=CELEX:32022R0350*

Decisión (PESC) 2022/884 del Consejo de 3 de junio de 2022 por la que se modifica la Decisión 2014/512/PESC relativa a medidas restrictivas motivadas por acciones de Rusia que desestabilizan la situación en Ucrania. *https://eur-lex.europa.eu/legal-content/ES/TXT/?uri=CELEX:32022D0884*

5 European Commision, *Disinformation: A threat to democracy*, 31 march 2021.

6 World Economic Forum Global Risks 2013 Eighth Edition, p.23. *https://www3.weforum.org/docs/WEF_GlobalRisks_Report_2013.pdf*

actual. La Comisión Europea[7] señala que la desinformación es uno de los métodos más frecuentes de las modernas guerras híbridas, El Consejo[8] sostiene que la manipulación de información y la injerencia por parte de agentes extranjeros son parte de campañas híbridas más amplias diseñadas para inducir al error, engañar y desestabilizar; y el Parlamento[9] ha condenado expresamente el recurso a la *guerra de la información* que se utiliza para sembrar la división a través de contenidos denigrantes y narrativas falaces sobre la Unión Europea, la OTAN y Ucrania.

La Unión Europea[10] y Rusia se acusan mutuamente de haber iniciado las campañas de desinformación y durante los últimos años ambos han diseñado sus propios mecanismos de defensa.[11] Cada parte legitima su actuación, señala las pretensiones espurias de la otra y sobre todo pretende evitar que su población consuma los mensajes del oponente a la vez que tratan de llevar los propios a la opinión pública del rival. De hecho, la Unión Europea difunde su información contra la propaganda rusa también en este idioma para llegar a sus ciudadanos,[12] al

---

7 Comisión Europea, 2016. Comunicación conjunta al Parlamento Europeo y al Consejo sobre la lucha contra las amenazas híbridas. *https://eur-lex.europa.eu/legal-content/ES/TXT/?uri=CELEX:52016JC0018*

8 Conclusiones del Consejo sobre la manipulación de información y la injerencia por parte de agentes extranjeros *https://data.consilium.europa.eu/doc/document/ST-11429-2022-INIT/es/pdf*, 18 julio 2022.

9 Resolución del Parlamento Europeo, de 1 de marzo de 2022, sobre la agresión rusa contra Ucrania (2022/2564(RSP)) *https://eur-lex.europa.eu/legal-content/ES/TXT/?uri=uriserv:OJ.C_.2022.125.01.0002.01.SPA*

10 Resolución del Parlamento Europeo, de 23 de noviembre de 2016, sobre la comunicación estratégica de la Unión para contrarrestar la propaganda de terceros en su contra. *https://www.europarl.europa.eu/doceo/document/TA-8-2016-0441_ES.html*

11 The Military Doctrine of the Russian Federation, june 2015 *https://www.rusemb.org.uk/press/2029*

12 *https://euvsdisinfo.eu/*

tiempo que la OTAN[13] publica su contenido en ruso y ucraniano, por más que como es sabido no son estados miembros. Mientras no ofrece ninguna información en español a pesar de nuestra pertenencia, en una clara muestra del target de audiencia (de influencia) pretendido. La OTAN otorga a la comunicación una importancia estratégica, con especial interés en llegar a audiencias jóvenes, incluyendo a Rusia y Ucrania. Se refire al término *información hostil* si bien no lo define. Reconoce que debido a la creciente complejidad de la seguridad ha focalizado sus actividades de comunicación hacia audiencias menos tradicionales:

> "Hostile information activities targeted at NATO and Allies remain a key challenge that can undermine Allied societies. NATO's approach to counter disinformation is threefold: 1) to understand the information environment; 2) to engage with audiences through tailored public communications; and 3) to coordinate with Allies and like-minded partners."[14]

Del mismo modo, las instituciones de la Unión Europea difunden sus publicaciones en ruso y ucraniano, por petición expresa del Parlamento Europeo,[15] otra muestra del interés estratégico y la importancia que otorga cada bloque al hecho de que la población tenga acceso a versiones plurales. Todo esto revela que, al igual que la guerra convencional, también la guerra informativa se articula en dos movimientos básicos, ataque y defensa. En este trabajo lo que se discute es la idoneidad del veto a un medio de comunicación como estrategia de defensa,

---

13 *https://www.nato.int/*

14 NATO, The Secretary General´s Annual Report 2021, p. 52. *https://www.nato.int/nato_static_fl2014/assets/pdf/2022/3/pdf/sgar21-en.pdf#page=49*

15 Resolución del Parlamento Europeo, de 1 de marzo de 2022, sobre la agresión rusa contra Ucrania (2022/2564(RSP)) *https://eur-lex.europa.eu/legal-content/ES/TXT/?uri=uriserv:OJ.C_.2022.125.01.0002.01.SPA*

por la lesión que puede provocar al derecho fundamental a la libertad de expresión que resultaría un grave daño colateral. En concreto tras los actos normativos de la Unión Europea en el contexto de la agresión militar de Rusia sobre Ucrania en febrero de 2022, cuya legalidad ha refrendado el Tribunal de Justicia tras el recurso de anulación presentado por Rusia Today France[16], por un veto general ampliado posteriormente a otros medios rusos.[17] No se trata de designar aquí en qué lado está la verdad o la mentira, ni mucho menos definirlas jurídicamente porque sería tanto como pretender resolver una de las cuestiones filosóficas y morales que se mantienen a lo largo de la historia del pensamiento político y social. Pero para continuar es inevitable referirse a esa dicotomía que empareja a la verdad y la mentira, que está en el corazón de este caso y a la vez lo enturbia.

1.2. La verdad y la mentira en el Derecho Internacional

La jurisprudencia europea (TEDH y TJUE) no ofrece una definición precisa sobre los conceptos de verdad y mentira y tampoco lo pretende, si bien ha producido numerosísimas sentencias que defienden una y censuran la otra. En líneas generales y particularmente en el asunto objeto de nuestro estudio debemos aludir a la mentira como un elemento que causa perjuicio y obstaculiza el derecho, aunque no esté prohibida como veremos enseguida. San Agustín de Hipona ya consideraba la mentira como el acto que lleva consigo la intención de

---

16 Sentencia del Tribunal General (Gran Sala) de 27 de julio de 2022, RT France contra Consejo de la Unión Europea. *ECLI:EU:T:2022:483*

17 Reglamento (UE) 2022/2474 del Consejo de 16 diciembre 2022, por el que el Consejo amplía el veto a otros cuatro medios de comunicación rusos, que no podrán emitir en la Unión Europea: *NTV/NTV Mir, Rossiya 1, REN TV y Pervyi Kanal. https://eur-lex.europa.eu/legal-content/ES/TXT/PDF/?uri=OJ:L:2022:322I:FULL&from=EN*

engañar, de manera que al menos desde el siglo quinto aparece emparejada con el engaño intencionado, justo lo que en nuestros días es el ingrediente esencial de lo que hemos dado en llamar desinformación. Sin embargo, actualmente hay un componente más, y es el daño causado. Desinformar en los conflictos híbridos del siglo 21 supone la construcción de mensajes deliberadamente falsos para obtener beneficio particular sin importar el daño causado, o incluso provocándolo a sabiendas[18]. No es una herramienta estrictamente militar sino política. Pensadores como Maquiavelo o Weber admiten la mentira como un elemento connatural a la política, necesario y justificable para la actividad de los políticos y los hombres de Estado.[19] En la guerra de la información hay más intervención política que militar porque lo importante no es vencer, sino convencer, como espetó Unamuno[20] a Millán Astray en el *templo del conocimiento.* Ciertamente, en aquel entonces, casi un siglo atrás, la guerra se hacía con balas y derramamiento de sangre, mientras que ahora, la ausencia de dolor y destrucción es un aliciente que revaloriza la mentira como método en las guerras híbridas. Si en la guerra convencional el lenguaje, las palabras eran la antesala del conflicto armado, ahora son sustitutos. Pueden llegar a provocar similares efectos pero existe un importante ahorro de medios materiales y humanos.[21]

---

18 Resolución del Parlamento Europeo, de 9 de marzo de 2022, sobre las injerencias extranjeras en todos los procesos democráticos de la Unión Europea, incluida la desinformación. *https://eur-lex.europa.eu/legal-content/ES/TXT/?uri=CELEX:52022IP0064*

19 RUBIO NÚÑEZ, R. "Los efectos de la posverdad en la democracia", *Revista De Derecho Político, 1*(103), 2018, pp. 196. *https://doi.org/10.5944/rdp.103.2018.23201.*

20 NÚÑEZ FLORENCIO, R. "Venceréis pero no convenceréis. Encontronazo en Salamanca", *La aventura de la historia,* n.184, 2014, pp.35-39.

21 RUBIO NÚÑEZ, R., *op. cit.* p.197.

Pero insistamos en que el daño y la intencionalidad son elementos propios de la desinformación, porque la mentira por sí sola no está proscrita en derecho. El libre ejercicio a la libertad de expresión la admite, ya que incluye la libertad de opinión y ésta no tiene que ser verificable como sí se le exige a la información. El Tribunal Europeo de Derechos Humanos establece que los hechos deben ser demostrables, las ideas no:

> "While the existence of facts can be demonstrated, the truth of value judgments is not susceptible of proof. The requirement to prove the truth of a value judgement is impossible to fulfil and infringes freedom of opinion itself, which is a fundamental part of the right secured by Article 10"[22]

Además, atendiendo al artículo 26 de la Convención de Viena sobre el Derecho de los Tratados (1969), que obliga a las partes a actuar de buena fe, debemos dar por hecho que la verdad está implícita en el ejercicio de la libertad de expresión, si bien la gran mayoría de los tratados que la defienden no lo especifican como habría sido deseable. Puede que sea por el marco general que ofrece la Convención de Viena, pero lo cierto es que los instrumentos internacionales para la defensa de los Derechos Humanos no inciden en la veracidad de las informaciones para merecer su protección. El artículo 19 del Pacto Internacional de Derechos Civiles y Políticos (suscrito en 1966, antes de la Convención de Viena) establece:

> "Toda persona tiene derecho a la libertad de expresión; este derecho comprende la libertad de buscar, recibir y difundir informaciones e ideas de toda índole…"

---

22 TEDH, *Case of Pedersen and Baadsgaard v. Denmark*, Application no. 49017/99 , 17 December 2014, *https://hudoc.echr.coe.int/eng?i=001-67818* pár. 76.

Plantea la libertad de expresión en un diagrama de tres pasos: libertad para buscar, para recibir y para impartir informaciones e ideas, completando el recorrido lógico de la comunicación humana y la práctica del periodismo. Otros tratados los sintetizan en dos, recibir y comunicar, que claramente son la base de la libertad de expresión puesto que no es posible ejercer el derecho si alguno de ellos falta. El Pacto no entra en consideración sobre la veracidad de esos mensajes que se buscan, reciben o emiten y lo mismo apreciamos en el Convenio Europeo de Derechos Humanos (1950), cuyo artículo 10 defiende la libertad de recibir o comunicar (dos pasos) informaciones o ideas sin interferencia de las autoridades públicas, idea expresada en los mismos términos por la Carta de los Derechos Fundamentales de la Unión Europea (2000). Una lectura de estos tratados en sentido amplio permite aceptar que protegen los dos pasos esenciales para que no se quiebre el derecho: la recepción y difusión de mensajes, sin más requerimientos y sin prestar atención a que sean verdaderos o falsos. Todos están protegidos originalmente sin que los poderes públicos puedan intervenir a menos que peligre la vida de la nación (artículo 4 del Pacto y 15 del Convenio Europeo) en cuyo caso tampoco discrimina entre verdaderos o falsos. No se puede achacar a un descuido, más bien al hecho implícito de amparar tanto unos como otros. Pensemos, por ejemplo, en la sátira que generalmente se vuelca contra quienes ejercen cargos públicos y que no estaría permitida con una prohibición general de la mentira lo cual sería contradictorio con la protección en sentido amplio que el derecho a la libertad de expresión concede a la crítica sobre quienes se dedican a la vida pública[23]. La falsedad o veracidad de los mensajes no es el único baremo que sostiene la viabilidad de este derecho fundamental, y probablemente

---

[23] TEDH *Case of Lingens v. Austria*, 13 dic 1984. *https://hudoc.echr.coe.int/eng?i=001-57523*, par.42.

por ello los tratados no se ocupan de este detalle aunque nos sorprenda. Sin embargo, algunos textos constitucionales sí se detienen en la veracidad como componente necesario, como el artículo 20 de la Constitución Española de 1978, que recoge el derecho a recibir y comunicar libremente información *veraz*. ¿Significa esto que en España sólo se protege la información veraz aunque no lo establezcan así los tratados internacionales?

Tampoco debemos olvidar que la mentira aparece como herramienta válida en el derecho de los conflictos armados, expresamente autorizada en el protocolo adicional 1 a los Convenios de Ginebra (1977).[24] Las informaciones falsas son un método aceptado para confundir al enemigo y pueden suponer una ventaja militar, aunque no cabe duda de que este es un precepto anclado en la guerra convencional, como todo el articulado de este corpus jurídico que ya no se adapta a los modernos formatos y despierta cada vez más las voces por una necesaria revisión.[25] La mentira está aceptada en la guerra de trincheras pero no en las guerras híbridas contemporáneas, a pesar de que indudablemente suponen una ventaja definida que ayuda a conseguir los objetivos a costa de unos daños en ocasiones tan elevados (hablamos de la destrucción de la democracia) que obligan a replantear su validez legal sobre todo porque se dirigen contra la población civil. Aunque sean términos propios del Derecho Internacional Humanitario que no procede aplicar en estos casos, nos ayudan a comprender la auténtica repercusión de los conflictos híbridos sobre los no combatientes, convertidos en objetivo exclusivo de los ata-

---

24 Art. 37.2 Protocolo Adicional 1 a los Convenios de Ginebra, 1977. *https://www.boe.es/buscar/doc.php?id=BOE-A-1989-17696*

25 KARTZ, E. "Liar´s war. protecting civilians from disinformation during armed conflicts", *International Review of the Red Cross*.n. 914, dic. 2021. *https://international-review.icrc.org/articles/protecting-civilians-from-disinformation-during-armed-conflict-914#footnoteref7_4yj6w3d*

ques. Ellos son los principales damnificados cuando deberían quedar al margen, porque la desinformación es un método de guerra que no discrimina, no distingue, sino que revela cómo el derecho siempre va por detrás de los acontecimientos.

2. DESINFORMACIÓN EN RUSIA Y UCRANIA ANTES DE LA CRISIS DE 2022

Los tribunales no se centran tanto en la definición jurídica de la verdad y la mentira como en señalar quienes las usan con fines maliciosos, y en este sentido apuntan a Rusia como uno de sus más activos promotores, como viene a ratificar la sentencia del TJUE de 27 de julio de 2022 ya mencionada. Ciertamente, Rusia cuenta con antecedentes que la colocan en una posición desfavorable frente a la Unión Europea y la OTAN en lo que se refiere al uso de la desinformación. Sustenta esta afirmación la Corte Internacional de Justicia[26] en las medidas provisionales dictadas tras las alegaciones de genocidio presentadas por Rusia contra Ucrania en el marco de la Convención para la Prevención y Castigo del Crimen de Genocidio. La Corte no concede credibilidad a los argumentos expuestos para acusar a Ucrania del hostigamiento de sectores de población afines a Rusia en los territorios de Donetsk y Lugansk,[27]

---

26 International Court of Justice. *Allegations of genocide under the Convention on the Prevention and Punishment of the Crime of Genocide* (Ukraine v. Russian Federation). 16 march 2022 *https://www.icj-cij.org/public/files/case-related/182/182-20220316-ORD-01-00-EN.pdf* pár. 59.

27 En su discurso tras la invasión a Ucrania en la madrugada del 24 de febrero de 2022, el presidente de la Federación Rusa Vladimir Putin, pronunció estas palabras: "El objetivo de esta operación es proteger a las personas que, desde hace ocho años, se enfrentan a la humillación y el genocidio perpetrados por el régimen de Kiev. Con este fin, buscaremos desmilitarizar y desnazificar a Ucrania, así como llevar a juicio a quienes perpetraron numerosos crímenes san-

no considera necesaria una investigación exhaustiva por no encontrar indicios que sustenten la denuncia y de este modo rechaza el principal motivo de Rusia para justificar su operación militar en febrero de 2024: la protección de la población frente a los ataques de Ucrania, en similares términos que la esgrimida en 2014 cuando ocupó primero y se anexionó después la península de Crimea.

2.1. Rusia y Ucrania. Un frágil compromiso con la defensa de los Derechos Humanos

La posición de partida para el análisis de la situación jurídica de ambos estados en lo que se refiere a la protección de derechos fundamentales no favorece a Rusia, que claramente acumula condenas firmes que reprochan su actuación en decenas de casos. No obstante, como enseguida veremos, Ucrania ha sido investigada o condenada por el Tribunal Europeo de Derechos Humanos en otros muchos casos que convenientemente aireados por las instituciones públicas o por los medios de comunicación muy probablemente podrían afectar a la solidaridad global mostrada por la UE, sus estados miembros o sus ciudadanos.

Ucrania y Rusia ingresaron de manera casi simultánea en el Consejo de Europa, 1996 y 1995 respectivamente, por lo que ambos estados comparten recorrido en lo que se refiere al cumplimiento del Convenio Europeo de Derechos Humanos si bien a pesar de su corta estancia están entre los estados que más juicios acumulan ante el Tribunal Europeo de Derechos Humanos. Sólo son superados por Turquía e Italia, estados parte desde 1950 y 1949 respectivamente, una apreciación que debemos

---

grientos contra civiles, incluso contra ciudadanos de la Federación Rusa" *http://en.kremlin.ru/catalog/countries/UA/events/67843.*

tener en cuenta al evaluar el respeto a los tratados durante el período de membresía. En las casi tres décadas como parte contratante, Rusia ha estado implicada en 3.116 juicios (el TEDH ha celebrado 24.511 desde 1959) segundo estado de toda la serie histórica después de Turquía, salvedad hecha de la diferencia de tiempo como miembros de cada uno. Rusia es también es el segundo miembro (igualmente después de Turquía[28]) que más denuncias acumula por vulneración del artículo 10 del Convenio[29] que protege el derecho a la libertad de expresión, por la represión contra periodistas, medios de comunicación y ciudadanos particulares críticos con la voz oficial. Sólo en 2021 fue condenada en 19 ocasiones.[30] Si establecemos un término medio según la relación entre juicios y condenas por año de pertenencia, Rusia lidera esta estadística pero seguida muy de cerca por Ucrania ya que ambos se han repartido casi el 40% de todas las sentencias a pesar de que sólo han pertenecido la mitad del tiempo de vida del TEDH (Rusia 232, el 21% del total, y Ucrania 197, el 18%). Y otro detalle que se debe considerar es la población. Rusia gobierna para más de 140 millones de habitantes, casi cuatro veces más que Ucrania, siendo este un factor que eleva la posibilidad de recibir denuncias cuando el estado vulnera derechos fundamentales. Parece lógico pensar en un

---

28 El 13 de octubre de 2022, el Parlamento de Turquía aprueba una nueva ley que penaliza la difusión de desinformación con hasta tres años de prisión. Las organizaciones de defensa de derechos humanos y asociaciones profesionales de periodistas en todo el mundo como Free Turkey Journalists piden su retirada porque considera que elimina el derecho a la libertad de expresión y no permite el periodismo libre. *https://freeturkeyjournalists.ipi.media/turkey-leading-local-journalism-organizations-call-for-withdrawal-of-disinformation-law/ https://www.amnesty.org/es/latest/news/2022/10/turkey-dark-day-for-online-free-expression-as-new-disinformation-law-is-passed/*

29 The ECHR in facts & figures 1959-2021 *https://www.echr.coe.int/Documents/Stats_violation_1959_2021_ENG.pdf*

30 *Ibidem*, p.5 -11.

paralelismo entre el mayor número de personas afectadas y las denuncias o quejas formuladas tanto desde el interior del país por la propia población afectada, como desde el exterior por parte de las Organizaciones Internacionales y las ONG.

La mayor parte de las condenas que pesan sobre Rusia están relacionadas con la vulneración de los artículos 5, 6 y 8 (derecho a la libertad y seguridad, derecho a juicio justo y derecho a la privacidad) mientras que Ucrania es el estado más condenado (107 veces) por violación del artículo 5 del Convenio, que protege la libertad y seguridad, y de hecho las Asociaciones de defensa de derechos humanos reprochan al gobierno ucraniano su pasividad a la hora de sofocar los ataques contra la población homosexual.[31]

Desde la invasión de la península de Crimea y particularmente el este del país en febrero de 2022, La UE asocia a Ucrania con los valores europeos como la democracia, libertad, imperio de la ley, en decenas de pronunciamientos y actos legislativos con fuerza vinculante, así como en las difusiones de los medios de comunicación, pero la actividad del TEDH muestra que tal afirmación puede resultar dudosa o en ocasiones arriesgada. No quiere decir esto que se pueda equiparar la vulneración de derechos en uno y otro estado, como muestra la suspensión de los derechos de participación de Rusia en las instituciones del Consejo de Europa[32] en una clara señal de la extrema gravedad de sus actos, pero sí recomienda cautela cuando se asocia a Ucrania con los valores europeos.

---

31 Ukrinform, 18 mayo 2021. *https://www.ukrinform.es/rubric-society/3247544-comunidad-internacional-preocupada-por-la-discriminacion-contra-las-personas-lgbt-en-ucrania.html*

32 Resolution CM/Res(2022)2 on the cessation of the membership of the Russian Federation to the Council of Europe, 16 march 2022. *https://search.coe.int/cm/Pages/result_details.aspx?ObjectID=0900001680a5da51*

2.2. *Rusia y Ucrania. Independencia y control de los medios de comunicación*

Pero ciñéndonos al objeto de este trabajo, observemos ahora el ejercicio de la libertad de expresión en uno y otro estado. Rusia acumula condenas y toda clase de reproches en paulatino aumento desde la invasión de la península ucraniana de Crimea en 2014 que ha disparado la persecución, agresiones y encarcelamientos de periodistas.[33] El obstáculo para el ejercicio de este derecho fundamental aparece también reflejado en las distinciones a quienes lo defienden. La Academia de los Premios Nobel otorgó en 2021 el galardón de la paz al periodista ruso Dimitri Muratov, (junto a la también periodista filipina María Reza) por sus esfuerzos para salvaguardar la libertad de expresión, que según el fallo es condición esencial para la democracia y la paz duradera. En 2022 el Nobel de la paz ha premiado la defensa de los derechos humanos en Rusia y Bielorrusia, representados por el activista bielorruso Ales Bialiatski, la ong rusa Memorial y el Centro para las Libertades Civiles de Ucrania. Y por citar un detalle más, en el contexto de la ocupación militar de Ucrania, el Kremlin promovió la prohibición del periódico Novaya Gazeta, fundado por Muratov, hasta lograr su ilegalización en septiembre de 2022,[34] supuestamente por no haber completado un trámite administrativo. El fallo se conoció el mismo día en el que otro periodista ruso, Iván Safronov, fue condenado a 22 años de prisión por su trabajo crítico.[35] Rusia ocupa el puesto 155 de 180 en la clasificación mundial sobre libertad de prensa que elabora Reporteros Sin

---

33 European Council. Platform to promote the protection of journalism and safety of journalists. *https://fom.coe.int/en/pagesspeciales/detail/1*

34 *https://novayagazeta.ru/articles/2022/09/05/pokushenie-na-ubiistvo-novoi-gazety*

35 El País, 5 septiembre 2022 *https://elpais.com/internacional/2022-09-05/el-kremlin-prohibe-la-publicacion-del-periodico-ruso-que-gano-el-nobel-de-la-paz.html*

Fronteras[36] (2022), por la ya precaria situación del periodismo que ha empeorado desde la invasión de Ucrania de febrero de 2022, cuando la práctica totalidad de los medios independientes han sido prohibidos, bloqueados o declarados agentes extranjeros por el gobierno de Moscú. Esta ong denuncia la práctica desaparición del periodismo independiente por la censura sobre el trabajo de los informadores, mientras otras organizaciones defensoras de los derechos humanos radicadas en Rusia como *OVD-Info*,[37] denuncian el creciente número de detenciones entre profesionales de la comunicación o ciudadanos anónimos por manifestar su oposición a la guerra, que según sus conteos se elevan a 20.000 personas en los 8 primeros meses de guerra. En la misma línea se pronuncia Freedom House[38], cuando alerta sobre la creciente dificultad del acceso a internet libre en Rusia durante 2022.

Ucrania ocupa la posición 106 en la lista de Reporteros sin Fronteras, que refleja que incluso antes de la invasión el gobierno ucraniano había prohibido por decreto presidencial la actividad de los medios de comunicación díscolos con la línea oficial o considerados pro Kremlin, además de imponer severas restricciones a las redes sociales prorrusas. Todo ello dificulta el acceso de la población a informaciones que no son bien recibidas por el gobierno de Ucrania así como el necesario acceso a fuentes válidas para el ejercicio del periodismo. El control de las autoridades ucranianas sobre los medios de comunicación se ha hecho más estricto tras la invasión de febrero de 2022, al amparo de la ley marcial decretada por

---

36 Reporteros sin Fronteras, *Clasificación libertad de expresión 2022. https://rsf.org/es/clasificacion 2022*

37 OVD Info, octubre 2022 *https://data.ovdinfo.org/svodka-antivoennyy-repressiy-vosem-mesyacev-voyny#1*

38 Freedom House, *Freedom on the Net 2022: Countering an Authoritarian Overhaul of the Internet. https://freedomhouse.org/report/freedom-net/2022/countering-authoritarian-overhaul-internet* october, 2022

el presidente Zelensky minutos después de la entrada de las tropas rusas, que entre otras disposiciones suspende la libertad de expresión consagrada en el artículo 34 de la Constitución.[39] Posteriormente el Parlamento ucraniano ha ido renovando el decreto dispuesto inicialmente para un período inicial de 30 días según se han sucedido los meses de guerra.[40] Entre el veto contra medios de comunicación afines a Rusia y la implantación de la ley marcial, hace casi una década que los ciudadanos de Ucrania no pueden ejercer plenamente la libertad de expresión como recoge su Constitución y el artículo 10 del Convenio Europeo de Derechos Humanos, que recordemos nuevamente implica libertad para recibir y emitir toda clase de informaciones e ideas sin injerencias de las autoridades públicas. Cierto es que esta suspensión está amparada en el artículo 15 del Convenio, que dispone su levantamiento en caso de amenaza para la vida de la nación, y así lo ha comunicado al Secretario General del Consejo de Europa[41], pero siempre es necesario que sean medidas proporcionales, necesarias para la sociedad democrática, sustentadas sobre razones suficientes y que no afecten al núcleo esencial del derecho.[42] La incertidumbre abierta por la ocupación militar de Rusia hace imposible vaticinar cuándo volverán a disfrutar de

---

39 Decree 64/2022 on the imposition of martial law in Ukraine, 24 february 2022. *https://www.president.gov.ua/en/news/prezident-pidpisav-ukaz-pro-zaprovadzhennya-voyennogo-stanu-73109*

40 *https://interfax.com/newsroom/top-stories/78475/*

41 Publicado en el BOE núm. 107 de 2022 , de 5 mayo, dentro de las comunicaciones relativas a Tratados Internacionales Multilaterales en los que España es parte. *https://www.boe.es/boe/dias/2022/05/05/pdfs/BOE-A-2022-7315.pdf.*

42 Sentencia del Tribunal General (Sala Sexta ampliada) de 31 de mayo de 2018, Janusz Korwin-Mikke v. Parlamento Europeo. *ECLI:EU:T:2018:320*, par. 42. Sentencia del Tribunal General (Sala Novena) de 15 de junio de 2017, Dmitrii Konstantinovich Kiselev c. Consejo de la Unión Europea, *ECLI:EU:T:2017:392* pár. 84.

este derecho fundamental, pero previsiblemente tardará tanto como la resolución del propio conflicto. Igual que ocurre en Rusia, Amnistía Internacional[43] denuncia la represión por parte de Ucrania de medios de comunicación señalados por los servicios de seguridad por mantener una línea editorial independiente, considerada prorrusa. Igualmente lamenta el escaso interés de las autoridades públicas para evitar ataques contra periodistas y defensores de los derechos humanos cuando ponen en entredicho la acción del gobierno de Kiev, con investigaciones lentas y a menudo ineficaces.

Rusia y Ucrania respectivamente habían vetado a los medios de comunicación críticos antes de la crisis desatada en febrero de 2022 y ahora la Unión Europea toma idénticas medidas por primera vez en su historia, pero sólo contra empresas informativas de Rusia, con el argumento de evitar la propagación de la narrativa prorrusa sobre la invasión en Ucrania. El Consejo Europeo acusa a estos medios de difundir informaciones deliberadamente falseadas, con grave perjuicio para la seguridad de la Unión y de sus estados miembros y por este motivo prohíbe la difusión de medios de comunicación rusos *sine die*. Las consecuencias de este apagón informativo abarcan tanto a periodistas e investigadores, que necesitan el pleno acceso a fuentes diversas para alcanzar conclusiones válidas, como a todos los ciudadanos de la Unión Europea que no pueden elegir libremente sus canales de información entre aquellos que parten desde el lugar donde está sucediendo todo. A las enormes repercusiones que ya ha provocado este conflicto en todos los órdenes hay que sumar también el impacto que supone la censura de medios de comunicación en la Unión Europea bajo la acusación de difundir mensajes falsos. Es cierto que el TJUE ha validado los argumentos en una extensa sentencia que servirá de guía para otros casos análogos, pero no lo es menos que

---

43 *https://www.es.amnesty.org/en-que-estamos/paises/pais/show/ucrania/*

el derecho a la libertad de expresión se tambalea cuando no existe la posibilidad de difundir puntos de vista enfrentados y controversias políticas, que pertenecen al corazón mismo del concepto de sociedad democrática que inspira al Convenio Europeo, como sentencia el TEDH.[44]

3. ¿ACCIÓN O REACCIÓN? LA DIFICULTAD DE SEÑALAR QUIÉN INFORMA O DESINFORMA EN EL CONFLICTO ENTRE RUSIA Y UCRANIA

Cuando revisamos los textos legislativos aprobados por la Unión Europea y Rusia da la impresión de que son copia literal con idénticos planteamientos en una serie de acción y reacción. Incluso prestando atención a las fechas en que se han producido, es difícil puntualizar quién empezó, quién reaccionó, quien actúa, quien responde. La Comisión Europea plantea su posición a modo de legítima defensa contra las oleadas de desinformación provenientes de Rusia, y presume de haber ideado el primer marco mundial para rechazar la propaganda maliciosa con el *Código de buenas prácticas en materia de desinformación*[45]. Este documento pide compromisos a las plataformas y la industria, cuya redacción ya se ha actualizado a pesar de su corta vida para adaptarse a una amenaza fugaz y cambiante. La herramienta que más claramente apunta a los ciudadanos con la intención de influir sobre su percepción es una web específica para desmontar la desinformación proveniente de Rusia[46], donde advierte con casos

---

44 TEDH *Case of Lingens v. Austria.* 8 July 1986 *https://hudoc.echr.coe.int/eng?i=001-57523*, par.41.

45 European Commission, *2022 Strengthened Code of Practice on Disinformation. https://digital-strategy.ec.europa.eu/en/library/2022-strengthened-code-practice-disinformation*

46 *https://euvsdisinfo.eu/es/*

concretos sobre la propaganda que nos llega y cómo evitarla. Otra cosa es que todo el material que publica esté convenientemente contrastado porque en ocasiones las instituciones políticas encienden la alerta o provocan un miedo innecesario pero rentable mediante el uso exagerado de estas advertencias, de manera que el público puede llegar a interpretar el periodismo como una actividad sospechosa por sistema.[47] A fin de cuentas, el caudal de medios que dedica la Unión Europea para convencernos sobre la maldad de los mensajes que vienen del otro lado llega a caer en su propia red y emite también una imagen parcial e interesada.

Por su parte, Rusia no se ha quedado atrás. Antes de que lo hiciera la Unión Europea o la OTAN, ya utilizó el término *guerra informativa* en su Doctrina Militar de 1993[48], la primera aprobada por el gobierno de Moscú desde el colapso de la Unión Soviética en 1991. Posteriormente ha ido incluyendo la información entre los principales riesgos en sus Doctrinas Militares de 2000[49] y 2010[50], con insistentes alertas sobre la información falseada proveniente de occidente contra su independencia e integridad territorial, que considera como amenazas

---

47 PÉREZ DEL POZO, M.J. "La expansión de la guerra informativa rusa (2000-2018)" *Revista electrónica de estudios internacionales*, n. 39, junio 2020. DOI: 10.17103/reei.39.14 *http://www.reei.org/index.php/revista/num39/notas/expansion-guerra-informativa-rusa-2000-2018*

48 Decreto del Presidente de la Federación de Rusia de 2 de noviembre de 1993 No. 1883 sobre las Previsiones Básicas de la Doctrina Militar de la Federación Rusa, Accesible (en inglés) en: *https://rusemb.org.uk/press/2029*

49 Decreto del Presidente de la Federación de Rusia de 21 de abril de 2000 No. 706 sobre la Aprobación de la doctrina Militar de la Federación Rusa. Accesible (en ruso) en: *https://base.garant.ru/181993/#friends*

50 Doctrina Militar de la Federación de Rusia, aprobado por Decreto del presidente de Rusia 5 febrero 2010. *http://www.kremlin.ru/supplement/461*

contra la paz y la seguridad internacional. Rusia ha considerado convencionalmente a la OTAN como una organización con la que trabajar para fortalecer el sistema de seguridad colectiva, si bien este planteamiento desaparece en su Doctrina de 2014. Ya por entonces, la anexión de Ucrania y la reacción contraria de Estados Unidos y la Unión Europea ponía a Rusia ante los desafíos más importantes desde el período soviético y ha llevado las relaciones entre ambos bloques a la época de la Guerra Fría, con una novedad: el incremento de la guerra informativa y acusaciones cruzadas entre las dos partes sobre la escalada de la tensión.[51] A partir de entonces la Alianza Atlántica figura como su principal oponente en todos los terrenos.

Rusia señala a la Unión Europea y a la OTAN por acercar efectivos militares a sus fronteras y extender su área de influencia con operaciones de guerra informativa para, según Moscú, manipular la historia y la credibilidad de sus instituciones y especialmente para socavar el espíritu patriota de los jóvenes.[52] La Unión Europea devuelve el órdago y responde que es la Federación de Rusia la que ha emprendido una campaña sistemática de manipulación de los medios de comunicación y distorsión de los hechos a fin de intensificar su estrategia de desestabilización de sus países vecinos y de la Unión y de sus Estados miembros[53] por lo que decide vetar determinados me-

---

51 PIETKIEWICZ, M. "The Military Doctrine of the Russian Federation", *Polish Political Science Yearbook. 47.*, 2018, pp. 505-520. DOI: 10.15804/ppsy2018314. *https://www.researchgate.net/publication/330109811_The_Military_Doctrine_of_the_Russian_Federation*

52 Military Doctrine of the Russian Federation *http://static.kremlin.ru/media/events/files/41d527556bec8deb3530.pdf*

53 Reglamento (UE) 2022/350 del Consejo de 1 de marzo de 2022 por el que se modifica el Reglamento (UE) n.o 833/2014 relativo a medidas restrictivas motivadas por acciones de Rusia que desestabilizan la situación en Ucrania. *https://eur-lex.europa.eu/legal-content/ES/TXT/?uri=CELEX:32022R0350*

dios de comunicación. Rusia responde que la prohibición de emitir estos canales en Europa restringen deliberadamente el libre acceso a la información y pretenden formar una imagen unilateral entre los ciudadanos sobre la operación en Ucrania, con la promoción de contenido falso.[54] En su Reglamento de 1 de marzo, el Consejo Europeo sostiene que las acciones de propaganda de Rusia se canalizan a través de una serie de medios de comunicación bajo el control permanente, directo o indirecto, de los dirigentes de la Federación de Rusia, acciones que constituyen una amenaza importante y directa para el orden público y la seguridad de la UE.[55] Siguiendo con esta escalada, Rusia prohíbe el acceso a contenidos de Wikipedia[56], Youtube y Google[57] por emitir informaciones falsas sobre el curso de la operación militar especial en Ucrania que desacreditan a sus fuerzas armadas; renueva en 2022 la ley de agentes extranjeros[58] de 2012, censura a los medios de comunicación y prohíbe hablar de invasión[59] lo que provoca la reacción del Parlamento Europeo[60]. Como colofón, el Congreso ruso, la

---

54 Servicio Federal de Supervisión de las Comunicaciones, Informática y Comunicaciones Masivas de la Federación Rusa. *https://rkn.gov.ru/news/rsoc/news74132.htm*

55 Reglamento (UE) 2022/350 del Consejo.

56 Servicio Federal de Supervisión de las Comunicaciones, 20 julio 2022, *https://rkn.gov.ru/news/rsoc/news74404.htm*

57 *Ibidem*, 18 julio 2022, *https://rkn.gov.ru/news/rsoc/news74400.htm*

58 DW 29 junio 2022. *https://www.dw.com/es/rusia-adopta-nueva-ley-de-agentes-extranjeros-para-reprimir-a-cr%C3%ADticos-del-kremlin/a-62307599*

59 RTVE, 26 febrero 2022 *https://www.rtve.es/noticias/20220226/guerra-ucrania-rusia-censura-medios-prohibe-hablar-invasion/2297760.shtml Aljazeera 4 marzo 2022*

60 Resolución del Parlamento Europeo, de 19 de diciembre de 2019, sobre la Ley rusa de «agentes extranjeros» (2019/2982(RSP)) *https://eur-lex.europa.eu/legal-content/ES/TXT/?uri=uriserv:OJ.C_.2021.255.01.0054.01.SPA*

Duma[61] aprueba la norma para prohibir la desinformación[62] con elevadas multas y penas de cárcel por la difusión de noticias consideradas falsas sobre las Fuerzas Armadas y los llamamientos a adoptar sanciones contra el país. Diversos medios de comunicación rusos cierran después de este acoso legal[63] y la mayoría de las corresponsalías internacionales clausuran de manera inmediata sus delegaciones.[64]

3.1 El efecto pendular de la desinformación

Ninguno de los bloques reconocerá difundir campañas de desinformación, antes al contrario declaran que sus movimientos tienden a neutralizar las falsedades que inventa el enemigo contra sus instituciones e intereses. Todos dicen actuar a remolque y obligados por las circunstancias y si nos movemos de lado y traspasamos el *telón informativo* que separa a occidente de Rusia, advertimos un planteamiento pendular, que traslada los mismos motivos e idéntica justificación de una a otra parte. La Unión Europea sostiene que sus actos normativos pretenden defender a los ciudadanos de las agresiones externas que ponen en peligro la democracia y difunde esta narrativa con la ayuda de los medios de comunicación de este lado al tiempo que prohíbe información en sentido contrario que actúe como contrapeso. Rusia plantea el problema justo al revés, señala a

---

61 Duma Estatal, Asamblea de la Federación Rusa, 4 marzo 2022 *http://duma.gov.ru/news/53620/*

62 Europa Press, 4 marzo 2022. *https://www.europapress.es/internacional/noticia-camara-baja-parlamento-ruso-aprueba-proyecto-elevar-penas-carcel-noticias-falsas-ffaa-20220304092248.html*

63 The Moscow Times, 4 marzo 2022. *https://www.themoscowtimes.com/2022/03/03/russian-liberal-radio-mainstay-ekho-moskvy-closes-after-pulled-off-the-air-a76730*

64 RTVE, 5 marzo 2022. *https://www.rtve.es/noticias/20220305/rtve-deja-informar-temporalmente-desde-rusia/2303081.shtml*

Europa y la OTAN como agresores que le obligan a reaccionar para evitar el daño contra su patrimonio institucional e histórico. Cada una de las partes dirá que se limita a defenderse de los ataques propagandísticos que llegan del otro lado y sostienen sus actuaciones con un argumentario calcado.

Rusia defiende su postura ante las Organizaciones Internacionales con todos los medios a su alcance para insistir un acoso secular con campañas sistemáticas de descrédito y rusofobia desde occidente,[65] y este fue uno de los ejes sobre los que el presidente de la Federación Rusa justificó el inicio de la invasión de Ucrania en febrero de 2022. En esta línea, pidió una reunión del Consejo de Seguridad de la ONU (8 Julio 2022) para que el mundo conozca la verdad, según la nota difundida para el encuentro[66] con el objetivo de aprender de la historia del nazismo en Ucrania y su estatus actual. De acuerdo con Rusia, comprender la historia en toda su amplitud es indispensable para un análisis imparcial, ya que el gobierno de Kiev está ocupado por los nazis y el nacionalismo violento representa una amenaza existencial para los rusos étnicos que residen en Ucrania. Y reiteradamente acusa a occidente de desinformar para generar odio hacia Rusia y sus aliados, como sucedió en Octubre de 2022 sobre el bombardeo de instalaciones críticas para abastecimiento energético de la población civil en Ucrania utilizando drones de fabricación iraní. El representante de Rusia ante la ONU lo desmintió categóricamente, refiriéndose expresamente a una campaña de desinformación contra Rusia e Irán.[67] Un nuevo movimiento pendular, ya que en desde 2021 Estados Unidos viene acusan-

65 PÉREZ DEL POZO M.J. op. cit. p.18.

66 *https://www.securitycouncilreport.org/whatsinblue/2022/07/ukraine-arria-formula-meeting-2.php*

67 Tass Russian News Agency, 20 octubre 2022. *https://tass.com/politics/1525105*

do a Rusia de usar el Consejo de Seguridad de la ONU para ampliar su desinformación sobre Ucrania[68], mientras que Reino Unido igualmente lamenta la utilización del Consejo de Seguridad para distorsionar la historia por motivos políticos.[69] En sus intervenciones ante los medios de comunicación europeos, los dirigentes rusos difunden la misma posición, como ha hecho el ministro de exteriores ruso, Sergei Larov en la BBC británica[70], en la que acusaba a los países de Europa de no haberles dejado otra opción, o en la televisión italiana Rete 4, cuya intervención motivó la apertura de una comisión de investigación por considerarla propagandística por difundir la legalidad de la invasión de Ucrania.[71]

La Unión Europea remarca que no ataca, sólo se defiende de las agresiones lanzadas por Rusia, y publicita que su estrategia contra la desinformación se basa en la protección de la libertad de expresión y otros derechos garantizados en la Carta Europea de Derechos Fundamentales. La Comisión Europea llega a proclamar que en lugar de criminalizar o prohibir la información, su estrategia pretende combatir los mensajes falsos con más transparencia y credibilidad[72], si bien

---

68 United States Mission to the United Nations, 22 december 2021. *https://usun.usmission.gov/remarks-at-a-un-security-council-arria-formula-meeting-on-the-situation-with-national-minorities-and-glorification-of-nazism-in-baltic-and-black-sea-r/*

69 British Government, 22 December 2022. *https://www.gov.uk/government/speeches/a-deliberate-attempt-to-distort-history-for-russias-own-political-purposes*

70 BBC 17 june 2022. *https://www.bbc.com/news/world-europe-61825525*

71 La Repubblica, 3 maggio 2022. *https://www.repubblica.it/commenti/2022/05/03/news/lavrov_su_rete4_mediaset_lintervista_al_ministro_degli_esteri_russo_e_le_polemiche-347850799/*

72 European Commission, *Guidance on Strengthening the Code of Practice on Disinformation*, *https://digital-strategy.ec.europa.eu/es/node/9928*, 26 may 2021.

la invasión rusa en el este de Ucrania ha cambiado notablemente esta posición, para prohibir medios de comunicación afines a Moscú. En el mismo contexto, el Parlamento Europeo ha decidido la creación de la Comisión Especial sobre Injerencias Extranjeras en Todos los Procesos Democráticos de la Unión Europea, en particular la Desinformación[73], que reitera el planteamiento de la amenaza procedente del exterior que obliga a defenderse pero sólo con herramientas legales. Acusa a Rusia de orquestar una campaña de desinformación de una maldad y magnitud sin precedentes con el fin de engañar tanto a los ciudadanos nacionales como a la comunidad internacional en su conjunto antes y durante de la invasión.[74] Y por completar este repaso debemos nombrar a la OTAN, que incluye las noticias falsas dentro de las llamadas amenazas híbridas y coloca su detección y abordaje entre sus prioridades. La Alianza Atlántica también defiende esta posición defensiva copiando los argumentos que antes han esgrimido las instituciones de la Unión Europea o Rusia, niega utilizar los mismos métodos que el enemigo y como no podía ser de otra manera insiste en que combate la propaganda con hechos, no con más desinformación.[75]

---

73 Decisión del Parlamento Europeo, de 10 de marzo de 2022, sobre la constitución, competencias, composición numérica y duración del mandato de la Comisión Especial sobre Injerencias Extranjeras en todos los Procesos Democráticos de la Unión Europea, en particular la Desinformación (INGE 2) (2022/2585(RSO)) *https://www.europarl.europa.eu/doceo/document/TA-9-2022-0070_ES.html*

74 *Ibidem*

75 *https://www.nato.int/cps/en/natohq/topics_156338.htm*

4. CONCLUSIONES

Si tecleamos en google tres palabras, *Ukraine, war, disinformation*, aparecen más de 8 millones de entradas en menos de medio segundo.[76] Obviamente no se han consultado todas pero sí se ha comprobado que cientos de ellas se refieren a Rusia como generadora de campañas de noticias falsas para justificar la invasión, incluso hay una entrada específica en *Wikipedia* que detalla la actividad de las agencias rusas de desinformación. No vamos a elevar esta impresión a la categoría de hallazgo científico, pero conviene tener presente que es el buscador más utilizado por la población general para obtener información, por lo que sus resultados determinan en gran medida la percepción global. Es un muestreo que refleja lo que más se consume, el producto que más llega a la población. Los ciudadanos no buscan datos científicos, sino información inteligible y fácil de digerir sin prestar demasiada atención a la calidad de las fuentes, diluidas en la inmensidad de la oferta informativa[77] que en este caso ayuda a la formación de una idea preconcebida que designa a Rusia como la parte que intoxica y Europa (cuyos valores se asocia a Ucrania) la parte agredida que repele la intoxicación. Así se condiciona la conciencia pública, que da por buena una realidad no siempre contrastada y a veces incluso ficticia, pero determinante para la correcta comprensión del conflicto y la posición que adoptan los ciudadanos. La misma búsqueda con idénticas palabras (*Ukraine, war, disinformation*) se ha repetido entre trabajos académicos recogidos por el mismo buscador y entre los resultados no es fácil encontrar textos críticos hacia

---

76 Búsqueda realizada el 03 de enero de 2022.

77 VALVERDE-BERROCOSO, J, GONZÁLEZ-FERNÁNDEZ, A., ACEVEDO-BORREGA, J., "Desinformación y multialfabetización: Una revisión sistemática de la literatura". *Comunicar,* 70. 2022, pp.97-110. *https://doi.org/10.3916/C70-2022-08*

el veto de la UE sobre los medios de comunicación rusos, o al menos que concedan a la duda un espacio como método científico, que es lo que pretende este trabajo. Cuando el material necesario para comprender un problema está vetado por las autoridades públicas, su estudio desde uno de los dos bloques enfrentados no ayuda a la equidistancia que requiere la investigación científica o periodística y nos obliga a hacer un esfuerzo para mantener la asepsia con la selección de fuentes y la información que proporcionan. Desde este lado del mundo las aproximaciones al problema de la desinformación parten de una posición general: Rusia desinforma y Europa informa. Rusia ataca con campañas sistemáticas para desestabilizar la democracia en occidente, mientras Europa reacciona para evitarlo con medidas democráticas en beneficio de todos. No vamos a defender lo contrario, incluso hemos dado detalles que pueden sostener esta impresión inicial basadas en las denuncias que acumula Rusia por prácticas contrarias al derecho a la libertad de expresión y sancionadas por el Tribunal Europeo de Derechos Humanos o la Corte Internacional de Justicia. Pero es preciso exponer estos datos para insistir en la dificultad de guardar el equilibrio que demanda el método cuando el caudal de información que nos llega es irregular o está sesgado. Esta asimetría es el planteamiento básico de las instituciones Europeas o de la OTAN, que aceptan sin crítica y difunden los medios de comunicación occidentales para sumergirnos a todos en el interés parcial que les mueve. La desinformación es una de las herramientas más utilizadas en los modernos conflictos híbridos aunque ninguna de las partes implicadas reconocerá usarla, antes al contrario, señalará al oponente como permanente instigador y tomará medidas para rechazar campañas que en muchas ocasiones pretenden obstaculizar la difusión de información contrastada, legítima pero molesta. En estas condiciones, ¿es posible el ejercicio de la libertad de expresión? Periodistas e investigadores estamos obligados a contrastar la información antes de publicarla, lo cual nos obliga a conocer qué sucede en Rusia, qué dicen sus gobernantes, opositores y la prensa de diferentes sensibilidades. Los medios de comunicación son actores esenciales, pero el veto contra algunas cabeceras dificulta nuestro trabajo, lo empobrece y no ayuda a la correcta configuración de la opinión pública, que permanece sin acceso a todo el arco cromático. La prensa no sólo tiene la obligación de difundir informaciones e ideas, también los ciudadanos tienen el derecho a recibirlas pues de otro modo no es posible ejercer la labor de vigilancia sobre los poderes públicos que corresponde a los medios de comunicación,[78] como tampoco el avance de la ciencia. La censura sobre un medio de comunicación perjudica a los ciudadanos tanto o más que al propio medio, máxime cuando se impone por un tiempo ilimitado. Reduce la calidad de las publicaciones periodísticas y de la investigación, de modo que la propia validez de este trabajo queda en suspenso. La conclusión más certera es que la guerra en Ucrania ha llevado a Europa a la hora de la verdad, su momento más crítico desde la Segunda Guerra Mundial. Y descubre que la hora de la verdad resulta ser también la hora de la mentira.

---

[78] TEDH, *Case of Observer and Guardian v. The United Kingdom*, 26 November 1991, *https://hudoc.echr.coe.int/eng?i=001-57705* párr. 59.

Capítulo 9

Las paradojas del nuevo régimen de seguridad: el valor de las alianzas para la no proliferación nuclear

MÓNICA CHINCHILLA ADELL*

1. INTRODUCCIÓN: ANTIGUAS ALIANZAS NUCLEARES EN UN NUEVO CONTEXTO INTERNACIONAL

Desde la creación de la Organización del Tratado del Atlántico Norte (OTAN) en 1949, sus Estados miembros han desarrollado el denominado *Concepto Estratégico*, que establece unas directrices políticas generales para orientar su actuación, y que se ha revisado en ocho ocasiones para adecuarlo a las amenazas del momento histórico concreto. A pesar de la confidencialidad de los cuatro Conceptos Estratégicos adoptados durante la Guerra Fría, es bien sabido que la disuasión, y en concreto la disuasión nuclear, fue uno de los pilares de la posición estratégica y militar de la OTAN en la época, que se caracterizó por un planteamiento esencialmente defensivo[1].

---

* Profesora Ayudante Doctora de Derecho internacional público en la Universidad de Navarra (mchinchilla@unav.es). Todas las páginas webs mencionadas en este estudio han sido consultadas el 2 de diciembre de 2022.

1 Véase ADÁN GARCÍA, Á. J., "2022. Año de un Nuevo Concepto Estratégico", Documento de Opinión IEEE 18/2022, *Instituto Español*

En concreto, la disuasión engloba una serie de opciones estratégicas de un actor «A» que amenaza con castigar a «B» si este actúa contrariando los deseos de «A». En otras palabras, "deterrence has the negative object of persuading an adversary not to take action that it might otherwise have done"[2]. El caso particular de la disuasión nuclear ha enfrentado, tradicionalmente, a realistas y a liberales: mientras que los primeros consideran que un mayor número de ojivas nucleares garantiza la efectividad de la disuasión –*more may be better*[3]–, los segundos sostienen que, cuanto mayor es el número de ojivas nucleares, menor es la probabilidad de que la disuasión evite una confrontación nuclear –*more will be worse*[4]–. Además, un tercer grupo de internacionalistas entiende la disuasión nuclear desde un punto de vista constructivista, es decir, como un constructo social basado en unas ideas comunes que se traducen en unas normas y en una identidad compartida, y que justifican la condición de poseedores de los Estados nucleares[5].

Aunque en los cuatro Conceptos Estratégicos posteriores adopta un enfoque progresivamente cooperativo, la Alianza Atlántica ha seguido considerando necesario mantener una combinación de fuerzas convencionales y nucleares, y ejercer el "*nuclear sharing*" principalmente a través del estacionamiento norteamericano de armas nucleares en Estados que no son poseedores de armas nucleares, como son Alemania, Bélgica,

---

de Estudios Estratégicos, 28 de febrero de 2022, p. 3.

2 GRAY, C. S. *National Security Dilemmas: Challenges and Opportunities*, Potomac Books, Inc., 2009, p. 35.

3 Véase SAGAN, S. y WALTZ, K. *The Spread of Nuclear Weapons. An Enduring Debate*, 3ª Edición, W. W. Norton & Company, 2013, p. 3.

4 Véase *Ibid.*, pp. 41-45.

5 Véase LUPOVICI, A., "The Emerging Fourth Wave of Deterrence Theory-Toward a New Research Agenda ", *International Studies Quarterly*, Vol. 54, 2010, p. 715.

Italia, Países Bajos y Turquía[6]. Además, con base en la defensa colectiva, tal y como establece el artículo 5 de su Tratado Fundacional, un ataque sobre uno de sus miembros se considera un ataque sobre todos ellos. De este modo, todos los Estados miembros de la OTAN se benefician de la supuesta protección que garantiza el "paraguas nuclear" –esto es, la condición de Estados poseedores de armas nucleares de los Estados Unidos, Francia y el Reino Unido– al amparo del Tratado de No Proliferación Nuclear (TNP) de 1968.

En la actualidad, las nuevas amenazas internacionales plantean serios retos al orden internacional existente, e incluso podrían hacer que algunos de los principios básicos estructurales se tambalearan. La disuasión nuclear en el siglo XXI es, si cabe, más compleja que durante el periodo de la Guerra Fría: el desarrollo tecnológico constante y acelerado ha supuesto también la evolución de las armas nucleares, tanto en potencia como en variedad. Además, la multipolaridad reciente difiere significativamente del orden bipolar anterior, y fomenta la proliferación nuclear, a pesar de las alianzas nucleares existentes.

El 27 de febrero de 2022, pocos días después del comienzo de la invasión rusa de Ucrania, el presidente ruso Vladimir Putin puso a las fuerzas de disuasión rusas en "alerta especial". Mediante este eufemismo, la comunidad internacional entendió que el Kremlin estaba advirtiendo de un posible uso del arma nuclear en caso de que, a su juicio, fuera necesario para salvaguardar la seguridad de su territorio. La dimensión nuclear de este conflicto agrava, más si cabe, el persistente problema nuclear al que se enfrenta el orden internacional desde que se puso en evidencia el potencial destructivo de este tipo

---

6 Véase CENTER FOR ARMS CONTROL AND NON-PROLIFERATION, "U.S. Nuclear Weapons in Europe", Fact Sheet, 18 de Agosto de 2021, disponible en: https://armscontrolcenter.org/fact-sheet-u-s-nuclear-weapons-in-europe/.

de armas en Hiroshima y Nagasaki. Por eso, la amenaza de Rusia, además de reabrir viejas heridas, también ha reavivado los debates en torno a la efectividad de la disuasión nuclear, y la necesidad real o aparente de que un grupo reducido de Estados posean armas de tal capacidad destructiva.

El presente estudio cuestiona el valor de las alianzas nucleares, especialmente tras la entrada en vigor del Tratado de Prohibición de las Armas Nucleares (TPAN) en 2021 a la luz del contexto geopolítico actual. El examen del "orden nuclear" existente sugiere que, a pesar de las discrepancias pendientes de resolver, las alianzas nucleares forman un todo complementario en aras de unos objetivos comunes.

2. LA PROSPECTIVA PROLIFERACIÓN NUCLEAR EN EL PANORAMA GEOESTRATÉGICO ACTUAL

La invasión rusa de Ucrania ha puesto en jaque la seguridad del continente europeo, en parte, por la narrativa nuclear del Kremlin y la capacidad de respuesta de la OTAN. Sin embargo, conviene tener presente que esta no es la única amenaza, pues se calcula que, a comienzos de 2022, nueve Estados –Estados Unidos, Rusia, Reino Unido, Francia, China, India, Pakistán, Israel y Corea del Norte– poseían 12.705 ojivas nucleares[7]. De cumplirse las expectativas, en los próximos años los arsenales aumentarán –en calidad y en cantidad– en un ejercicio de proliferación vertical. Los Estados poseedores de armas nucleares decidirán mejorar sus arsenales o incrementar el número de ojivas para responder al proceso

---

7 Véase KRISTENSEN, H. M. y KORDA, M., "World Nuclear Forces", en *SIPRI Yearbook 2022: Armaments, Disarmament and International Security*, Oxford University Press, 2022, p. 341

de modernización armamentística y al creciente papel de la retórica nuclear de los Estados nucleares[8].

En este sentido, Pakistán no dudó en plantear la posibilidad de una guerra nuclear con la India ante una situación de tensión que permanece latente desde finales de los años 90, pero que se intensificó recientemente durante la crisis en Cachemira en 2019[9]. También llama la atención la declaración que el 3 de enero de 2022 publicaron conjuntamente los cinco Estados nucleares *de iure* –China, los Estados Unidos, Francia, Reino Unido y Rusia– en la que expusieron su objetivo último de un mundo sin armas nucleares[10]. Sin embargo, el gobierno británico ya había anunciado en marzo de 2021 un probable aumento de su arsenal nuclear basado en "the evolving security environment, including the developing range of technological and doctrinal threats"[11].

Ante este panorama poco halagüeño, no sería de extrañar que, además, otros Estados persiguieran la producción o adquisición de armas nucleares o la protección de un paraguas nuclear en forma de disuasión extendida. Esto supondría un ejercicio de proliferación horizontal para garantizar la seguridad nacional frente a amenazas existentes o potenciales, en contravención con las obligaciones del TNP. Por ejemplo, en

---

8 Véase *Ibid.*, pp. 341-423.

9 Sobre estos hechos, véase YUSUF, M. W., "The Pulwama Crisis: Flirting with War in a Nuclear Environment", *Arms Control Today*, Vol. 49, No. 4, mayo de 2019, pp. 6-11.

10 THE WHITE HOUSE, "Joint Statement of the Leaders of the Five Nuclear-Weapon States on Preventing Nuclear War and Avoiding Arms Races", 3 de enero de 2022, disponible en: https://www.whitehouse.gov/briefing-room/statements-releases/2022/01/03/p5-statement-on-preventing-nuclear-war-and-avoiding-arms-races/.

11 HM GOVERNMENT, *Global Britain in a Competitive Age: The Integrated Review of Security*, Defence, Development and Foreign Policy, London, marzo de 2021, p. 76.

octubre de 2019, el presidente turco, Recep Tayyip Erdogan, consideró inaceptable que Turquía no tuviera armas nucleares propias[12]. Por su parte, a lo largo de 2022, el gobierno norcoreano realizó una serie de pruebas con misiles, alegando que se trataba de prácticas para "ataques nucleares tácticos" en Corea del Sur[13]. Ante las constantes amenazas norcoreanas, cabría esperar un posible rearme nuclear de los vecinos del sur[14]. Aunque, por el momento, parecen conformarse con la protección que garantiza el paraguas nuclear de Estados Unidos[15].

En esta misma línea, el director del Organismo Internacional de la Energía Atómica (OIEA), Rafael Grossi, afirmó en agosto de 2022 que el programa nuclear de Irán está avanzando "muy, muy rápidamente"[16]. La ambigüedad en la postura nuclear de Israel, que ni confirma ni desmiente su capacidad nuclear, y las repetidamente fallidas negociaciones para alcanzar una Zona Libre de Armas Nucleares en Oriente Medio, suponen alicientes para el desarrollo del programa nuclear iraní. De hecho,

---

12 Véase MEIER, O. y VIELUF, M. "Upsetting the Nuclear Order: How the Rise of Nationalist Populism Increases Nuclear Dangers", *The Nonproliferation Review*, Vol. 28, Nos. 1-3, p. 24.

13 Véase LENDON, B., SEO, Y. y BAE, G., "Corea del Norte Rompe el Silencio sobre sus Pruebas de Misiles: Dice Que Son Una Práctica Para 'Ataques Nucleares Tácticos' en Corea del Sur", CNN, 10 de Octubre de 2022, disponible en: https://cnnespanol.cnn.com/2022/10/10/corea-del-norte-pruebas-de-misiles-ataques-nucleares-trax/.

14 Sobre esta posibilidad, véase AHN, M. S. y CHO, Y. C., "A Nuclear South Korea?", *International Journal*, Vol. 69, No. 1, 2014, pp. 26-34.

15 Véase ROEHRIG, T., *Japan, South Korea, and the United States Nuclear Umbrella: Deterrence After the Cold War*, Columbia University Press, 2017, pp. 64–96.

16 Véase REUTERS, "'Good Words' Not Enough, IAEA Hopes for Transparency from Iran", 2 de Agosto de 2022, disponible en: https://www.reuters.com/world/irans-nuclear-program-growing-ambition-capacity-says-iaea-chief-2022-08-02/.

dicho programa retomó su actividad tras la retirada de Estados Unidos del Plan de Acción Integral Conjunto establecido en 2015 entre Irán y el conocido como P5+1 (China, Francia, Rusia, Reino Unido y Estados Unidos, junto con Alemania). El nuevo estallido del conflicto árabe-israelí tras el ataque de Hamás sobre Israel en la madrugada del 7 de octubre de 2023 no puede sino intensificar las aspiraciones nucleares de Irán.

Las constantes amenazas e insinuaciones nucleares del Kremlin desde el comienzo de la invasión de Ucrania abren la puerta a una situación sin precedentes recientes, que se produce, además, en un Estado que renunció a las armas nucleares heredadas de la antigua Unión Soviética en 1990. Por este motivo, han destacado las solicitudes formales de Finlandia y Suecia para ingresar en la OTAN, teniendo en cuenta la protección que garantiza el paraguas nuclear de los Estados que poseen estas armas. De hecho, Finlandia ya es Estado miembro de la OTAN desde el 4 de abril de 2023, habiendo sido este el proceso de adhesión más corto en la historia de la organización. Tal y como sucedió en 2010, el nuevo Concepto Estratégico de la OTAN, aprobado en la cumbre de Madrid de junio de 2022 afirma, que "as long as nuclear weapons exist, NATO will remain a nuclear alliance"[17]. Parece entonces evidente que, del nuevo Concepto Estratégico de la OTAN, no se desprenden indicios de que sus miembros (ni el resto de Estados nucleares) estén dispuestos a hacer cambios sustanciales en los planteamientos estratégicos de disuasión nuclear. Tampoco a comprometerse con obligaciones concretas de desarme o no uso del arma nuclear.

Los Estados nucleares siguen destacando su capacidad nuclear como estrategia de defensa nacional y están dispuestos a modernizar (e incluso aumentar) sus arsenales. Como

---

[17] NATO, "NATO Strategic Concept 2022", 29 de junio de 2022, p. 1.

justificación de fondo estaría la disuasión nuclear, o la necesidad de retener estas armas para garantizar su seguridad nacional y el mantenimiento de la paz y seguridad internacionales. Igualmente, la incertidumbre del contexto actual, impulsa a nuevos Estados a proliferar o buscar la protección de un paraguas nuclear. Por lo tanto, seguirían plenamente vigentes las palabras de Hedley Bull, que en los años 60 consideró que el principal objetivo del control de armamentos es "the preservation and perfection of the strategic nuclear balance", ya que desmantelar los arsenales nucleares supondría dejar la puerta abierta a una posible guerra nuclear[18].

Estas ideas resultan radicalmente opuestas a los esfuerzos alcanzados por la Campaña Internacional para Abolir las Armas Nucleares con la adopción y entrada en vigor del Tratado sobre la Prohibición de las Armas Nucleares (TPAN) el 22 de enero de 2021, una vez alcanzado el 50 instrumento de ratificación, que nace con el objetivo principal de mitigar las consecuencias humanitarias del uso del arma nuclear y su ensayo.

3. LOS ESFUERZOS ABOLICIONISTAS DEL TRATADO SOBRE PROHIBICIÓN DE LAS ARMAS NUCLEARES (2017)

El TPAN es el primer instrumento internacional que contempla la prohibición completa y global de las armas nucleares. Los Estados parte se comprometen a no desarrollar, ensayar, producir, fabricar, adquirir, poseer o almacenar armas nucleares u otros dispositivos explosivos nucleares, así como a no transferir o recibir estas armas (artículo 1). A estas prohibiciones, que recuerdan a aquellas acordadas en el TNP, se suma la prohibición de usar o amenazar con usar armas nucleares,

[18] BULL, H., *The Control of the Arms Race*, Praeger, 1961, p. 61-2.

cuestión ampliamente debatida con anterioridad por la Corte Internacional de Justicia y las justificadas críticas de la doctrina internacionalista[19]. De forma que el TPAN amplía el contenido material del TNP y se aleja de la distinción entre Estados poseedores y no poseedores de armas nucleares para equiparar a los Estados Parte del Tratado en derechos y obligaciones.

No es arriesgado afirmar que el TPAN ha supuesto un cambio significativo en los planteamientos de seguridad vigentes en el ámbito nuclear. Así quedó reflejado en junio de 2022 durante la celebración de la primera Conferencia de Estados Parte del TPAN en Viena. En un momento de inestabilidad sin precedentes desde el fin del periodo de la Guerra Fría, los Estados parte condenaron de forma inequívoca en una declaración conjunta "todas y cada una de las amenazas nucleares, ya sean explícitas o implícitas e independientemente de las circunstancias"[20]. También rechazaron explícitamente las teorías de la disuasión nuclear que han dominado el tablero geoestratégico global (al menos hasta la fecha) considerándolas un riesgo real y una "falacia"[21]. Más allá de la clara alusión a la reciente amenaza nuclear rusa, esta declaración conjunta supone la más firme condena a las amenazas nucleares jamás expuesta en una conferencia multilateral en el ámbito de las Naciones Unidas. Además, la participación de la sociedad civil a través de Organizaciones No Gubernamentales en la creación y en el posterior desarrollo del TPAN ha fomentado una conciencia

---

19 Por ejemplo, véase ÁLVAREZ VERDUGO, M., *Incidencia del Consejo de Seguridad Sobre el Régimen Jurídico de las Armas Nucleares,* Editorial Bosch, 2007; GARCÍA RICO, E., *El Uso de las Armas Nucleares y el Derecho Internacional. Análisis sobre la Legalidad de su Empleo,* Editorial Tecnos, 1999.

20 Doc. TPNW/MSP/2022/6, Anexo I, "Declaración de la Primera Reunión de los Estados Partes en el Tratado sobre la Prohibición de las Armas Nucleares", 21 de julio de 2022, para. 4.

21 *Ibid.*, para. 5.

social enérgica que ha impulsado un enfoque humanitario novedoso entre los acuerdos de control de armamentos[22].

La primera Conferencia de Estados Parte del TPAN también ha reavivado el debate sobre las armas nucleares y su impacto humanitario a nivel global y, como resultado, un total de 34 Estados no miembros del TPAN asistieron en calidad de observadores. Cabe resaltar la participación de Alemania, Australia, Bélgica, Noruega o los Países Bajos como parte de la Alianza Atlántica, cuya seguridad queda garantizada por el paraguas nuclear estadounidense. También estuvieron presentes los representantes de Finlandia y Suecia, tras haber solicitado formalmente su ingreso en la OTAN ante la amenaza para su integridad territorial planteada por Rusia tras la invasión de Ucrania.

No es oro todo lo que reluce, pues entre los 68 Estados parte actuales –o incluso entre los 91 Estados firmantes– no se encuentra ningún Estado poseedor de armas nucleares, así como ningún Estado miembro de la OTAN. La especial significación de este acuerdo a nivel tanto político como jurídico puede importunar a un grupo significativo de Estados que consideran su potencial nuclear como una garantía de seguridad y de poder. Al término de la primera Conferencia de Estados Parte, por ejemplo, tanto Alemania como Noruega recalcaron su compromiso con la construcción de un diálogo constructivo para avanzar en la consecución de los objetivos internacionales de

---

22 Véase RUZICKA, J., "The Next Great Hope: The Humanitarian Approach to Nuclear Weapons", *Journal of International Political Theory*, Volume 15, Issue 3, 2019, pp. 386-400; DOCHERTY, B., "A 'Light for All Humanity': The Treaty on The Prohibition of Nuclear Weapons and The Progress of Humanitarian Disarmament", en CAMILLERI, J. A., HAMEL-GREEN, M. y YOSHIDA, F. (eds.), *The 2017 Nuclear Ban Treaty. A New Path to Nuclear Disarmament*, Routledge, 2017, pp. 35-58.

desarme nuclear. Pero, a su vez, hicieron hincapié en la incompatibilidad de los planteamientos y las obligaciones del TPAN con sus obligaciones como Estados miembros de la OTAN[23], lo que sin duda les aleja de un posible compromiso formal futuro con el Tratado. Igualmente, los Países Bajos mostraron un claro y expreso rechazo hacia el TPAN incluso en el momento de la votación para adoptar el texto del tratado, que fue aprobado el 7 de julio de 2017 por 122 votos a favor, un voto en contra (el voto neerlandés) y la abstención de Singapur[24].

Cabe preguntarse entonces hasta qué punto la nueva alianza abolicionista del TPAN refuerza o entra en conflicto con alianzas anteriores, principalmente con el régimen de no proliferación del TNP y la estrategia de defensa colectiva de la OTAN basada, en buena medida, en la disuasión nuclear.

4. LA CONVIVENCIA TNP-TPAN: ¿CONFRONTACIÓN O COMPLEMENTO?

Como se ha podido comprobar, el TPAN supone un giro importante en el discurso que ha predominado en el ámbito de las armas nucleares desde hace décadas, y que se ha reavivado desde el comienzo de la invasión rusa de Ucrania. Además, el nuevo tratado desafía la aparente superioridad de los Estados poseedores de armas nucleares conforme a las disposiciones del TNP. La falta de consenso y entendimiento

---

23 Véase First Meeting of States Parties to the Treaty on the Prohibition of Nuclear Weapons (TPNW), "Statement by Ambassador Rüdiger Bohn. Head of the German Observer Delegation to the MSP", Vienna, 21-23 de junio de 2022; First Meeting of State Parties to the Treaty on the Prohibition of Nuclear Weapons (TPNW), "Statement as observer, Norway. Mr. Jørn Osmundsen", 21 de junio de 2022.

24 Véase CASEY-MASLEN, S., *Nuclear Weapons. Law, Policy, and Practice*, Cambridge University Press, 2021, p. 159.

entre los Estados poseedores (o amparados por el paraguas nuclear) y los Estados en situación de desprotección puede dar lugar a la formación de dos "bloques" o "bandos" diferenciados, dividiendo al mundo entre defensores y escépticos de la nueva alianza abolicionista.

4.1. La perenne distinción entre Estados poseedores y no poseedores

Una de las principales carencias del TPAN es que en su negociación no han participado los Estados nucleares y sus aliados, especialmente de la OTAN. Se ha perdido una buena oportunidad de "tender puentes" en aras de una cooperación para el desarme. En su lugar, el TPAN aleja las posturas de los Estados nucleares frente a los no nucleares al rechazar la mera existencia del arma nuclear y, por lo tanto, el uso de estrategias de disuasión[25]. Ya en 2017, justo después de su adopción, Estados Unidos, Francia y el Reino Unido emitieron un comunicado conjunto criticando la ausencia de los Estados nucleares en el desarrollo del TPAN. Al no hacer partícipes a los Estados poseedores, entendieron que el TPAN desatendía a la realidad del contexto de seguridad presente y a las políticas de disuasión articuladas en torno a las armas nucleares[26].

La propia razón de ser de la OTAN como alianza, y más concretamente como alianza nuclear, impide a cualquiera de sus miembros adherirse al TPAN y quedar vinculado por sus

---

25 Véase ONDERCO, M., "Nuclear Ban Treaty: Sand or Grease for the NPT?" en SAUER, T., KUSTERMANS, J. y SEGAERT, B. (eds.), *Non-Nuclear Peace Beyond the Nuclear Ban Treaty,* Palgrave Mcmillan, 2019, p. 134.

26 Véase Joint Press Statement from the Permanent Representatives to the United Nations of the United States, the United Kingdom and France Following the Adoption of a Treaty Banning Nuclear Weapons, 7 de julio de 2017.

obligaciones. Los Estados miembros de la OTAN aceptan las doctrinas de defensa y de disuasión nucleares, que contradicen los objetivos mismos del TPAN. De esta forma, en caso de que algún Estado Miembro de la OTAN quisiera adherirse a él, debería primero reconsiderar su membresía en la Organización, ya que incluso aquellos Estados no poseedores de armas nucleares cuentan con la protección que les proporciona el paraguas nuclear de los Estados poseedores[27].

Todavía más evidente resulta la incompatibilidad del TPAN con los acuerdos de *nuclear sharing*, esto es, el despliegue de armas nucleares estadounidenses en Estados no poseedores, aunque dichos acuerdos no son *per se* contrarios al TNP[28]. Habida cuenta de que los Estados partes del TPAN se comprometen a no "permitir el emplazamiento, la instalación o el despliegue de armas nucleares u otros dispositivos explosivos nucleares en su territorio" (artículo 1 g)), no es factible que Estados poseedores o miembros de la OTAN, como Alemania, Bélgica, Italia, Países Bajos o Turquía, pudieran llegar a adherirse a las obligaciones del TPAN. Además, fuera del marco de la Alianza Atlántica, Estados como Australia, Japón o Corea del Sur quedarían amparados por el paraguas nuclear y podrían incluso reforzar su protección mediante nuevos acuerdos de *nuclear sharing*. Al participar en estos acuerdos –políticos o jurídicos– con potencias nucleares, los Estados no poseedores defienden y ponen

---

27 Sería diferente si los Estados no nucleares, aunque amparados por el paraguas nuclear, decidieran firmar, pero no adherirse al Tratado. Como Estado firmante mostraría su apoyo a los objetivos humanitarios del TPAN sin abandonar el paraguas nuclear. Véase CASEY-MASLEN, S., *op. cit.*, p. 172.

28 Existen diferentes interpretaciones al respecto. Véase HAYASHI, M., "NATO's Nuclear Sharing Arrangements Revisited in Light of the NPT and the TPNW", *Journal of Conflict and Security Law*, Vol. 26, No. 3, 2021, pp. 474-484.

en práctica la disuasión nuclear de forma extendida, entrando en conflicto con las obligaciones del TPAN[29].

La situación actual nos recuerda que los principales acuerdos multilaterales de control de armamentos en vigor –el TNP (1968), el Tratado de Prohibición de las Armas Biológicas (1972) y el Tratado de Prohibición de las Armas Químicas (1997)– se consideran exitosos (aunque no perfectos) gracias al consenso alcanzado entre las grandes potencias en el momento de su negociación. En cambio, la escasa evolución del Tratado de Prohibición Completa de Ensayos Nucleares o del Tratado para el Cese de la Producción de Materiales Fisibles es prueba de que, sin el apoyo de los Estados nucleares, las iniciativas para el desarme tienden a estancarse en el tiempo[30].

En caso de evolucionar en la línea actual, el TPAN seguirá reuniendo a Estados afines, no nucleares, y sin perspectivas de entrar en el paraguas nuclear. Cabría esperar, como excepción, la participación en el TPAN de Austria, Irlanda o Nueva Zelanda dadas sus posturas habituales en favor del desarme[31]. Algo que puede ser positivo para, al menos, no abandonar por completo la cooperación con el régimen de no proliferación del TNP. Uno de los principales retos políticos es conservar el régimen de no proliferación del TNP y crear al mismo tiempo una autoridad moral en torno al TPAN, donde la participación de los Estados nucleares, o protegidos por el paraguas nuclear, tenga cabida.

---

29 Véase HAYASHI, M., *op. cit.*, p. 490.

30 Véase WHITE, N. D. "Understanding Nuclear Deterrence Within the International Constitutional Architecture", en BLACK-BRANCH, J. L y FLECK, D. (eds.), *Nuclear Non-Proliferation in International Law – Volume V. Legal Challenges for Nuclear Security and Deterrence,* T. M. C. Asser Press, 2020, p. 246.

31 Véase ONDERCO, M., *op. cit.*, p. 136.

4.2. El desatendido desarme frente a la venerada disuasión

En favor de este escenario dual, algún sector doctrinal ha propuesto la retirada en masa del TNP por parte de los Estados parte del TPAN en muestra de su disconformidad con sus obligaciones, con el *status quo* que representa y con el incumplimiento de los Estados poseedores de las obligaciones de desarme[32]. En concreto, el artículo VI del TNP establece, que:

> "Cada Parte en el Tratado se compromete a celebrar negociaciones de buena fe sobre medidas eficaces relativas a la *cesación de la carrera de armamentos nucleares en fecha cercana y al desarme nuclear*, y sobre un tratado de desarme general y completo bajo estricto y eficaz control internacional".

Este compromiso conforma uno de los tres pilares del TNP –no proliferación, desarrollo pacífico y desarme–, por lo que, más allá de las diferentes posibles interpretaciones y del alcance de dicho compromiso[33], la existencia de una obligación jurídicamente vinculante en torno al desarme es innegable[34]. Ahora bien, su aplicabilidad simultánea a las políticas de disuasión nuclear es ya otra cuestión.

El orden internacional actual trata de adecuar los objetivos aparentemente contrapuestos de desarme nuclear y de estabili-

---

32 Véase SAUER, T. "NATO Allies, Don't Miss The TPNW" en THAKUR, R. (ed.), *The Nuclear Ban Treaty. A Transformational Reframing of the Global Nuclear Order*, Routledge, 2022, p. 108; ONDERCO, M., *op. cit.*, p. 131.

33 Véase CORMIER, M., "Running Out of (Legal) Excuses: Extended Nuclear Deterrence in the Era of the Prohibition Treaty" en BLACK-BRANCH, J. L y FLECK, D. (eds.), *Nuclear Non-Proliferation in International Law – Volume V. Legal Challenges for Nuclear Security and Deterrence,* T. M. C. Asser Press, 2020, pp. 276-282.

34 Véase JOYNER, D., "The Legal Meaning and Implications of Article VI of the Non-proliferation Treaty" en NYSTUEN, G., CASEY-MASLEN, S. y GOLDEN BERSAGEL, A. (eds.), *Nuclear Weapons under International Law,* Cambridge University Press, 2014, pp. 397-417.

dad derivada de la disponibilidad de armas nucleares por parte de un grupo reducido de Estados[35]. Para tal complejo cometido, los firmes defensores del TPAN comparan la potencial capacidad del tratado con los resultados obtenidos en acuerdos anteriores de corte humanitario sobre control de armamentos, como es el caso de la Convención sobre la prohibición de minas antipersonales, conocida como el del Tratado de Ottawa (1997). El TPAN, no obstante, no cuenta con una aceptación tan generalizada, y no cabe duda de la particularidad de las "reglas del juego" nuclear, por lo que se pone en duda la capacidad del TPAN para abolir el arma nuclear o presionar a los Estados poseedores[36]. Aunque el compromiso humanitario del TPAN es evidente, el tratado ignora la disuasión nuclear como política fundamental, todavía presente, de la estructura de seguridad internacional. En el contexto del pronunciamiento de la Corte Internacional de Justicia sobre la legalidad de la amenaza o el uso del arma nuclear en 1996, el Reino Unido afirmó, que:

> "[w]hatever the theoretical criticisms voiced of the idea of deterrence, the fact is, first that it has worked and, second, that for many years a number of States have based their self-defence upon that idea, in the belief that the possession of nuclear weapons, and the threat to use them in self-defence, is legitimate"[37].

Más recientemente, el orden internacional ha sido testigo del posible uso de estrategias de disuasión nuclear en la

---

35 Véase MEIER, O. y VIELUF, M., *op. cit.*, p. 16.

36 Véase CARTAGENA NÚÑEZ, I. "El Valor de un Título: El Tratado de Prohibición del Arma Nuclear y su Impacto en el Régimen de No Proliferación", Documento de Opinión 99bis/2017, *Instituto Español de Estudios Estratégicos*, 2017, pp. 4 y 6.

37 International Court of Justice, Legality of the Threat or Use of Nuclear Weapons (Request for an Advisory Opinion by the United Nations General Assembly), Statement of the Government of the United Kingdom, June 1995, para. 3.38. Véase WHITE, N. D., *op. cit.*, p. 255.

escalada de las tensiones entre la India y Pakistán durante la crisis en Cachemira en 2019, así como en las recientes amenazas del uso del arma nuclear por parte de Putin desde la invasión rusa de Ucrania en febrero de 2022. En este sentido, la puesta en práctica del TPAN podría resultar incongruente a la luz de las estrategias y el ordenamiento jurídico existente en torno al arma nuclear. Llama la atención la postura australiana al respecto, que sostuvo que "without the support of the NWS [nuclear-weapon States], the TPNW risks undermining Article VI and nuclear disarmament more broadly"[38]. Al comparar las alianzas nucleares creadas por el TNP y por el TPAN, la adhesión a las obligaciones abolicionistas y la confianza en la disuasión nuclear parecen tareas mutuamente excluyentes[39].

El TPAN no es la causa, sino un síntoma de esta división[40]. Es síntoma de una disconformidad prolongada en el tiempo, basada en la distinción entre los poseedores y no poseedores, entre los protegidos y los desprotegidos, existente desde la creación del TNP. Por esta razón, el TNP no adquirió protagonismo ni cierto carácter de universalidad hasta los años 90[41]. Fue precis-

---

[38] Australian Government Department of Foreign Affairs and Trade, *Australia and nuclear weapons*, 2018, disponible en: https://dfat.gov.au/international-relations/security/non-proliferation-disarmament-armscontrol/nuclear-issues/Pages/australia-and-nuclear-weapons.aspx. Véase CORMIER, M., *op. cit.*, p. 275.

[39] Véase BLACK-BRANCH, J. L. *The Treaty on the Prohibition of Nuclear Weapons. Legal Challenges for Military Doctrines and Deterrence Policies*, Cambridge University Press, 2021, p. 201.

[40] Véase KANE, A., "Co-Operation or Conflict? Walking the Tightrope of NPT And Ban Treaty Supporters" en THAKUR, R. (ed.), *The Nuclear Ban Treaty. A Transformational Reframing of the Global Nuclear Order*, Routledge, 2022, p. 28.

[41] Véase KIENZLE, B., "No Proliferación: Una Norma Injusta, pero Asentada" en BARBÉ, E. (ed.), *Las normas internacionales ante la crisis del orden liberal*, Editorial Tecnos, 2021, capítulo IV.

amente la insatisfacción de los Estados no poseedores con respecto al cumplimiento de la obligación del artículo VI del TNP –entre otras cuestiones– lo que impulsó la adopción del TPAN. No podemos olvidar que el TNP no establece medidas específicas que permitan su aplicación de forma automática, sino que requiere acciones posteriores para la consecución de sus objetivos. Desde esta perspectiva, el TPAN se convierte en el primer foro multilateral para el desarme, tarea que, hasta ahora, sólo se había puesto en marcha de forma individual o bilateral[42].

Ante tal laberinto de luces y sombras, nada parece más coherente que atender a los puntos en común entre las alianzas nucleares existentes, en lugar de las diferencias que fomentan la escisión en bloques de Estados poseedores y no poseedores, protegidos y desamparados. El objetivo esencial de ambos tratados es el mismo: frenar la carrera de armamentos mediante medidas de no proliferación y desarme para reforzar la seguridad internacional. Igualmente, ambos fomentan el desarrollo nuclear con fines pacíficos, y sus Estados Parte se comprometen al propósito último de un mundo sin armas nucleares. Cabe afirmar en este sentido que "the NPT and the TPNW are neither adversarial, nor are they in conflict"[43]. Al contrario, resulta más oportuno atender al régimen de no proliferación nuclear como un todo integrado[44]. De hecho, los tratados que establecen Zonas Libres de Armas Nucleares se fundamentan en los mismos objetivos de no proliferación y desarme, y nunca se han percibido como al-

---

[42] Se recuerdan, especialmente, los acuerdos bilaterales entre Estados Unidos y la Unión Soviética, y posteriormente Rusia, para la reducción paulatina de sus arsenales nucleares, como el SALT I, el Tratado INF, el START I, el SORT o el Nuevo START.

[43] HILGERT, L-M., KANE, A. y MALYGINA, A., "The TPNW and the NPT", Deep Cuts Issue Brief No. 15, enero de 2021, p. 3.

[44] KIENZLE, B., *op. cit.*, capítulo IV.

ternativas al TNP, sino como complementos[45]. Por lo tanto, para sacar el mayor partido posible a las alianzas nucleares, la vía de la confrontación no resulta adecuada. En cambio, la búsqueda de intereses comunes, que se refuercen entre sí, puede contribuir a la consolidación de un régimen de no proliferación y desarme más acorde a las circunstancias actuales y efectivo.

5. DE CARA AL FUTURO: LA COMPLEMENTARIEDAD DE LAS ALIANZAS NUCLEARES Y SUS INTERROGANTES

La comunidad internacional se enfrenta al reto de adaptar las antiguas alianzas nucleares al nuevo contexto actual y, a su vez, encajar las nuevas alianzas nucleares a las estructuras previamente establecidas. Por una parte, el papel del TNP en el orden internacional actual es necesariamente diferente al que se gestó durante la Guerra Fría. El contexto, las amenazas y las relaciones entre los Estados han cambiado y, en aras de la seguridad internacional presente, es preciso reforzar la aplicación del TNP, especialmente en lo que respecta al desarme nuclear. En otras palabras, "the future success of the NPT is inextricably linked to a renewed and genuine commitment towards nuclear disarmament"[46]. Puede que exigir una mayor transparencia en las doctrinas nucleares de los Estados poseedores sea un ideal poco realista. Pero no cabe duda de que los objetivos de desarme requieren esfuerzos colectivos para alcanzar resultados efectivos.

Por otra parte, acontecimientos recientes ponen en evidencia la –todavía presente– disuasión nuclear en las políticas de

---

45 RAUF, T. "Does the TPNW Contradict or Undermine the NPT?" en THAKUR, R. (ed.), *The Nuclear Ban Treaty. A Transformational Reframing of the Global Nuclear Order*, Routledge, 2022, p. 48.

46 CASEY-MASLEN, S., *op. cit.*, p. 97.

seguridad de los Estados poseedores o de aquellos amparados por el paraguas nuclear. Para que el TPAN pueda tener un impacto renovador, es importante que no se repitan las "viejas costumbres"[47] que han polarizado la estructura de seguridad internacional entre Estados nucleares y no nucleares. Una propuesta en esta línea es la puesta en marcha de una "gestión colectiva de la disuasión nuclear", es decir, la reducción paulatina de las armas nucleares hasta niveles mínimos en los que la disuasión siga teniendo cabida[48]. De esta forma, se propone una versión novedosa y adaptada de la disuasión que permita progresar en los objetivos de desame y mantener cierto grado de control sobre la estabilidad del orden internacional.

Estas propuestas, no obstante, también presentan interrogantes que se prestan al debate. ¿Tiene el Derecho internacional actual las herramientas necesarias para poner en marcha una gestión colectiva (y controlada) de la disuasión? ¿Están dispuestos los Estados nucleares a participar en este desarme progresivo cediendo parcelas de su soberanía? ¿Cómo imponer estas medidas de control de armamentos sobre ciertos Estados que actúan al margen de la seguridad colectiva?

Quizás sea cierto, como ya indicó el profesor Vicente Garrido, que "el objetivo de un mundo sin armas nucleares es hoy una quimera"[49]. Pero no cabe duda de que los instrumentos de no proliferación nuclear comparten objetivos comunes y deben considerarse como complementarios. Sólo de esta forma, el continuo desarrollo y adaptación de las alianzas nucleares existentes pueden impulsar pequeños avances jurídicos, políticos y sociales para alcanzar un mundo libre de armas nucleares.

---

47 Véase ONDERCO, M., *op. cit.*, p. 133.

48 De la versión original en inglés, "collective management of nuclear deterrence". Véase WHITE, N. D., *op. cit.*, p. 257.

49 GARRIDO REBOLLEDO, V., "Incertidumbres Nucleares", *Política Exterior*, Vol. 31, No. 177, mayo/junio 2017, p. 73.

Capítulo 10

Colombia, un socio global de la OTAN en el siglo XXI

ITSASNE ALLENDE SOPELANA*

1. INTRODUCCIÓN

Indiscutiblemente la seguridad ha sido un eje fundamental en el estudio de las Relaciones Internacionales[1]. Muestra de ello es que diferentes teorías de la disciplina han tratado de definir el concepto e incluso han estudiado los medios para conseguirla. Los estudios sobre seguridad dieron comienzo tras la Segunda Guerra Mundial con el fin de analizar la rivalidad nuclear. Sin embargo, en la década de los 90, es decir, cuando acabó la Guerra Fría, cambiaron todos los moldes existentes y el estudio del concepto se convirtió en un campo transdisciplinar.

Tras la Guerra Fría, los enfoques tradicionales sobre el concepto de seguridad fueron especialmente cuestionados, ya que finalizó el enfrentamiento entre los dos bloques del momento y su lógica de disuasión nuclear. Sin embargo, hay enfoques tradicionales que resisten y, además, han incorporado nuevos

---

* Investigadora predoctoral en formación en la Universidad del País Vasco – Euskal Herriko Unibertsitatea (UPV/EHU) (itsasne.allende@ehu.eus). Miembro del Grupo de Investigación Bitartez (IT1081-16). Todas las páginas web consultadas han sido consultadas antes del 11 de noviembre de 2022.

1 OROZCO, G., "El concepto de la seguridad en la Teoría de las Relaciones Internacionales". *Revista CIDOB d'afers internacionals,* 2005, p. 161-180.

temas a su estudio, así como la pervivencia de la Organización del Tratado del Atlántico Norte (OTAN).

El día 1 de julio de 1991 el Pacto de Varsovia se disolvió. El Pacto, diseñado por la Unión Soviética en 1955 para contrarrestar la amenaza que suponía la Alianza, puso fin a un compromiso militar entre los países del bloque del Este que duró casi 40 años. Así, como defiende Alex Callinicos[2], una de las dos ideologías dominantes durante la Guerra Fría había suplantado definitivamente a la otra. Por lo tanto, su rival directo, la OTAN, lejos de desaparecer, comenzó a ampliar su número de miembros, hasta llegar a ser treinta hoy en día. Diversos países europeos entraron en la Organización, incluso aquellos que años antes habían formado parte del Pacto de Varsovia[3], apropiándose así de la seguridad de los países europeos y de la América Septentrional. Es preciso tener en cuenta que ser miembro de la OTAN, es decir, de la Alianza intergubernamental creada en el año 1949, en el marco de la Guerra Fría, que se rige por el Tratado del Atlántico Norte, es un derecho que se reserva solamente a Estados Unidos, Canadá y los países europeos. No obstante, existe la posibilidad de tener la categoría de "*partners across the globe*"[4]. De este modo, y como se verá más adelante en esta comunicación, hay varios países a lo largo del mundo a los que se les ha concedido la oportunidad de ser socios globales de la Alianza, dicho de otra manera, hay países, cuyo territorio no se encuentra en las zonas delimitadas para ser miembros plenos de la OTAN, que desarrollan cierta cooperación con la Alianza Atlántica en áreas de interés mutuo.

---

2 CALLICOS, A., *An anti-capitalis manifesto*, Cambridge, Polity Press, 2003.

3 Entre 1999 y 2020, 14 estados del bloque militar soviético entraron en la Alianza militar. Tres de ellos eran antiguas repúblicas de la Unión Soviética (Estonia, Letonia y Lituania) y comparten fronteras con Rusia.

4 Para hacer referencia al término inglés "*partners across the globe*" utilizaremos las dos traducciones al español que utiliza la propia OTAN: "socio global" y "socios en todo el mundo".

Por todo lo mencionado anteriormente, este texto tiene como objetivo principal analizar el diálogo entre Colombia y Estados Unidos, puesto que ha sido este el que ha llevado a la consolidación del país caribeño como socio global de la OTAN. Además, se analizarán brevemente los socios extra-OTAN de los Estados Unidos, poniendo especial atención en los países de la región latinoamericana, porque para entender la posición actual de Colombia es necesario entender las necesidades de Estados Unidos en el territorio. Asimismo, también se tendrán en cuenta los demás socios globales de la Alianza. Por último, después de estudiar las relaciones entre Estados Unidos y Colombia, con la guerra de Corea como punto de inflexión, se realizará un recorrido histórico de las relaciones entre Colombia y la OTAN durante el siglo XXI.

2. LOS ALIADOS PRINCIPALES EXTRA-OTAN DE ESTADOS UNIDOS Y LOS SOCIOS GLOBALES DE LA ALIANZA

Antes de centrarnos en los socios globales de la Alianza, es necesario tener en cuenta la posición de América Latina y el Caribe respecto a la OTAN. Y es que, son solo tres países los aliados extra-OTAN[5] en la región: Argentina desde 1998[6],

---

5 El concepto "aliado importante extra-OTAN" fue creado por el gobierno estadounidense en 1989. Así, el gobierno de Estados Unidos designa a sus países aliados, es decir, a aquellos con los que mantiene relaciones de trabajo fuera de la Alianza Atlántica. Estos países cuentan ciertas ventajas, sobre todo, en las áreas de comercio de defensa y cooperación en seguridad, aunque no están cubiertos por las garantías de seguridad y la defensa mutua de la Alianza.

6 REFICCO, E., "Argentina como aliado extra-OTAN de los EE UU: los factores detrás de la Alianza". *Revista CIDOB d'Afers Internacionalts,* 42, 1998, pp. 79-97.

Brasil desde 2019[7] y Colombia desde mayo de 2022[8]. De esta manera, se puede comprobar que el rol de la OTAN en el territorio es bastante limitado. Sin embargo, la Organización sí tiene presencia en la región, ya que mantiene operaciones y ejercicios con Canadá, Francia, los Países Bajos y el Reino Unidos en programas de Asistencia Humanitaria y Socorro en Casos de Desastre. Al fin y al cabo, con el estatus que mantienen los tres países y las operaciones y ejercicios que llevan a cabo, la Alianza se hace presente en el territorio.

Volviendo a los socios extra-OTAN, este título fue otorgado por el gobierno de Estados Unidos y dio ciertas ventajas económicas y militares tanto a Argentina como a Brasil, y puede comenzar a otorgárselos a Colombia. Y es que en el momento que un país se convierte en aliado extra-OTAN, se crea una base legal para adquirir fácilmente material y equipo militar a bajo costo, se da acceso al fondo del Departamento de Defensa de Estados Unidos y, además, las Fuerzas Armadas pueden participar en ejercicios militares conjuntos. Sin embargo, tanto Argentina como Brasil son solamente países aliados de Estados Unidos, esto es, no se les considera socios globales de la OTAN.

En el caso de Argentina, el expresidente de la nación Carlos Menem, quien se convirtió en el primer presidente peronista en realizar una visita oficial a Estados Unidos, decidió llevar una política exterior orientada a mejorar sus relaciones con

---

7 MAGNANI, E., Y ALTIERI, M. "Brasil y el cambio en su estrategia de defensa: de la autonomía a la aquiescencia (2003-2020)". *Perspectivas Revista de Ciencias Sociales,* (10), 2020, pp. 102-129.

8 El presidente estadounidense Joe Biden firmó en mayo de 2022 el memorando que declaraba oficialmente al país caribeño, que contaba en aquel momento con Iván Duque como presidente, como aliado militar de Estados Unidos. Así, Colombia se convirtió en el tercer país de la región en ser aliado militar estratégico de Estados Unidos.

el país norteamericano para así recibir apoyo financiero y económico. Asimismo, planteó la incorporación de Argentina en la Alianza. Pero su propuesta no tuvo el eco esperado. No obstante, Bill Clinton visitó el país en octubre de 1997, y anunció que Argentina pasaría a formar parte del grupo de países aliados extra-OTAN (en aquel momento ya se encontraban en el grupo Australia, Corea del Sur, Egipto, Israel, Japón, Jordania y Nueva Zelanda)[9]. Al fin y al cabo, su incorporación a la Organización era muy difícil debido a la oposición del Reino Unido[10], aunque consiguió afianzarse como socio extra-OTAN.

Brasil es otro de los países que logró ser parte de la ya amplia lista que forman los países prioritarios extra-OTAN de Estados Unidos. Es evidente que los países emergentes buscan estrategias para aumentar su influencia sobre otros Estados. En este contexto, el 31 de julio de 2019, gracias a la cercanía entre Jair Bolsonaro y Donald Trump, Brasil se convirtió en el segundo país latinoamericano y en el decimoctavo del mundo en ser aliado extra-OTAN. Así, el país sudamericano tendría un fácil acceso al armamento estadounidense.

Cabe destacar que el fortalecimiento de las relaciones con estos países, dota tanto a Estados Unidos como a la OTAN de ciertas ventajas en el ámbito militar, y es que Argentina, Brasil y Colombia cuentan con una gran cantidad de personal militar activo. Así, aunque sea poco probable que estos países participen activamente en alguna guerra, tienen más de medio millón de activos. Además, el gobierno de Estados Unidos y la propia OTAN poseen una gran cantidad de bases militares

---

9 REFICCO, E., *op. cit.*, p. 80-81.

10 Todavía en ese año las relaciones entre Argentina y el Reino Unido eran tensas debido a la disputa por el territorio de la Isla de las Malvinas, que había incluso derivado en el enfrentamiento bélico unos años antes (1982).

en la región. De ese modo, estos acuerdos pueden llevar a la formalización de algunas de sus bases[11].

Por otro lado, Chile realizó cambios en sus políticas internas con lineamientos de la OTAN, aunque nunca se ha producido un acercamiento directo que tuviera como fin ser miembro de la Organización[12]. Sin embargo, desde abril del 2000, debido al Acuerdo de Aceptación de Chile, el país austral se sitúa como País No OTAN nivel 1[13].

En el caso de Colombia, después de convertirse en 2017 en socio global de la Alianza, también se consolidó en 2022 como aliado extra-OTAN de Estados Unidos. El acuerdo entre ambos países se materializó luego una de reunión entre los presidentes Iván Duque y Joe Biden, y se quiso resaltar que las relaciones bilaterales entre ambos países irían más allá del ámbito militar. De hecho, se definieron ocho temas clave en los que se trabajaría conjuntamente: desarrollo económico, educación, desarrollo cultural, seguridad y defensa, democracia, migración, cambio climático y la Covid-19[14]. Así, con las recientes incorporaciones de Colombia y Catar como aliados extra-OTAN, ya son 17 los Estados en el mundo que poseen ese estatus.

---

11 BITAR, S. E. *US military bases, quasi-bases, and domestic politics in Latin America.* New York, Palgrave Macmillan, 2016.

12 MOLINA, T. "OTAN Cumple 70 años: La influencia de la organización en el sistema de defensa chileno". *Emol,* 2019.

13 Los países que pertenecen al grupo No OTAN Nivel 1 poseen ciertas ventajas, tales como participar de forma limitada en las sesiones del Comité Aliado OTAN 135 sobre Catalogación o consultar el Catálogo Maestro de Referencias para la Logística de la OTAN (NMCRL).

14 "Estatus de Colombia como aliado estratégico no miembro de la OTAN de EE.UU. no sólo significa una alianza para temas militares": Vicepresidenta-Canciller, https://www.cancilleria.gov.co/newsroom/news/estatus-colombia-aliado-estrategico-no-miembro-otan-eeuu-no-solo-significa-alianza

Al fin y al cabo, estas alianzas extra-OTAN son parte de las políticas estadounidenses en el hemisferio sur. No obstante, parece que no han resultado de gran relevancia ni para los países de la región ni tampoco para Estados Unidos[15]. Es más, el país mantiene la estrategia de tener cierta hegemonía en la región latinoamericana, aunque el distanciamiento parece cada vez mayor.

En otro orden de las cosas, haciendo hincapié en los socios globales de la Alianza, es preciso tener en cuenta que, aunque este estatuto sea el de mayor cooperación que mantenga la OTAN, los países que tienen la susodicha denominación no son miembros de la Alianza. Según la Organización[16], hoy en día, la OTAN cuenta con los siguientes socios globales: Afganistán (aunque actualmente se ha suspendido la cooperación y apoyo al país debido al regreso de los Talibanes al poder), Australia, Colombia, Irak, Japón, República de Corea, Mongolia, Nueva Zelanda y Pakistán. Cabe señalar que un socio global de la OTAN es aquel que, aunque no forme parte de las estructuras de cooperación de la Alianza, contribuye en las operaciones y misiones de la Organización, ya sea militarmente o de alguna otra manera. Normalmente, esa cooperación se realiza en base a un programa individual, en el cual se desarrollan las áreas de interés mutuo, incluyendo también los desafíos de seguridad emergentes. De esta manera, cada socio global negocia su propia cooperación con la Alianza.

Por lo tanto, la OTAN se compromete a trabajar con sus socios globales, ya que estos comparten valores e intereses. Mediante estas asociaciones, la Alianza Atlántica tiene como objetivo reforzar el diálogo político y la interoperabilidad con los

---

15 PICAZO, M. V. "Argentina-EEUU: Balance de la Alianza Extra-OTAN". *II Congreso en Relaciones Internacionales del IRI, 12 y 12 de noviembre de 2004.* Buenos Aires, Universidad Nacional de La Plata, 2004, pp. 30.

16 "NATO Partners", https://www.nato.int/cps/en/natohq/51288.htm

ejércitos de sus socios, para así tener la posibilidad de contar con su ayuda en cualquier ocasión. De esta manera, algunos de los mencionados países contribuyen en las operaciones que dirige la OTAN, en algunos casos llegando a aportar contingentes.

Al fin y al cabo, la OTAN quiere seguir creciendo a lo largo del mundo y, para ello, crea diferentes estructuras. Sin embargo, es preciso recordar que, los socios con los que cuenta la OTAN a lo largo del mundo, no adquieren el estatus de miembro, pero sí, como hemos visto, tiene ciertos privilegios para cooperar con ella.

3. LA GUERRA DE COREA COMO ANTECEDENTE DE LAS RELACIONES ENTRE COLOMBIA Y ESTADOS UNIDOS

Las relaciones entre Estados Unidos y Colombia comenzaron hace doscientos años. Sin embargo, la colaboración militar entre los dos países del continente americano no se materializó hasta la guerra de Corea[17].

La guerra de Corea comenzó el 25 de junio de 1950, y enfrentó a la República de Corea -Corea del Sur- y a la República Popular Democrática de Corea -Corea del Norte-. Durante este conflicto, mientras Estados Unidos dio su apoyo total a Corea del Sur, tanto la Unión Soviética como la República Popular China defendieron a Corea del Norte. No obstante, más allá de los apoyos clásicos del momento, esta guerra fue uno de los

---

17 Cuando terminó la Segunda Guerra Mundial, las dos potencias del momento decidieron dividir en dos el país. De esta manera, se trazó el paralelo 38 y Estados Unidos se encargó de gestionar el Sur y la Unión Soviética el Norte. Las tensiones entre los dos nuevos Estados dieron pie a uno de los primeros grandes conflictos de la Guerra Fría, siendo una de las primeras "guerras satélite".

conflictos que contó con la participación de más países extranjeros. Entre ellos se encontraba Colombia[18], puesto que el país, en un intento de acercarse a Estados Unidos, decidió brindar apoyo a Corea del Sur.

Durante la Guerra Fría, Estados Unidos buscó durante la Guerra Fría una y otra vez la participación latinoamericana en sus conflictos, puesto que de esa manera reduciría sus costos y bajas y, además, lograría un verdadero alcance internacional en sus conflictos[19]. En cambio, la participación de Colombia en la guerra es, sin duda, un hecho que puede llegar a ser difícil de explicar[20], ya que se encuentra extremadamente lejos geográficamente hablando. No obstante, Colombia se convirtió en el único país latinoamericano que participó directamente con Estados Unidos en un conflicto de esas magnitudes.

El 27 de junio de 1950, Dag Hjalmar Agne Carl Hammarskjöld, secretario general de la Organización de las Naciones Unidas, pidió a los miembros de la Organización su participación mediante ayuda militar en la Guerra de Corea. Colombia respondió mostrando todo su apoyo y, al de unos meses, el gobierno conservador de Laureano Gómez (1950-1951) hizo efectiva la ayuda solicitada[21].

Juan David Meléndez defiende que la entrada de Colombia en la guerra fue consecuencia de sus buenas relaciones

---

18 MELÉNDEZ CAMARGO, J. D. "Colombia y su participación en la Guerra de Corea: Una reflexión tras 64 años de iniciado el conflicto". *Historia y memoria,* (10), 2015, pp. 201.

19 ATEHORTÚA CRUZ, A. L. "Colombia en la guerra de Corea". *Folios,* 2008, (27), pp. 64.

20 RODRÍGUEZ, S. M. "Contribución Latinoamericana en Operaciones Multinacionales: El Caso de la Participación Colombiana en la Guerra de Corea (1950-1954)". *Security and Defense Studies Review.* Vol 5. No. 3. 2006, pp. 417-441.

21 Ibidem, pp. 426.

con Estados Unidos. Así, Meléndez enumera las causas de la mencionada sintonía entre los dos países[22]. Por un lado, destaca la importancia de la "subordinación activa" que aplicaba el gobierno liberal colombiano por aquel entonces. Por otro lado, nos recuerda que el que fuera presidente de Colombia Alberto Lleras Camargo volvió a ser elegido como líder continental del sistema panamericano. Otro de los puntos importantes que destaca son el ingreso en las Naciones Unidas de Colombia, la firma del Tratado Internacional de Asistencia Recíproca y el nacimiento de la Organización de los Estados Americanos (OEA)[23].

De esta manera, es posible concluir que, aunque las relaciones entre Colombia y Estados Unidos se habían visto afectadas durante lo ocurrido en Panamá en 1903[24], la influencia del país norteamericano en Colombia volvía a coger fuerza. Así, ambos estados recuperaban unas relaciones que, más que en el ámbito militar, se afianzaban en el ámbito político. La potencia no dejó escapar la oportunidad que se le presentó, puesto que su política exterior nunca ha dejado de lado su voluntad de incidir en la región. Por lo tanto, durante la guerra de Corea emergieron unas relaciones que tendrán su punto más álgido en el siglo XXI a través de la OTAN.

---

22 MELÉNDEZ CAMARGO, J. D. op. cit., pp. 207.

23 Colombia ha tenido un papel muy activo en la OEA desde sus inicios. El país fue uno de los Estados fundadores y, además, estos se reunieron en su capital para la firma de la "Carta de la Organización de los Estados Americanos".

24 El 3 de noviembre de 1903, nacía la República de Panamá después de la Guerra de los Mil Días y la intervención de los Estados Unidos. De esta manera, Panamá se separaba oficialmente de la República de Colombia.

4. LA ESTRECHA COLABORACIÓN ENTRE COLOMBIA Y LA OTAN EN EL SIGLO XXI

Como se ha venido mencionando, Colombia se convirtió en el primer país Latinoamericano en ser socio global de la OTAN. Sin embargo, es preciso destacar que, durante estas últimas décadas, antes de llegar a convertirse en máximo colaborador de la Alianza –sin tener el status de miembro-, el país caribeño ha tenido que trabajar sus relaciones, sobre todo, con Estados Unidos. En consecuencia, mediante diferentes proyectos de cooperación y colaboración, Colombia es hoy uno de los socios globales de la Alianza.

Los acercamientos de Colombia a Estados Unidos volvieron a pasar por un buen momento en el año 1999, en el que se adoptó el Plan para la Paz y el Fortalecimiento del Estado, más conocido como Plan Colombia. Mediante dicho Plan, por un lado, Estados Unidos tenía como objetivo ayudar al país a través de sus fuerzas militares, y, por el otro, Europa, el FMI y el Banco Mundial intervendrían en el país latinoamericano instaurando programas sociales y económicos[25]. De esta manera, el gobierno de Andrés Pastrana (1998-2002) efectuó una importante aproximación a la Alianza. Gracias a esa aproximación, la Alianza ingresaría una cuantía grande de dinero para hacer frente a la situación social y económica que vivía el Estado[26] y continuó fortaleciendo sus relaciones con Estados Unidos. En 2006, después de que varios gobiernos de izquierdas accedieron al poder en la región, Álvaro Uribe contempló la posibilidad de que el país que gobernaba entrase en la Alianza. En cambio, eso no ocurrió.

---

25 CHOMSKY, N., “Plan Colombia”. *Innovar*, 2000, (16), pp. 9-10.

26 TOKATLIAN, J. G., “El plan Colombia: ¿un modelo de intervención?”. *Revista CIDOB d’afers internacionals, 179*, 2001, pp. 210-212.

En el año 2013, un año después del inicio de las conversaciones para el acuerdo de paz en Colombia, Juan Manuel Santos firmó en Bruselas un acuerdo de intercambio en el área de Cooperación y Seguridad de la Información, un acuerdo que se materializaría como ley el 8 de septiembre de 2014[27]. Como consecuencia de eso, Colombia comenzó a entablar diálogo y cooperación con la Alianza y, además, se convirtió en el primer país de América Latina en firmar un acuerdo directo con la OTAN. No obstante, el acuerdo no otorgó el rango de socio a Colombia, ya que solamente establecía formas de cooperación para intereses comunes. Dicha acción, sin embargo, incomodó a los países de la región, especialmente a aquellos que son miembros de la Alianza Bolivariana para los Pueblos de Nuestra América – Tratado de Comercio de los Pueblos (ALBA-TCP), es decir, aquellos Estados gobernados por partidos de izquierda o centroizquierda[28]. De hecho, años atrás uno de los fundadores del ALBA-TCP, Hugo Chávez, llegó a proponer la creación de la Organización del Tratado del Atlántico Sur (OTAS), esto es, una "OTAN sudamericana"[29].

A pesar de la oposición de los países de su región, desde ese mismo año, el Ministerio de Defensa colombiano ha sido partícipe del programa *Building Integrity*[30]. Este programa alega que las instituciones de defensa deben ser transparentes y responsables y que, además, deben estar bajo el control democrático, puesto que solo así se encontrará la estabilidad tanto en la zona

---

27 Ley 1734 de 2014, República de Colombia.

28 MALAMUD, C. Y GARCÍA, C., "Colombia, la OTAN y las alarmas que suenan en América Latina". *Real Instituto Elcano: Comentario Elcano. 40,* 2013.

29 GRATIUS, S., "¿Hacia una OTAN sudamericana? Brasil y un Consejo de Defensa Sudamericano". *FRIDE (Fundación para las Relaciones Internaciones y el Diálogo Exterior), 17,* 2008, pp. 5.

30 "Relations with Colombia", https://www.nato.int/cps/en/natohq/topics_143936.htm

euroatlántica como fuera de ella. Por lo tanto, el programa trabaja para apoyar a la OTAN como organización y a sus países aliados y socios, con el propósito de promover una buena gobernanza y aplicar los principios de integridad, transparencia y responsabilidad en el ámbito de la defensa y de la seguridad[31].

Sin embargo, en el año 2015, la Corte Constitucional de Colombia sentenció que el acuerdo firmado dos años antes era inexequible. La razón que alegó la Corte fue la existencia de ciertos vicios en el procedimiento, los cuales se produjeron a la hora de ser aprobado en el Congreso de Colombia[32]. Por consiguiente, el acuerdo dejó de ser efectivo. No obstante, pese al rechazo que suscitó dicho acuerdo en la región y las trabas impuestas por la Corte Constitucional, Colombia decidió seguir manteniendo relaciones estrechas con la Alianza. Muestra de ello son las misiones contra la piratería que suscribió en el año 2016. De esta manera, el país andino reforzó su papel estratégico tanto en la asistencia como en la lucha contra el narcotráfico y el terrorismo. Además, estas misiones significaron la manera de seguir acercándose a la OTAN[33].

Las mencionadas misiones contra la piratería se enmarcaron en la operación conocida como *Ocean Shield*[34]. Entre el

---

31 "Building integrity", https://www.nato.int/cps/en/natohq/topics_68368.htm

32 GARAY, C., CUBIDES, J., RONDÓN, F. "La OTAN y Colombia: deberes y derechos en el marco de la interoperabilidad". En F. E. FARFÁN, N. M. REY, J. JIMÉNEZ (eds.) *Colombia y la Organización del Tratado del Atlántico Norte: Aproximaciones de análisis desde la academia.* 2019, pp. 28. Escuela Superior de Guerra de Colombia.

33 NIÑO, C. "Exportación de conocimiento: Colombia como proveedor de seguridad para la lucha contra el terrorismo y el crimen internacional". *Via Inveniendi et Iudicandi, 11,* 2016, pp. 101.

34 PARDO, P. R., y PULGAR, N. A. "La piratería marítima tras las operaciones Ocean Shield y Atalanta. Una caracterización entre los años 2012 y 2019". *bie3: Boletín IEEE,* (22), 2021, pp. 962-981.

2008 y el 2016, la Alianza ayudó a disuadir y desbaratar la actividad de piratería frente al Cuerno de África, el Golfo de Adén y el Océano Índico. Colombia participó en estas actividades enviando un buque a la zona[35], y, de esta forma, el país participó activamente por primera vez en una misión de la OTAN.

A finales de ese mismo año, se iniciaron conversaciones entre Colombia y la Alianza para desarrollar un Programa Individual de Asociación y Cooperación (IPCO por sus siglas en inglés) con el fin de establecer áreas prioritarias de diálogo y cooperación. En cambio, no fue hasta 2017 cuando se acordó el primer Programa Individual, que fue renovado dos años más tarde. Por lo tanto, en 2017, unos meses después de firmar la paz con las Fuerzas Armadas Revolucionarias de Colombia – Ejército del Pueblo (FARC-EP), Colombia se convirtió en uno de los socios en todo el mundo de la OTAN, es decir, entró en el grupo de los socios de la Alianza[36], algo que, según el presidente Santos, iba a traer grandes beneficios al país.

De esta manera, en la era postconflicto colombiano, la nación americana contaría con el apoyo de la Alianza para desarrollar sus fuerzas armadas. No obstante, la formalización de su estatus como socio global de la OTAN no se efectuó hasta mayo de 2018, cuando los ahora expresidentes colombianos Juan Manuel Santos e Iván Duque viajaron Bruselas y se reunieron con el secretario general de la OTAN Jens Stoltenberg. Desde entonces, el gobierno de Iván Duque mantuvo varios acercamientos con la Alianza, consolidando así su condición como socio global también.

---

35 "Ocean Shield", https://www.nato.int/cps/en/natolive/topics_48815.htm

36 DE MIGUEL, J. "La OTAN y Latinoamérica". *Instituto de Investigaciones Estratégicas de la Armada de México*, 2017, pp. 2.

El país caribeño, como socio global de la Organización, estableció ciertas áreas de preferencia a la hora de definir su cooperación con la Organización. Entre esas áreas, se encontraban la ciberseguridad, la lucha contra el terrorismo, la seguridad humana y marítima y el fortalecimiento de las fuerzas armadas del país. Así, el gobierno de Duque pretendía mantener unas relaciones fluidas con la Alianza.

En 2019, el gobierno de Duque firmó un segundo Programa de Asociación y Cooperación Individual. Dicha firma fue clave para formalizar el reconocimiento de Colombia como socio global de la Alianza. A raíz de este Programa se establecieron las áreas prioritarias para el diálogo y la cooperación[37]. Asimismo, ese mismo año Colombia, gracias a su larga experiencia en las áreas de desminado, lucha contra los artefactos explosivos, contrainsurgencia y antinarcóticos, se unió a la red de Centros de Capacitación y Educación de la Alianza (PTEC) mediante su Centro Internacional de Desminado (CIDES). Debido a lo mencionado, hoy en día el CIDES ayuda al personal de otros socios de la OTAN a su educación y capacitación en el área del desminado humanitario y militar[38].

En enero de 2021, se continuó avanzando en las relaciones. Por un lado, entró en vigencia el acuerdo firmado sobre cooperación y seguridad de la información. Y, por otro lado, Adriana Mejía, Viceministra de Relaciones Exteriores para Asuntos Multilaterales del país, Jairo García Guerrero, Viceministro para la Estrategia y la Planeación, y diversos representantes de

---

37 "Relations with Colombia", https://www.nato.int/cps/en/natohq/topics_143936.htm

38 "CIDES de Colombia", https://www.ciedcoe.org/index.php/news/articles/old-articles/129-colombian-cides

la Alianza optaron por ampliar la cooperación bilateral en diferentes temas, siendo la interoperabilidad el más destacado[39].

A pesar de todo lo mencionado, el nuevo rumbo del país puede condicionar las relaciones futuras: desde el 7 de agosto de 2022, el exguerrillero del M-19 Gustavo Petro es el presidente del país caribeño. Sin duda, el futuro sobre la continuidad de las relaciones entre el país y la OTAN es incierto. El presidente ha criticado duramente a la Alianza, e incluso realizó la siguiente pregunta en el pleno de las Naciones Unidas: "¿Para qué sirven la OTAN y los imperios, si lo que viene es el fin de la inteligencia?"[40]. Asimismo, ha dejado claro que ellos pertenecen al Caribe y al Pacífico, es decir, no al Atlántico Norte.

De hecho, Petro ha establecido puentes con el gobierno venezolano de Nicolás Maduro e incluso ha anunciado la reapertura de sus fronteras. No obstante, el presidente ha mantenido una relación fluida con el gobierno estadounidense.

5. CONCLUSIONES

Pese a la desaparición del Pacto de Varsovia, la OTAN, lejos de desdibujarse, ha decidido seguir ampliando su territorio. La expansión de la Alianza se ha dado en unas magnitudes no previstas. Tanto es así que países que formaban parte del Pacto e incluso de la propia Unión Soviética, son hoy en día miembros plenos de la Organización. Además, debido a que la OTAN ha visto que los desafíos de hoy en día son a escala mundial, es decir, parecen no estar definidos ya por la geografía, ha optado por crear socios globales. Así, la Alianza coopera

---

39 "Relations with Colombia", https://www.nato.int/cps/en/natohq/topics_143936.htm

40 Gustavo Petro, septiembre de 2022. Intervención en el pleno de las Naciones Unidas.

con estos países a través de programas individuales y, de igual modo, trabajan conjuntamente en una variedad de desafíos.

En el caso de Colombia, el comienzo de las relaciones militares entre el país caribeño y Estados Unidos comenzaron en la guerra de Corea. Estas relaciones, sin duda, se han intensificado durante el siglo XXI, un siglo en el que Colombia ha apostado por mantener ambiciosas metas en materia de diplomacia de seguridad y defensa. En efecto, el país se ha convertido en socio global de la OTAN en 2017 y extra-OTAN de Estados Unidos en 2022. De esta manera, la OTAN puso un pie en América Latina y, como consecuencia, este acercamiento ha supuesto que Colombia tenga que asumir ciertos principios ideológicos alineados con los pensamientos de Occidente.

Para concluir, es preciso mencionar que el acuerdo entre la OTAN y Colombia ha sido duramente criticado y cuestionado por los gobiernos de izquierda de la región y que, Colombia, en estos momentos, por primera vez en su historia, está gobernada por un gobierno de izquierda. No obstante, aunque el presidente actual se ha mostrado muy crítico con la Alianza, no ha llegado a afirmar que retirará a su país de la misma.

PARTE 3

RETOS FUTUROS: IMPLICACIONES DE LA GUERRA EN UCRANIA PARA LA POLÍTICA INTERNACIONAL DE SEGURIDAD Y DEFENSA Y PARA LA ALIANZA ATLÁNTICA

Capítulo 11

Ucrania: consecuencias de una guerra sistémica en el vínculo estratégico transatlántico

RAFAEL CALDUCH CERVERA*

En memoria del Dr. Modesto Seara Vázquez

1. INTRODUCCIÓN

A lo largo de este capítulo abordaré, en primer lugar, la formulación teórica y los elementos esenciales del término *guerra sistémica*, a partir del propio concepto de sistema internacional, aceptado por una parte significativa de la doctrina internacionalista.

A continuación, argumentaré por qué la guerra desencadenada por la invasión rusa de Ucrania es una guerra sistémica, a diferencia de otros muchos conflictos bélicos internacionales acecidos en las últimas décadas.

Por último, analizaré algunos de los principales efectos que, en tanto que guerra sistémica, está provocando en el vínculo estratégico transatlántico como uno de los subsistemas internacionales esenciales que forman parte del sistema internacional global.

---

* Catedrático de Derecho Internacional Público y Relaciones Internacionales. Universidad Complutense de Madrid (rafacald@ucm.es). Todas las páginas web de este estudio se han consultado por última vez el 25 de Noviembre de 2022.

2. LOS CONCEPTOS DE SISTEMA INTERNACIONAL Y GUERRA SISTÉMICA

El concepto de sistema internacional posee una larga trayectoria en la literatura internacionalista a partir de la formulación de la Teoría General de Sistemas por von Bertalanffy.[1] En efecto, en 1955 Charles Mclelland[2] ya señaló la importancia de la Teoría General de Sistemas para analizar la política internacional y dos años más tarde Morton Kaplan[3] formuló sus seis modelos sistémicos. Estas obras pioneras, abrieron la senda de un largo y no siempre riguroso debate doctrinal entre los internacionalistas sobre la naturaleza, composición, características, funciones y evolución del sistema internacional. Un debate que ha llegado hasta los más recientes estudios sobre el impacto de la globalización en el sistema internacional.[4]

---

1 Bertalanffy escribió «El sentido de la expresión algo mística "el todo es más que la suma de las partes" reside sencillamente en que las características constitutivas no son explicables a partir de características de partes aisladas. Así, las características del complejo, comparadas con las de los elementos, aparecen como "nuevas" o "emergentes". Sin embargo, si conocemos el total de las partes contenidas en un sistema y la relación que hay entre ellas, el comportamiento del sistema es derivable a partir del comportamiento de las partes. (...) Un sistema puede ser definido como un conjunto de elementos interrelacionados entre sí y con el medio circundante. Esto es expresable matemáticamente de varios modos.»
BERTALANFFY, L. von *Teoría General de los sistemas, México, 2ª ed., Fondo de Cultura Económica, 2006, pp. 84 y 308.*

2 McCLELLAND, Ch.A. *"Apllications of General Systems Theory in InternationalRelations". Main Currents in Modern Thought*; vol. 12, 1955; págs. 27-34

3 KAPLAN, M.A. *System and Process in International Politics.* Nueva York, 1957; John Wiley and sons

4 GREIG, J. M. "The End of Geography?: Globalization, Communications, and Culture in the International System" *Journal of Conflict Resolution*, vol. 46, 2002, nº 2; pp. 225-243

La cuestión que nos plantea la guerra en Ucrania es ¿en qué medida esta guerra, desencadenada por la invasión rusa, constituye un conflicto bélico que afectará decisivamente al sistema internacional actual o, por el contrario, sólo se trata de una contienda bélica que se desarrolla dentro de los parámetros de funcionamiento general del sistema.?

Para abordar esta cuestión concreta, previamente debemos establecer qué requisitos o características debe cumplir una guerra para que pueda ser considerada sistémica. Por la Teoría General, sabemos que la estabilidad dinámica de un sistema (homeostasis), se mantiene a pesar de los cambios que se producen entre sus elementos y las relaciones que mantienen entre sí, merced a la intervención compensatoria de los procesos de retroalimentación negativa. No obstante, cuando los cambios que experimenta el sistema no pueden ser compensados por los procesos de retroalimentación, debido a la acumulación progresiva de sus efectos a lo largo del tiempo, entonces se produce un cambio de sistema por morfogénesis.

Estas reflexiones generales sobre la dinámica de sistemas, nos permiten establecer que una guerra es sistémica porque es un efecto directo de la propia dinámica del sistema que la desencadena y porque sus efectos provocan una dinámica de realimentación positiva que terminará por provocar cambios decisivos e irreversibles en la auto-organización y funcionalidad del sistema y, en último extremo, un cambio del propio sistema. Las guerras sistémicas internacionales son también consideradas guerras generales por afectar al conjunto del orden internacional, ya sea este mundial o regional.[5]

---

[5] En la teoría marxista, las guerras son un efecto del sistema capitalista. Ya sea la guerra entre los estados capitalistas por el reparto del mercado mundial o la expresión de la inevitable lucha de clases, las guerras son una consecuencia sistémica del capitalismo que, al mismo tiempo, ocasionará la inevitable transición al estadio comunista.

En la actualidad, está cobrando cada vez más importancia la teoría que considera el origen de las guerras sistémicas como resultado de un conflicto sistémico de intereses estratégicos entre las potencias hegemónicas democráticas y continuistas, de una parte, y las potencias autocráticas y revisionistas, de otra, que se pretende resolver mediante el recurso a una violencia bélica que, lógicamente, provocará cambios en la distribución geopolítica del poder a escala mundial. [6]

Ejemplos de guerras sistémicas son las Guerras Púnicas, que determinaron el poder hegemónico del imperio romano en el sistema regional de la Antigüedad; la Guerra de los Treinta Años, que terminó consolidando el sistema westfaliano de estados; las Guerras Napoleónicas que forzaron la emergencia del Concierto Europeo de Grandes Potencias o las dos Guerras Mundiales que consolidaron la configuración de un sistema multipolar de alcance mundial en el siglo XX.

En cambio, para los autores de la corriente sistémica, como David Singer, Karl Deustch o Michael Haas, las guerras sistémicas son una de las formas de conflictividad sistémica y están asociadas al impacto que los cambios en la distribución del poder internacional (polaridad) tiene sobre la estabilidad del sistema.

MESA, R. "Concepciones marxistas del orden internacional". *Relaciones Internacionales*; nº 17, 1977; págs. 5-39.

CALDUCH, R. "Las relaciones internacionales en la obra de los dirigentes soviéticos: Una reflexión teórica". *Revista de Estudios Internacionales, vol. 2, 1981, nº 3, pp. 543-597.*

DEUSTCH, K.W.; SINGER, J.D. "Multipolar Power Systems and International Stability". *World Politics*; vol. XVI,1964; pp. 390-406

HAAS, M. "International Subsystems: Stability and Polarity". *American Political Science Review*; vol. LXIV, 1970; págs. 98-123

6 Sobre la teoría del enfrentamiento entre potencias continuistas o revisionistas sigue siendo de referencia la obra de GILPIN, R. *War and Change in World Politics.* New York. Cambridge University Press, 1981.

Desde esta consideración del concepto de guerra sistémica podemos formular la siguiente interrogante ¿cabe considerar la guerra provocada por la invasión rusa de Ucrania, una guerra sistémica? Y en caso de una respuesta positiva ¿qué cambios en el orden internacional general está provocando esta contienda bélica? y, también, ¿cómo tales cambios afectarán al vínculo estratégico transatlántico?

3. LA GUERRA DE UCRANIA COMO GUERRA SISTÉMICA

En primer lugar, la Guerra de Ucrania forma parte de un conflicto más general que enfrenta, desde el final de la bipolaridad y la disolución de la URSS, los intereses estratégicos de las *potencias reformistas*, con Estados Unidos y las potencias occidentales europeas (Reino Unido; Francia y Alemania) y asiáticas (Australia y Japón), de una parte, y las *potencias revisionistas* (Rusia; China y la India) de otra.

Las primeras pretenden realizar ajustes en el orden internacional para adaptarlo a las condiciones de un proceso de globalización creciente, dominado por una hiperconectividad que ha hecho irreversible la interdependencia compleja a escala mundial y que está reduciendo, drásticamente, las opciones de resolución de los conflictos de intereses mediante el recurso a la violencia. Las potencias revisionistas, en cambio, consideran que la hegemonía mundial de Estados Unidos y sus aliados impiden el desarrollo de sus intereses a escala global, intereses que sólo pueden garantizarse mediante una posición hegemónica que les está siendo hurtada en el orden mundial imperante en la actualidad. [7]

---

[7] MAZARR, M.J. *Understanding Competition. Great Power Rivalry in a Chanching International Order-Concepts and Theories.* RAND Corpora-

Esta confrontación de intereses estratégicos a escala mundial aparece ya reflejada en importantes documentos oficiales. La reciente National Security Strategy de Estados Unidos de 2022 afirma.

«The most pressing strategic challenge facing our vision is from powers that layer authoritarian governance with a revisionist foreign policy. It is their behavior that poses a challenge to international peace and stability—especially waging or preparing for wars of aggression, actively undermining the democratic political processes of other countries, leveraging technology and supply chains for coercion and repression, and exporting an illiberal model of international order. Many non-democracies join the world's democracies in forswearing these behaviors. Unfortunately, Russia and the People's Republic of China (PRC) do not».[8]

En otras palabras, la guerra en Ucrania constituye una consecuencia de la evolución de un conflicto sistémico o mundial que enfrenta a Rusia, junto con otras potencias revisionistas como China o la India, con Estados Unidos y las potencias occidentales europeas. Se trata, por tanto, de una guerra surgida originariamente como resultado de la propia evolución conflictiva entre los intereses estratégicos de las potencias hegemónicas del sistema internacional pero cuyos efectos ya están afectando a la totalidad de dicho sistema.

En segundo lugar, existe un inacabado debate sobre el origen o la causa de ese conflicto general de intereses hegemónicos.

---

tion, 2022. PEA 1404-1.
https://www.rand.org/pubs/perspectives/PEA1404-1.html
SCHWELLER, R. L. "Rising Powers and Revisionism in Emerging International Orders". *Valdai Papers,* 16 May 2015. https://valdaiclub.com/files/11391/
MEAD, W.R. "The Return of Geopolitics. The Revenge of the Revisionist Powers". *Foreign Affairs,* vol. 93, 2014, nº 3; pp. 69-79.

8 THE WHITE HOUSE *National Security Strategy.* October, 2022; p. 8

De una parte, en buena medida promovida por los dirigentes rusos, se hace referencia a la constante expansión de la OTAN, considerada un instrumento estratégico de Estados Unidos en el continente europeo, con la finalidad de socavar el espacio de seguridad de Rusia. Esta versión sobre la causa originaria de la creciente hostilidad rusa, que se ha utilizado para justificar la invasión militar de Ucrania, fue compartida nada más y nada menos que por George F. Kennan en un artículo publicado en 1997 en el periódico The New Yok Times con el título: "*A Fateful Error*" y en el que afirmaba literalmente:

> *"But something of the highest importance is at stake here. And perhaps it is not too late to advance a view that, I believe, is not only mine alone but is shared by a number of others with extensive and in most instances more recent experience in Russian matters. The view, bluntly stated, is that expanding NATO would be the most fateful error of American policy in the entire post-cold-war era".*[9]

Naturalmente, también existe un amplio número de analistas y políticos norteamericanos y europeos que sostienen que el argumento de la expansión de la OTAN es más una excusa para justificar la agresión rusa que su causa.[10]

Desde luego hay que reconocer que desde la primera ampliación de la OTAN, realizada tras el final de la Unión Soviética, que supuso la incorporación de la República Checa; Polonia y Hungría en 1999, hasta la pública oposición de Moscú a la decisión de incorporar Georgia y Ucrania que se pretendía realizar en el Consejo Atlántico de Bucarest (2-4

---

9 KENNAN, G. F. "A Fateful Error". *The New York Times*, 5 Febrero 1997.
https://www.nytimes.com/1997/02/05/opinion/a-fateful-error.html

10 NYE, J.S. "What Caused the Ukraine War?". *Project Syndicate*, 4 de Octubre de 2022
https://www.project-syndicate.org/commentary/what-caused-russia-ukraine-war-by-joseph-s-nye-2022-10

Abril de 2008), los dirigentes rusos no mostraron abiertamente su oposición a tales ampliaciones, ya que colaboraron económica, energética e, incluso, militarmente con los países aliados de la OTAN y con Estados Unidos, por ej. en la lucha contra el terrorismo yihadista y el DAESH.

Cabe, por tanto, preguntarse, si el período de cooperación rusa con las potencias occidentales respondió a una auténtica voluntad política de entendimiento y colaboración o si, por el contrario, sólo era una táctica dilatoria mientras se llevaba a cabo la recuperación económica y militar del país tras el colapso de la URSS. Al fin y al cabo, la táctica de la coexistencia pacífica formaba parte de la doctrina oficial político-estratégica de la Unión Soviética desde la época de Lenin y en ella se formaron profesional e ideológicamente los miembros de la actual elite militar-industrial rusa. [11]

En cualquier caso, la guerra en Georgia, la colaboración militar con el régimen sirio de Hafez al Assad y la anexión de Crimea junto con el apoyo a la insurrección del Donbas en 2014, constituyeron otros tantos ejemplos inequívocos del creciente intervencionismo militar de Rusia para defender sus intereses estratégicos. Un intervencionismo militar que, desde luego, las Administraciones de Bush y Obama, así como los dirigentes de las potencias europeas, no supieron evaluar correctamente.

Al mismo tiempo, la elite militar-industrial rusa tampoco supo valorar con rigor las sucesivas propuestas occidentales de colaboración estratégica, diplomática y económica que se le formularon, incluida su incorporación al Partnership for Peace de la OTAN, como parte de un proceso de entendimiento

---

[11] CALDUCH, R. "Las relaciones internacionales en la obra de los dirigentes soviéticos: Una reflexión teórica". *Revista de Estudios Internacionales, vol. 2, nº 3, 1981; pp.: 543597*

sistémico que permitiese la consolidación de un orden mundial multilateral, normativo y multidimensional que garantizase la gestión de la seguridad colectiva y el avance en el proceso de desarme nuclear.

Para los dirigentes del Kremlin, la contradictoria dinámica entre ampliaciones de la OTAN, propuestas de desarme y cooperación económica debía interpretarse bien en términos de una sofisticada estrategia de aislamiento internacional de Rusia, como requisito necesario para lograr su progresivo debilitamiento que permitiese, con posterioridad, excluirla del directorio mundial, o, alternativamente, como la evidencia de unas crecientes discrepancias entre Estados Unidos y sus aliados europeos a la hora de establecer sus intereses estratégicos comunes. En esta última interpretación, el Kremlin encontraba la explicación de la reducida eficacia de la alianza transatlántica, abriendo con ello una ventana de oportunidad para la restauración de la perdida hegemonía rusa como decisiva potencia mundial, tal y como lo había sido con anterioridad la Unión Soviética.

Cualquiera de estas percepciones del Kremlin ha contribuido a la grave y equivocada decisión política de invadir Ucrania y hacerlo con una estrategia bélica que se ha revelado, a las pocas semanas, ineficaz militarmente.

Sin duda, ambos errores, político y militar, se debieron, en buena medida, a importantes deficiencias de la inteligencia rusa para valorar adecuadamente dos variables decisivas en toda contienda bélica: a) las capacidades de defensa y resistencia del enemigo, en este caso de Ucrania y su Presidente Zelensky, y b) el compromiso de sus potenciales aliados, es decir la capacidad y voluntad de los dirigentes occidentales, bajo el liderazgo de Washington, de responder colectivamente a la agresión con todo tipo de medidas salvo el despliegue de tropas en territorio ucraniano.

La evolución de la guerra durante estos meses avala la creciente deriva hacia una guerra de desgaste, con escasa probabilidad de la derrota militar de alguno de los contendientes a corto o medio plazo. Sin duda, el apoyo que en materia de inteligencia (control del ciberespacio e inteligencia satelital) y logística, tanto militar como civil, que está recibiendo Ucrania de Estados Unidos, los países europeos y la propia Unión Europea, unido a las sanciones que están imponiendo a Rusia, constituyen dos factores decisivos para que Ucrania disponga, cada vez más, de la necesaria resistencia militar a largo plazo para no ser derrotada.

Los datos a este respecto son suficientemente clarificadores. Sólo la ayuda militar aprobada para el año fiscal 2022 por Estados Unidos, asciende a 23.000 millones de $USA, a ello hay que agregar los 2.300 millones de libras esterlinas del RU y los 3.100 millones aportados por la UE, lo que se aproxima al 50 % del presupuesto de defensa de Rusia de este año. [12]

No obstante, la capacidad militar de las FAS ucranianas, incluida la ayuda militar exterior, resulta insuficiente para lograr una victoria definitiva frente a Rusia, a la vista de los importantes recursos humanos que ha movilizado este país recientemente, unos 300.000 hombres, con vistas a una posible ofensiva de primavera-verano. A ello habría que agregar la apreciable destrucción de infraestructuras críticas para el abastecimiento

---

[12] CONGRESSIONAL RESEARCH SERVICE. *US Security Assistance to Ukraine. August 29, 2022. https://crsreports.congress.gov/product/pdf/IF/IF12040*
UK HOUSE OF COMMONS LIBRARY. Military Assistance to Ukraine since the Russian invasión. Research Briefing. 17 October 2022. https://researchbriefings.files.parliament.uk/documents/CBP-9477/CBP-9477.pdf
EUROPEAN COUNCIL. *EU response to Russia's invasion of Ukraine. 13 December 2022.* https://www.consilium.europa.eu/en/policies/eu-response-ukraine-invasion/

eléctrico y de agua potable de la población civil ucraniana que está realizando el ejército ruso, lo que está dificultando el funcionamiento de las capacidades productivas básicas de este país y las condiciones de vida en las grandes ciudades.

En cuanto a la probabilidad de una escalada al uso de armamento nuclear táctico ruso, reiteradamente advertida por el Kremlin, aunque ciertamente no es descartable completamente resulta ser muy escasa por dos razones fundamentales. En primer lugar, para que pudiese tener un impacto decisivo en la actual correlación de fuerzas militares convencionales, debería hacerse un uso numeroso y territorialmente extensivo, dada la amplitud del frente de batalla, ya que en caso contrario no cambiaría la dinámica estratégica de la guerra y, por tanto, sería un grave e irreversible error político. En segundo término, la respuesta de las potencias occidentales a dicha escalada resultaría absolutamente incierta para los dirigentes rusos y, en consecuencia, imposible de prevenir para tratar de minimizar sus efectos. Ello les introduciría en un escenario político nacional totalmente imprevisible y, por tanto, difícil de asumir.

En estas circunstancias, el peso de las sanciones internacionales contra Rusia se está convirtiendo en un factor estratégico decisivo a medio y largo plazo, para obligar a Moscú a buscar una solución negociada a la contienda bélica.

De momento, las sanciones están dificultando el abastecimiento de componentes electrónicos esenciales para el material de guerra ruso, incluidas las telecomunicaciones. Ello ya está repercutiendo en el abastecimiento logístico militar, al impedir la producción de armamento al mismo ritmo que se destruye en los campos de batalla. La adquisición de material militar a países como Irán o Corea del Norte, nos habla no sólo de las dificultades industriales rusas sino también de las resistencias de países como la India o China a involucrarse directamente con la causa rusa, por temor a las represalias internacionales.

En segundo término, el cambio de modelo energético que se está produciendo en los países europeos, incluida la reducción del abastecimiento del gas y el petróleo rusos iniciada hace más de una década, se ha acelerado y lo que es todavía más importante, será irreversible. Ello hará que la economía rusa, decisivamente dependiente de las exportaciones energéticas a Europa, sufra una apreciable caída de su PIB en los próximos años ya que la contracción exportadora de energía no podrá ser compensada a corto plazo por el mercado indio o chino por falta de infraestructuras de conexión energética (gaseoductos y oleoductos).

Por último, las sanciones internacionales están teniendo un impacto directo en el incremento de las tasas de inflación y, por tanto, en el deterioro de las condiciones de vida de los sectores de población más vulnerables y, también, en una inevitable reducción de la producción y el empleo. Esta realidad económica crítica, que ya estamos viviendo en nuestras economías occidentales, también está afectando lógicamente a la sociedad rusa, aunque el control de los medios de comunicación en ese país impida tener un conocimiento tan inmediato y detallado como en los países occidentales.

Según las estimaciones publicadas por el Banco Mundial, la caída del PIB de Rusia para 2022 se calcula que oscilará entre un 3,4 (FMI) y un 4,5% (BM); su tasa de inflación a finales de este año 2022 habrá alcanzado el entorno del 13,8 (FMI) y el 13,9% (BM) y una contracción del comercio exterior que oscilará entre el 5,6 para las importaciones y el 19,2% y el 15,9% para las exportaciones (FMI). Por último, el índice bursátil MOEX de Rusia cayó en su cotización desde los 3.646 puntos del 16 de Febrero de 2022 hasta los 2.166 del 21 de Noviembre de ese mismo año. [13]

---

13 EUROPEAN COUNCIL. *Infografic–Impact of sanctions on the Russia economy*, 19 December 2022. https://www.consilium.europa.eu/en/infographics/impact-sanctions-russian-economy/

A la luz de este somero análisis, podemos ya extraer algunas conclusiones sobre los efectos que la guerra de Ucrania está ya provocando a escala general del sistema internacional.

1º.- La distribución del poder geoestratégico mundial se está modificando en perjuicio de la posición hegemónica que ocupaba Rusia, al tiempo que refuerza la superioridad hegemónica norteamericana, coyunturalmente cuestionada tras el fiasco de la retirada de Afganistán. Sin duda, la reputación de Rusia como superpotencia militar convencional ha quedado seriamente en entredicho, mientras se han puesto en evidencia las decisivas capacidades norteamericanas, sobre todo en los dominios globales comunes del espacio exterior y el ciberespacio.

En esa redistribución del poder estratégico mundial todavía no están definidas las posiciones de China y la India, así como las de las tres potencias europeas (Francia; Reino Unido y Alemania) y, desde luego, parece que la Unión Europea y la OTAN, a pesar de los discursos y documentos oficiales, seguirán desempeñando una posición internacional decisivamente limitada por el imperativo de los intereses estratégicos nacionales de las grandes potencias.

2º).- La estructura del mercado energético mundial está cambiando de un modo acelerado e irreversible reduciendo el peso de algunos países productores, como Rusia, y mejorando el de otros como Estados Unidos o Noruega, al mismo tiempo que también modificará el mix energético de grandes potencias consumidoras como Alemania o el Reino Unido.

Un efecto a corto y medio plazo de este cambio del mercado energético es la aceleración del desarrollo científico y la innovación tecnológica asociados a dos nuevas fuentes de energía: la energía nuclear de fusión y el hidrógeno verde.

3º.- En la emergente configuración sistémica internacional, la combinación del poder económico y tecnológico está experimentando una revalorización en comparación con el poder militar. Como se ha demostrado con las sanciones internacionales y se viene comprobando por la realidad de China y la India, la hegemonía internacional mediante el ejercicio del poder económico y tecnológico puede llegar a ser tan importante y eficaz como la alcanzada mediante el recurso al poder militar, incluida su dimensión nuclear, y, desde luego, resulta mucho más tolerable política y socialmente.

Ello ya está provocando que buena parte de la rivalidad estratégica entre las grandes potencias mundiales se encuentre, cada vez más, condicionada por la competición económica y tecnológica entre ellas de acuerdo con una lógica de una creciente interdependencia compleja de carácter estructural que limita cada vez más la utilidad inmediata del uso de la fuerza.

4. EL VÍNCULO TRANSATLÁNTICO COMO PARTE NUCLEAR DEL SISTEMA INTERNACIONAL

¿Cómo está afectando el conflicto sistémico entre Estados Unidos y Rusia, en general, y la guerra de Ucrania, en particular, al vínculo transatlántico?

Para abordar esta cuestión primero hay que señalar que el vínculo transatlántico, forjado entre América del Norte y Europa occidental a raíz de la Segunda Guerra Mundial, posee dos dimensiones igualmente importantes, una estratégica y otra económica. No obstante, es comprensible que el peso de la bipolaridad con disuasión nuclear concediese, durante décadas, más atención y dedicación política a la dimensión estratégica.

En efecto, desde la formulación del sistema financiero internacional acordada en Bretton Woods y articulada en torno al patrón cambios oro hasta la actualidad, en la que el dólar y el euro constituyen conjuntamente más de un 80 % de las reservas mundiales, pasando por el Plan Marshall y la creación de la Comunidad Económica Europea, el área transatlántica se ha articulado en base al desarrollo de una creciente interdependencia económica entre América del Norte y Europa Occidental que, al mismo tiempo, constituía una parte esencial del conjunto de la economía mundial.

Análogamente, la alianza estratégica transatlántica, forjada durante la Segunda Guerra Mundial entre Estados Unidos, el Reino Unido y Francia, encontró su continuidad con el Tratado de Washington y la creación de la OTAN. Esta nueva organización aliancista articuló eficazmente la defensa de Europa Occidental, el Mediterráneo y el Atlántico Norte frente a la amenaza soviética, a partir de una acción militar conjunta entre Estados Unidos y los aliados europeos, que incluyó tanto las capacidades convencionales como nucleares, en una función primariamente disuasoria sin excluir, llegado el caso, la intervención militar directa. El vínculo estratégico transatlántico quedó así consolidado como una alianza defensiva institucionalizada que junto con el sistema de seguridad colectiva de Naciones Unidas configuraban el núcleo central, aunque no exclusivo, de la estructura de seguridad mundial. [14]

Resulta imprescindible subrayar que, desde el punto de vista funcional, el vínculo transatlántico, tanto en su dimensión estratégica como económica, estaba articulado sobre una lógica de complementariedad recíproca asimétrica entre Estados Unidos y las potencias europeas. Aunque se produjeron discrepancias estratégicas y conflictos económicos ocasionales, el vínculo transatlántico se mantuvo sólido y eficaz tanto a escala regional como en sus consecuencias mundiales durante más de cuatro décadas.

---

14 Para un estudio histórico del período de bipolaridad con disuasión nuclear sigue siendo de referencia la obra de: FONTAINE, A. *Historia de la Guerra Fría. 2 vols. Barcelona. Luis de Caralt, 1970.*

En efecto, en el terreno económico desde el Plan Marshall hasta finales de los '90 las economías de Europa occidental fueron el principal destino de los bienes, servicios e inversiones de Estados Unidos al mismo tiempo que la Comunidad Económica Europea pasaba a convertirse en el principal socio comercial y financiero de la economía norteamericana.

Militarmente, las tropas de Estados Unidos estacionadas en Europa constituían, junto con los propios efectivos militares europeos, la defensa convencional avanzada que Washington necesitaba frente al despliegue de las tropas soviéticas en Europa Central y Oriental y que se complementaba con las capacidades nucleares para dar credibilidad a la disuasión ante los dirigentes del Kremlin.

Hay que esperar al proceso de desarme nuclear iniciado entre Estados Unidos y la URSS, sucedido por la desaparición del Pacto de Varsovia y la propia Unión Soviética para apreciar un sustancial proceso de desarme entre las potencias europeas occidentales, animadas por un discurso político basado en el multilateralismo y la cooperación con Rusia como fundamento de una seguridad cooperativa continental que tan eficaz se había demostrado tanto en las relaciones franco-alemanas como en el área transatlántica.

A la luz de estas consideraciones, resultan cuestionables por incompletas las declaraciones del Alto Representante, Josep Borrell, en la Conferencia Anual de Embajadores de la Unión Europea del pasado 10 de Octubre de 2022, al afirmar:

> "*Let me try to summarise what is happening to us. Maybe I am wrong, but I want to discuss with you about it. I think that we Europeans are facing a situation in which we suffer the consequences of a process that has been lasting for years in which we have decoupled the sources of our prosperity from the sources of our security. This is a sentence to provide the headline, and I am taking that from Olivier Schmitt, who has been developing this thesis – I think–quite well.*

(…) So, our prosperity was based on China and Russia – energy and market. Clearly, today, we have to find new ways for energy from inside the European Union, as much as we can, because we should not change one dependency for another. The best energy is the one that you produce at home. That will produce a strong restructuring of our economy – that is for sure. People are not aware of that but the fact that Russia and China are no longer the ones that [they] were for our economic development will require a strong restructuring of our economy.

On the other hand, we delegated our security to the United States. While the cooperation with the Biden Administration is excellent, and the transatlantic relationship has never been as good as it is today – [including] our cooperation with the United States and my friend Tony [Anthony] Blinken [US Secretary of State]: we are in a fantastic relationship and cooperating a lot; who knows what will happen two years from now, or even in November? What would have happened if, instead of [Joe] Biden, it would have been [Donald] Trump or someone like him in the White House? What would have been the answer of the United States to the war in Ukraine? What would have been our answer in a different situation?

You–the United States–take care of our security. You–China and Russia – provided the basis of our prosperity. This is a world that is no longer there".[15]

En verdad ese es un mundo que nunca existió y cuya proclamación por una autoridad europea, que debería establecer la correcta orientación estratégica de la Unión, debería hacernos meditar sobre los riesgos de proclamar un discurso

---

15 HIGH REPRESENTATIVE JOSEP BORRELL. EU *Ambassadors Annual Conference 2022: Opening speech, Bruselas 10 de Octubre de 2022.* https://www.eeas.europa.eu/eeas/eu-ambassadors-annual-conference-2022-opening-speech-high-representative-josep-borrell_en

político erróneo. Durante más de medio siglo la prosperidad y la seguridad de los países de Europa Occidental han estado estrechamente asociadas a Estados Unidos, pero también es cierta la afirmación inversa. La relación transatlántica ha generado una interdependencia compleja entre ambas riberas que, aunque asimétrica, dista mucho de coincidir con la caricatura simplista esbozada por Borrell.

Todavía en la última década, Estados Unidos ha seguido siendo el segundo socio comercial en bienes de la UE y el primer origen y destino de los flujos de inversiones directas de la UE. En cuanto al abastecimiento energético, bastará con señalar que las importaciones energéticas de Rusia se redujeron en la última década (2011-2021) en un 14 % correspondiendo a una reducción del 35 al 25% de las importaciones de petróleo y un incremento del 30 al 38% de las importaciones de gas natural.

El proceso de cambio en las relaciones transatlánticas que se ha desarrollado durante las tres últimas décadas ha seguido un rumbo muy distinto al descrito por Borrell. La desaparición de la Unión Soviética junto con la quiebra definitiva del modelo económico de propiedad estatal y planificación centralizada, provocaron sendos procesos de cambio sistémico mundial en las dimensiones político-estratégica y económica respectivamente. Como es natural ello tuvo efectos inmediatos sobre el vínculo transatlántico, en la medida en que dicho vínculo constituía una parte central del sistema internacional surgido de la postguerra mundial.

La reunificación alemana, la implantación de la Unión Europea y las sucesivas ampliaciones hasta alcanzar los 28 miembros; la revisión estratégica de la OTAN y su ampliación a los países de Europa Central y Oriental, incluidas las repúblicas bálticas y la transformación institucional de la CSCE en la OSCE, todo ello acompañado de una progresiva reducción de las capacidades y presupuestos militares, fueron las respuestas políticas, estratégicas y económicas que se dieron por los países del vínculo transatlántico para hacer frente a la nueva realidad internacional.

Una consecuencia directa de la nueva visión estratégica adoptada por Estados Unidos y sus aliados europeos fue la modificación de la naturaleza aliancista de la OTAN sin alterar el Tratado de Washington. En efecto, en la formulación del nuevo concepto estratégico adoptada en el Consejo Atlántico de Roma del 8 de Noviembre de 1991, se incluye entre las principales funciones de la Alianza la gestión de crisis y prevención de conflictos junto con la defensa colectiva.[16]

Con ello, la organización pasó de ser la estructura orgánica de una alianza defensiva transatlántica a convertirse en una organización al servicio de una coalición de estados, destinada a gestionar no sólo la defensa de sus miembros frente a un ataque armado, sino también las medidas de seguridad colectiva, ya fuese regional o mundial. Ello implicaba que la OTAN no sólo intervendría en operaciones militares no incluidas en el art. 5 del Tratado de Washington, sino que también podrían desarrollar tales acciones armadas fuera del área regulada en el art. 6 de dicho Tratado.

Esta nueva realidad estratégica de la OTAN se vería nuevamente confirmada en la nueva formulación del Concepto Estratégico aprobado en el Consejo Atlántico de Washington el 24 de Abril de 1999. [17] La intervención militar de la OTAN, sin mandato expreso de Naciones Unidas, en la guerra de

---

16 NATO. *The Alliance's Strategic Concept agreed by the Heads of State and Government participating in the meeting of the North Atlantic Council.* 08 November 1991. https://www.nato.int/cps/en/natohq/official_texts_23847.htm?

17 *The Alliance's Strategic Concept Approved by the Heads of State and Government participating in the meeting of the North Atlantic Council in Washington D.C.* 24 April 1999. https://www.nato.int/cps/en/natohq/official_texts_27433.htm?mode=pressrelease

Kosovo en 1999 demostró, de un modo más contundente que cualquier argumento jurídico o político, la nueva naturaleza de la organización transatlántica.

En el marco general de este proceso de cambios en el sistema internacional debemos situar la evolución de las relaciones entre Estados Unidos y la Federación de Rusia desde un entendimiento político y una colaboración estratégica para llevar a cabo un importante desarme nuclear, durante la décadas los '90, hasta un escenario de abierta rivalidad hegemónica en Europa Oriental, el Cáucaso sur y Oriente Medio durante la última década.

A ello habría que agregar la nueva prioridad estratégica de Washington por sus intereses en el área Indo-pacífica ante la expansión económica de China y su creciente militarización del Mar de China meridional. [18] Este último cambio en la política exterior y de seguridad de Estados Unidos, ha provocado la postergación diplomática y militar del vínculo transatlántico en la agenda presidencial durante las últimas administraciones, poniendo en cuestión la utilidad y el futuro de la OTAN y planteando la paralela necesidad de articular una Política Común de Seguridad y Defensa estrictamente Europea que, sin embargo, todavía estamos muy lejos de alcanzar.

Semejante cambio de posición de Washington respecto del vínculo transatlántico se ha realizado a pesar de que los hechos demuestran que sus intereses nacionales, tanto económicos como diplomáticos y militares, siguen estando

---

[18] En la National Security Strategy de 2015 ya se afirmaba: "As we have done since World War II, the United States will continue to support the advance of security, development, and democracy in Asia and the Pacific." PRESIDENT OF THE USA. *National Security Strategy* (February 2015); p. 24. https://obamawhitehouse.archives.gov/sites/default/files/docs/2015_national_security_strategy_2.pdf

estrecha y decisivamente vinculados a las relaciones con sus socios europeos. En efecto, en 2021 el comercio transatlántico alcanzó 1,2 billones de euros, superando un 10% al del período previo a la pandemia. En cuanto a las inversiones, las realizadas por Estados Unidos en la UE alcanzaron una cuantía 4 veces superior a las realizadas por este país en el área de Asia-Pacífico. [19] Análogamente, del análisis de las relaciones entre los 34 principales contratistas de defensa de Estados Unidos y los 17 de la UE, excluida el Reino Unido, en 2017 se aprecia que la participación de los accionistas norteamericanos en las empresas europeas se situaba en una media ponderada del 4,8% mientras que los accionistas europeos controlaban entre el 0,1 % de Italia y el 1 % de Francia pasando por el 0,8 % de Alemania.[20]

La guerra en Ucrania ha enfrentado a los dirigentes políticos y militares de Washington con la realidad de tener que responder a Rusia con todo el alcance e intensidad de sus capacidades militares y económicas. Sin embargo, la principal contradicción de la respuesta militar norteamericana es que se está realizando con criterios exclusivos del interés nacional definido por Washington, eludiendo la coordinación con el resto de los aliados a través de las estructuras de la OTAN para dar una respuesta conjunta y única.

---

19 EUROPEAN COMMISSION. *EU trade relations with the United States. Facts, figures and latest developments.* https://policy.trade.ec.europa.eu/eu-trade-relationships-country-and-region/countries-and-regions/united-states_en

20 BELIN, J.; HARTLEY, K.; LEFEEZ, S.; LINNEKAMP, H.; LUNDMARK, M.; MASSON, H.; MAULNY, J-P.; UNGARO, A. R. *Defence Industrial Linksbetween EU and the US.* June, 2017; pp. 33-35. https://www.iris-france.org/wp-content/uploads/2017/09/Ares-20-Report-EU-DTIB-Sept-2017.pdf

Cabe interrogarse si en semejantes condiciones de unilateralismo norteamericano respecto del vínculo atlantista, la reciente ampliación de la organización con el ingreso de Suecia y Finlandia, lejos de fortalecerla terminará debilitándola al acentuar las discrepancias que ya existen entre los aliados y que Turquía ha puesto en evidencia en el propio proceso de ampliación. Como ya se ha podido constatar con las últimas ampliaciones, más aliados no significa necesariamente una defensa más sólida y disuasoria, al igual que también pudimos comprobar cómo más países integrados en la UE durante las últimas décadas, no han conducido a una integración más sólida y coherente.

5. EFECTOS DE LA GUERRA DE UCRANIA EN EL VÍNCULO ESTRATÉGICO TRANSATLÁNTICO

Esta última consideración resulta particularmente oportuna a raíz de las debilidades y contradicciones que imperan en la seguridad transatlántica y que en 2014 paralizaron la necesaria y contundente respuesta diplomática y militar que debió darse a la unilateral anexión rusa de Crimea. Ahora, la guerra en Ucrania ha vuelto a interpelar a las cancillerías aliadas poniendo de manifiesto una importante brecha en el seno mismo de la organización transatlántica en relación con la evaluación de las amenazas.

En efecto, si comparamos los dos documentos estratégicos internacionales formulados tras la agresión rusa a Ucrania: 1) Una brújula para la seguridad y la defensa de la UE, aprobada por el Consejo el 21 de Marzo de 2022 [21] y 2) el Concepto

---

[21] CONSEJO DE LA UNIÓN EUROPEA. *Una Brújula Estratégica para la Seguridad y la Defensa: Por una Unión Europea que proteja a sus ciudadanos, defienda sus valores e intereses y contribuya a la paz y la seguridad*

Estratégico 2022 de la OTAN, aprobado el 22 de Junio de 2022, [22] podemos apreciar inmediatamente una clara discrepancia en el catálogo de las amenazas formulado por la UE y la OTAN.

Para la Unión Europea, existe una distinción entre las amenazas y retos asociados a países, como Rusia o China, y/o regiones geopolíticas como los Balcanes Occidentales, el Mediterráneo Oriental; el Sahel o la región del Golfo, de una parte y las denominadas "*Amenazas y desafíos emergentes y transnacionales*" que son:

A) El terrorismo y el extremismo violento;

B) La proliferación de armas de destrucción masiva, con expresa referencia a Rusia y China;

C) Agentes estatales y no estatales utilizando estrategias híbridas, ciberataques, campañas de desinformación e injerencias;

D) La competencia estratégica y las dificultades de acceso libre y seguro al ciberespacio, el espacio ultraterrestre, el espacio marítimo y el espacio aéreo;

E) El cambio climático, la degradación del medio ambiente y las catástrofes naturales;

F) Las crisis sanitarias mundiales

En cambio, en el Concepto Estratégico de la OTAN las principales amenazas señaladas aparecen recogidas en el "*Entorno Estratégico*" y son:

---

internacionales. Bruselas 21 Marzo 2022. https://data.consilium.europa.eu/doc/document/ST-7371-2022-COR-1/es/pdf

22 NATO. *NATO 2022 Strategic Concept Adopted by Heads of State and Government at the NATO Summit in Madrid.* 29 June 2022. https://www.nato.int/nato_static_fl2014/assets/pdf/2022/6/pdf/290622-strategic-concept.pdf

A) Los actores autoritarios que compiten estratégicamente con los aliados y manipulan el ciberespacio y el espacio, desarrollan campañas de desinformación, manipulan los flujos migratorios, alteran el mercado energético, adoptan medidas de coerción económica y debilitan las instituciones multilaterales;

B) La Federación de Rusia

C) El terrorismo en todas sus formas

D) Los conflictos en África y Oriente Medio

E) El cambio climático

F) La República Popular China

G) Los ciberataques

H) La competición creciente en las tecnologías emergentes y las tecnologías disruptivas

I) La erosión de la arquitectura de control, desarme y no proliferación de armas de destrucción masiva

J) El cambio climático

Las diferencias entre ambos documentos no sólo ponen de manifiesto la distinta naturaleza, membrecía y funciones de ambas organizaciones, sino que también evidencian dos visiones geopolíticas y estratégicas distintas sobre la seguridad mundial y, especialmente, sobre la seguridad regional transatlántica. Ello está provocando inevitables tensiones políticas internas entre sus respectivos miembros, serias dificultades en los procesos de adopción de decisiones y discrepantes actuaciones en su proyección internacional.

La guerra de Ucrania ha aflorado la creciente brecha en el vínculo transatlántico surgida de las diferencias entre una OTAN, cada vez más limitada a unas actuaciones reactivas ante la guerra destinadas a evitar la extensión de la contienda a los países aliados, de una parte, y una Unión Europea, claramente proactiva en sus medidas tanto económicas como humanitarias, pero incapaz de movilizar una defensa de sus fronteras creíble y disuasoria ante la potencial amenaza de Rusia.

Entre las principales sanciones adoptadas por la UE en las 9 rondas realizadas por el Consejo Europeo desde el inicio de la contienda bélica, destacan:

1.- En comercio, sanciones a Rusia y países que la ayudan militarmente como Bielorrusia o Irán. Especial importancia posee la reducción de importaciones de gas y petróleo procedentes de Rusia junto con el establecimiento de un límite al precio de compra del petróleo.

2.- Medidas financieras que incluyen el bloqueo de los depósitos del Estado ruso y de las grandes empresas públicas rusas en bancos europeos y su posterior expropiación para hacer frente a los pagos por responsabilidad internacional por daños derivados de la guerra de Ucrania; el bloqueo de las cuentas de personas físicas y jurídicas rusas incluidas en las listas de sancionados y su expropiación para pagos por responsabilidad internacional por daños derivados de la guerra; la exclusión de los principales bancos rusos del sistema internacional de compensación electrónica interbancaria SWIFT (Society for World Interbank Financial Telecommunication) y, finalmente, importantes ayudas financieras y crediticias al Estado ucraniano para hacer frente a los costes civiles de reconstrucción y ayuda humanitaria durante la guerra y que en 2022 alcanzaron los 9.000 millones de € que se ampliarán hasta los 18.000 millones durante 2023.

3.- Entre las medidas relacionadas con el espacio Schengen y la ayuda humanitaria se encuentran la entrada y ayuda a millones de refugiados ucranianos mediante el sistema de recepción temporal; la implantación de importantes restricciones a la concesión de visados a ciudadanos rusos y el cierre del espacio aéreo europeo a la aviación militar y comercial rusa y, por último, la concesión de 523 millones de € para ayuda humanitaria a Ucrania y Moldova.

4.- En cuanto a la ayuda estratégica, la UE ha concedido durante 2022 unos 3.000 millones de € de ayuda militar directa junto con la aprobación, el 15 de Noviembre de 2022, la misión militar EUMAM UKRAINE (European Union Military Assistance Mission in support of Ukraine) por la que se dará entrenamiento militar avanzado a 15.000 soldados ucranianos así como la coordinación de entrega de material y equipamiento militar (munición; equipos de protección personal; etc.). [23]

Entre las dinámicas estratégicas de ambas organizaciones, claramente diferentes, se han situado las decisivas actuaciones unilaterales de los países de ambas orillas del Atlántico, empezando por Estados Unidos y siguiendo por el Reino Unido, Alemania y Francia, para concluir con la apreciable reacción de Polonia y los países bálticos.

En este marco general de cambios estructurales a escala sistémica, que la guerra de Ucrania ha potenciado, y que generan una creciente incertidumbre estratégica, existe todavía un preocupante déficit de reflexiones y análisis que aborden con rigor dos importantes cuestiones: ¿Hasta dónde Estados Unidos y las potencias occidentales europeas están dispuestas a extender y profundizar el conflicto sistémico con Rusia al amparo de la guerra de Ucrania? y ¿Qué papel pretenden atribuirle a Rusia en los nuevos escenarios geopolíticos mundial y europeo que surgirán tras el fin de esta guerra?

Nos corresponde a los internacionalistas investigar las consecuencias que se derivan de las distintas respuestas a estas cuestiones y otras de similar envergadura, para dar a conocer el curso de los acontecimientos y las implicaciones que,

---

[23] EUROPEAN COUNCIL. *EU sanctions against Russia explained* (16 December 2022). https://www.consilium.europa.eu/en/policies/sanctions/restrictive-measures-against-russia-over-ukraine/sanctions-against-russia-explained/

para los ciudadanos y los pueblos, tendrán las decisiones que adopten nuestros dirigentes políticos el día después del fin de la contienda.

Capítulo 12

La guerra de Ucrania, el Concepto Estratégico de 2022 y el giro defensivo de la OTAN

FERNANDO ARLETTAZ*

1. INTRODUCCIÓN

La Organización del Tratado del Atlántico Norte (OTAN) fue, durante toda la Guerra Fría, el pilar fundamental de la defensa colectiva del bloque occidental frente a la amenaza soviética. El final de la Guerra Fría pudo haber llevado a una paralela extinción de la Organización que, tras la disolución del bloque soviético, carecía de un adversario definido. Sin embargo, la Alianza Atlántica redefinió sus objetivos y encontró una nueva razón de ser en su contribución al mantenimiento de la seguridad internacional a través de acciones no defensivas. La intervención de la OTAN para hacer efectivas medidas adoptadas por el Consejo de Seguridad, su implicación en la lucha contra el terrorismo y en misiones humanitarias y hasta la (muy discutida) intervención humanitaria en Kosovo pusieron en práctica esta idea.

En febrero de 2022, Rusia invadió Ucrania. La magnitud de la intervención rusa, el nivel de destrucción ocasionado y el enorme flujo de refugiados generado hicieron pensar en un

---

* Profesor del Centro Universitario de la Defensa, Universidad de Zaragoza (arlettaz@unizar.es). Todas las páginas webs mencionadas en este estudio han sido consultadas el 20 de octubre de 2022.

salto cualitativo en el grado de injerencia en lo que Rusia entiende es su zona de influencia. Comprender los eventos ucranianos es indispensable para calibrar adecuadamente el papel de la Alianza Atlántica en este nuevo contexto. La hipótesis que aquí se presenta es que la OTAN ha vuelto a poner énfasis en su naturaleza de organización de defensa colectiva. La preocupación con la que los Estados miembros de la Alianza han abordado el nuevo escenario de guerra en el corazón de Europa lleva a pensar que, sin abandonar totalmente el rol de colaborador en el mantenimiento de la seguridad internacional que asumió a partir de 1991, la coalición se encaminará a fortalecer su dimensión de defensa colectiva potenciando su actividad disuasoria.

2. OTAN: DE LA DEFENSA COLECTIVA A LA SEGURIDAD COLECTIVA

El Tratado de Washington conformó una organización de defensa colectiva de los Estados occidentales frente al bloque comunista, percibido como naturalmente expansivo[1]. En el marco de este Tratado, la estrategia de la OTAN fue sufriendo importantes cambios a lo largo de sus setenta años de vida, reflejados en los sucesivos Conceptos Estratégicos.

La función primaria de la OTAN, tal como estaba plasmada en el primer Concepto Estratégico (1950) y en el segundo Concepto Estratégico (1952), era la de disuadir una posible agresión. Las fuerzas de la OTAN sólo entrarían en acción si

---

1 Sobre los aspectos históricos ver KAPLAN, L., *NATO 1948: The Origin of the Transatlantic Alliance,* Lanham, Rowman & Littlefield, 2007; SAYLE, T. A., *Enduring Alliance: A History of NATO and the Postwar Global* Order, Ithaca, Cornell University Press, 2019; y ARLETTAZ, F., *Introducción a los regímenes internacionales de seguridad y defensa,* Madrid, Ministerio de Defensa, 2021, cap. V.

esta función disuasoria fallaba y se producía un ataque. Ante la inferioridad militar en el plano convencional, se señalaba la necesidad de apoyarse en las fuerzas nucleares estadounidenses, una opción que se vería reforzada en los años siguientes. La opción nuclear resultó profundizada cuando el tercer Concepto Estratégico (1957) optó por la *doctrina de las represalias masivas (massive retaliation)*, que propiciaba en todo caso una respuesta nuclear frente a un posible ataque soviético[2].

Sin embargo, poco tiempo después de su aprobación, algunos aspectos del tercer Concepto fueron puestos en duda por el desarrollo de los eventos internacionales. La Unión Soviética había desarrollado su capacidad misilística intercontinental y, en general, su capacidad nuclear. La superioridad nuclear de la OTAN y la disuasión nuclear unilateral practicada hasta ese momento fueron reemplazadas por el *equilibrio del terror*. Por otra parte, la segunda crisis de Berlín (1958-1961) puso de manifiesto que la estrategia de las represalias masivas no cubría todos los posibles conflictos, ya que la Alianza no estaba dispuesta a desencadenar una guerra total en situaciones de alcance geográfico limitado como la de Berlín, al tiempo que la crisis de los misiles en Cuba (1962) hizo pensar en la posibilidad de que se desencadenara una guerra nuclear por un simple error.

Estos hechos anticiparon la necesidad de la futura *estrategia de respuesta flexible*. El cuarto Concepto Estratégico (1968), adoptado en pleno periodo de distensión, insistía en la idea de la disuasión, pero añadía la idca de la flexibilidad. El potencial

---

2 Sobre las primeras aproximaciones estratégicas de la OTAN ver WELLS, S. F., "The Origins of Massive Retaliation", *Political Science Quarterly*, vol. 96, 1981, núm. 1, pp. 31-52; WAMPLER, R. A., *Ambiguous Legacy: The United States, Great Britain and the Foundations of NATO Strategy (1948-1957)*, Cambridge, Harvard University Press, 1991; y HEUSER, B., "The Development of NATO's Nuclear Strategy", *Contemporary European History*, vol. 4, 1995, núm. 1, pp. 37-66.

agresor debía ser incapaz de predecir la respuesta de la Organización ante su agresión. En el cuarto Concepto Estratégico, a diferencia de lo que se había previsto en el tercero, la guerra nuclear total no era la única respuesta posible frente a un ataque; la respuesta al mismo nivel y la escalada en el plano convencional también se admitían como opciones[3].

La caída del muro de Berlín, la reunificación alemana y el proceso de transformación interna experimentado por la Unión Soviética a fines de la década del ochenta y comienzos de la década del noventa obligaron a repensar el rol de la Alianza Atlántica. El quinto Concepto Estratégico (1991), aunque mantuvo la función de defensa colectiva, añadió a la Organización un nuevo rol como colaboradora en el mantenimiento de la seguridad internacional. La nueva identidad atlántica se basó sobre un concepto amplio de seguridad, que incluyó no solamente las amenazas que podrían surgir de conflictos interestatales (por ejemplo, disputas territoriales), sino también los riesgos para la seguridad internacional provenientes de conflictos internos (de carácter socioeconómico o étnico), de crisis humanitarias provocadas por situaciones de catástrofe o del accionar internacional de actores no estatales como los grupos terroristas.

Estas nuevas amenazas abrían la posibilidad de intervenir en misiones que no fueran encuadrables en el art. 5 del Tratado de Washington. Estas misiones tendrían el carácter, por ejemplo, de gestión de crisis o de control de armamentos.

---

3 Sobre la estrategia de respuesta flexible ver LEGGE, M., *Theater Nuclear Weapons and the NATO Strategy of Flexible Response*, Santa Monica, RAND Corporation, 1983; HUNTINGTON, S. P., "Conventional Deterrence and Conventional Retaliation in Europe", *International Security*, vol. 8, 1983-1984, núm. 3, pp. 32-56; y FACER, R. L. L., *Conventional Forces and the NATO Strategy of Flexible Response: Issues and Approaches*, Santa Monica, RAND Corporation, 1985.

También podrían consistir en la lucha contra la proliferación de armas de destrucción masiva, la disrupción del flujo de recursos esenciales y las acciones de terrorismo o sabotaje. El interés en la seguridad internacional estuvo puesto primeramente en el espacio europeo y nor-atlántico. Pero poco a poco la Organización fue ampliando sus miras a otras regiones en las que consideraba que existía un potencial desestabilizador de la seguridad internacional: el área Mediterránea, Oriente Próximo o Asia.

El interés de la OTAN por el área de antigua influencia soviética se concretó en el desarrollo de asociaciones con sus antiguos adversarios a través del Consejo de Cooperación del Atlántico Norte, creado en 1994 y reemplazado en 1997 por el Consejo de Asociación Euroatlántico. Ese mismo año 1997 se adoptaron el Acta de relaciones mutuas, cooperación y seguridad entre la OTAN y Rusia y la Carta sobre la relación especial entre la OTAN y Ucrania. En una segunda etapa, varios de los antiguos adversarios se incorporaron a la propia Organización como miembros plenos.

La idea de la promoción de la seguridad en sentido amplio y la necesidad de continuar el desarrollo de las capacidades necesarias para sus misiones fueron los pilares del sexto Concepto Estratégico (1999). El documento hacía especial referencia a los nuevos riesgos surgidos tras el final de la Guerra Fría, como el terrorismo, los conflictos étnicos, las violaciones de derechos humanos, la inestabilidad política, la fragilidad económica y la proliferación de armas nucleares, químicas y biológicas. En lo relativo a la gestión de crisis, la Organización se comprometía a apoyar operaciones de mantenimiento de la paz bajo la autoridad de las Naciones Unidas o de la Organización para la Seguridad y la Cooperación en Europa (OSCE). En lo relativo al asociacionismo, el sexto Concepto Estratégico mantuvo la idea del diálogo y la cooperación con otros actores, en particular con los de la antigua órbita soviética[4].

El Concepto de 2010 organizó la actividad atlántica en tres pilares: defensa colectiva, gestión de crisis y seguridad cooperativa. Respecto de lo primero, no se señalaba a ningún país como adversario, pero sí se afirmaba que la defensa colectiva debía estar basada en las capacidades nucleares (cuya posibilidad de uso era, sin embargo, remota) y convencionales. En relación con la gestión de crisis, se reconocía la necesidad de crear capacidades civiles y políticas para trabajar en la prevención y gestión de conflictos. La seguridad cooperativa, finalmente, debía basarse en los mecanismos de asociación promovidos por la OTAN. Se reconocía que la Unión Europea era el principal socio de la Alianza Atlántica y se apostaba por la reciprocidad con Rusia para contribuir a la paz, la seguridad y la estabilidad.

Como ha quedado claro, tras el fin de la Guerra Fría, aunque su rol original no desapareció totalmente, la Organización superó largamente su naturaleza de régimen defensivo regional para convertirse en lo que se calificó como *Global NATO* en razón de la expansión de su ámbito geográfico de actuación y de la nueva amplitud del espectro de sus actividades[5]. Las principales intervenciones de la OTAN fueron evidentemente no defensivas (Bosnia, Kosovo, Iraq...); y la única invocación del art. 5 del Tratado de Washington provino del ataque terrorista

---

4 Ver FRANTZEN, H., *NATO and Peace Support Operations, 1991-1999: Policies and Doctrines*, Londres, Frank Cass, 2005.

5 DAALDER, I.; GOLDGEIER, J., "Global NATO", *Foreign Affairs*, vol. 85, 2006, núm. 5, pp. 105-113; MOWLE, T. S.; SACKO, D. H., "Global NATO: Bandwagoning in a Unipolar World", *Contemporary Security Policy*, vol. 28, 2007, núm. 3, pp. 597-618; y CAMPBELL, H., *Global NATO and the Catastrophic Failure in Libya*, Nueva York, Monthly Review, 2013.

del 11-S. La transformación de la OTAN no fue sólo el resultado automático de un cambio en el contexto internacional, sino también la consecuencia de la voluntad de constituir a la Organización en uno de los pilares del orden democrático y liberal post- Guerra Fría. El cambio de rol de la Alianza Atlántica produjo un cambio identitario. La OTAN buscó convertirse en el motor de la promoción de una visión del mundo basada en la democracia liberal exportable a los antiguos países de la órbita soviética, ahora convertidos en miembros de la Alianza, y (en menor medida, pero también) a países lejanos como Afganistán o Iraq. Este nuevo rol de la Alianza sirvió también para reforzar los lazos entre Estados Unidos y Europa. La apuesta parecía ser, pues, que Estados Unidos continuaría brindando seguridad a Europa a cambio de que ésta apoyara, a través de la OTAN, el reforzamiento de su posición rectora global y la exportación de la democracia[6].

3. UN GIRO DE GUION: LA INVASIÓN RUSA A UCRANIA

El 24 de febrero de 2022, Rusia invadió Ucrania. Tres días antes de la invasión, el gobierno ruso había reconocido como repúblicas independientes ciertas zonas de las regiones administrativas ucranianas de Donetsk y Luhansk, controladas de hecho por grupos separatistas, y había decidido enviar tropas a esas zonas. En justificación de sus acciones, Rusia alegó principalmente razones humanitarias. Según la versión del Ministerio de Asuntos Exteriores ruso, era necesario proteger a los civiles (incluidos los nacionales rusos que viven en esas regiones) frente al "régimen ucraniano" que,

---

6 CLARKE, M., "The Global NATO Debate", *Politique Étrangère*, vol. 5, 2009, pp. 57-67.

según Rusia, intentaba resolver la cuestión del Donbás por la vía de la fuerza. Desde esta perspectiva, los eventos del Euromaidán en 2013 habrían llevado al poder "con apoyo activo de Occidente" a un grupo de "nacionalistas radicales" que estarían persiguiendo la lengua rusa, glorificando el nazismo y volviendo a Ucrania contra Rusia[7].

Tras la independencia, la necesidad de llegar a un *divorcio civilizado* con Rusia (resolviendo cuestiones tan delicadas como el destino de las armas nucleares soviéticas y de la flota del mar Negro y el control sobre Sebastopol y Crimea) había llevado a Ucrania a buscar un equilibrio entre el acercamiento a Occidente y la cooperación con Moscú[8]. Sin embargo, las protestas contra el fraude electoral que desembocaron en la Revolución Naranja de 2004 abrieron una etapa de gobiernos proclives al acercamiento a Occidente[9]. Pero las dificultades de estos gobiernos para conseguir el bienestar de la población y luchar contra los problemas estructurales de corrupción volvieron a dar chances electorales a Viktor Yanukovich, quien regresó a la política del equilibrio entre Rusia y Occidente que había caracterizado los años inmediatamente posteriores a la independencia.

---

7 *Russian Foreign Ministry statement on recognising the independence of the Donetsk and Lugansk People's Republics,* Permanent Mission of the Russian Federation to the European Union, 22 de febrero de 2022, https://russiaeu.ru/en/news/russian-foreign-ministry-statement-recognising-independence-donetsk-and-lugansk-peoples.

8 WOLCZUK, R., *Ukraine's foreign and security policy 1991-2000,* Londres, Routledge, 2002; y D'ANIERI, P., *Ukraine and Russia: From Civilized Divorce to Uncivil War,* Cambridge, Cambridge University Press, 2019.

9 HAESEBROUCK, T. y TAGHON, S., "Russia's invasion in Ukraine: What Happened Before?", en HAESEBROUCK, T., TAGHON, S. y VAN COPPENOLLE, H., *The War in Ukraine,* Ghent, GIES-Ghent University, 2022, pp. 4-10.

Las presiones rusas que llevaron al rechazo del Acuerdo de Asociación con la Unión Europa desembocaron en las protestas populares del Euromaidán de 2013 y en la destitución de Yanukovich. Al año siguiente, Rusia anexó Crimea, en flagrante violación del Derecho Internacional[10], bajo el pretexto de un referéndum de autodeterminación. Casi simultáneamente, grupos separatistas con apoyo ruso iniciaron su ofensiva en la región del Donbás. La agresiva actitud rusa no fue frenada por las sanciones internacionales[11], ni por las acciones de la OSCE (impulsora principal de los Acuerdos de Minsk)[12] o las de la Unión Europea y la OTAN (con sus contribuciones al reforzamiento del sector de la seguridad en Ucrania)[13]. Las reiteradas reivindicaciones de las administraciones Poroshenko (durante la cual se firmó finalmente el Acuerdo de Asociación con la Unión Europea) y Zelensky sobre la soberanía ucraniana en Crimea, así como sus quejas por la intervención rusa en el Donbás, tampoco consiguieron frenar la asertividad rusa que llevó en 2022 a la invasión de Ucrania y la posterior anexión de Donetsk, Luhansk, Jersón y Zaporiyia.

---

10 GRANT, T., "Annexation of Crimea", *American Journal of International Law,* vol. 109, 2015, núm. 1, pp. 68-95; y GEISS, R., "Russia's Annexation of Crimea: The Mills of International Law Grind Slowly but They Do Grind", *International Law Studies. US Naval War College,* vol. 91, 2015, pp. 425-449.

11 ÅSLUND, A. y SNEGOVAYA, M., "The impact of western sanctions on Russia and how they can be made even more effective", *Atlantic Council,* Report, 2021.

12 ARLETTAZ, F., "¿Puede la OSCE (todavía) contribuir a la seguridad europea?", *Revista de Estudios en Seguridad Internacional,* vol. 8, 2022, núm. 1, pp. 165-184.

13 SHEA, E. y JAROSZEWICZ, M., "Opening in times of crisis? Examining NATO and the EU's support to security sector reform in post-Maidan Ukraine", *East European Politics,* vol. 37, 2021, núm. 1, pp. 159-181.

Tras la invasión de 2022, una pléyade de cualificados analistas reaccionó inmediatamente señalando que el uso de la fuerza armada por parte de Rusia era un acto de agresión manifiestamente contrario al Derecho Internacional. Además de vulnerar el art. 2.4 de la Carta de las Naciones Unidas, que prohíbe recurrir a la amenaza o al uso de la fuerza contra la integridad territorial o la independencia política de cualquier Estado, la conducta rusa iba en contra de los principios del Acta Final de Helsinki de 1975, del Memorándum de Budapest sobre garantías de seguridad a Ucrania de 1994 y de otras muchas disposiciones de Derecho Internacional relativas a la prohibición de uso de la fuerza y a la obligación de solucionar pacíficamente las controversias[14].

La visión rusa era diferente. Para el gobierno ruso, su apoyo a las auto-proclamadas repúblicas de Donetsk y Luhansk era acorde con el Derecho Internacional. En los referéndums celebrados en mayo de 2014 (cuyos resultados carecían de legitimidad para el gobierno ucraniano, así como para los Estados Unidos y la Unión Europea), los habitantes de estas regiones habrían manifestado válidamente su deseo de constituirse en

---

14 *Statement of the President and the Board of the European Society of International Law on the Russian Aggression against Ukraine*, European Society of International Law, 24 de febrero de 2022, https://t.co/JtkyxXi332; WILMSHURTS, E., "Ukraine: Debunking Russia's legal justifications", *Chatham House*, 24 de febrero de 2022, https://www.chathamhouse.org/2022/02/ukraine-debunking-russias-legal-justifications; DWORKIN, A., "International Law and the Invasion of Ukraine", *European Council on Foreign Relations*, 25 de febrero de 2022, https://ecfr.eu/article/international-law-and-the-invasion-of-ukraine/; y *Declaración de los miembros de la AEPDIRI sobre la agresión rusa en Ucrania*, Asociación Española de Profesores de Derecho Internacional y Relaciones Internacionales, 26 de febrero de 2022, https://www.aepdiri.org/index.php/declaracion-ucrania.

repúblicas independientes[15]. La anexión del territorio ucraniano se justificaría de la misma manera: en los referéndums celebrados en septiembre de 2022 (cuya legitimidad también es rechazada por Ucrania, Estados Unidos y la Unión Europea), los habitantes de las regiones anexadas se habrían manifestado en favor de su incorporación a Rusia[16].

La explicación rusa no convenció ni a la Unión Europea ni a los Estados Unidos. Para la Unión Europea, la guerra en Ucrania es el resultado de una "agresión militar no provocada e injustificada" de parte de Rusia[17] y la anexión de los cuatro territorios mencionados viola manifiestamente "los derechos fundamentales de Ucrania a la independencia, la soberanía y la integridad territorial"[18]. Desde la invasión rusa hasta la redacción de estas líneas (octubre de 2022), la Unión Europea ha adoptado ocho paquetes de sanciones que incluyen, entre otras, medidas contra individuos particulares, restricciones al acceso de Rusia al mercado europeo, suspensión de las disposiciones sobre facilitación de visados, restricciones de acceso de bancos rusos al sistema bancario, y suspensión de la radiodifusión en la

---

15 *Russian Foreign Ministry statement on recognising the independence of the Donetsk and Lugansk People's Republics, cit.*

16 "Putin signs treaties officially annexing Ukrainian regions", *Le Monde,* 30 de septiembre de 2022, https://www.lemonde.fr/en/europe/article/2022/09/30/putin-signs-treaties-officially-annexing-ukrainian-regions_5998676_143.html.

17 *Conclusiones del Consejo Europeo,* 24 de febrero de 2022, https://www.consilium.europa.eu/es/press/press-releases/2022/02/24/european-council-conclusions-24-february-2022/; y *Declaración de los dirigentes de la UE,* Versalles, 11 de marzo de 2022, https://www.consilium.europa.eu/es/press/press-releases/2022/03/11/the-versailles-declaration-10-11-03-2022/.

18 *Statement by the members of the European Council,* 30 de septiembre de 2022, https://www.consilium.europa.eu/en/press/press-releases/2022/09/30/statement-by-the-members-of-the-european-council/.

UE de las emisoras de propiedad estatal *Russia Today y Sputnik*[19]. Estados Unidos también impuso sanciones contra individuos y empresas rusas, adoptó medidas para excluir a los bancos rusos del sistema bancario internacional y restringió el acceso a visados de ciertas personas, entre otras acciones[20].

Por otro lado, por una mayoría abrumadora, la Asamblea General de las Naciones Unidas deploró enérgicamente "la agresión cometida por la Federación de Rusia contra Ucrania"[21] y declaró que la anexión de las cuatro regiones ucranianas por Rusia era una violación de la Carta[22]. La Corte Internacional de Justicia, a través de una orden de medidas provisionales en el marco del proceso iniciado por Ucrania después de la invasión, ordenó a Rusia suspender inmediatamente sus operaciones militares en Ucrania[23]. Sin embargo, a pesar de todas estas condenas y sanciones, el Consejo de Seguridad fue incapaz de condenar y sancionar el ataque ruso y la posterior anexión, por la obvia razón de que Rusia, miembro permanente del Consejo, ejerció su derecho al veto[24].

---

19 *Respuesta de la UE ante la invasión rusa de Ucrania, Consejo de la Unión Europea, 9 de septiembre de 2022,* https://www.consilium.europa.eu/es/policies/eu-response-ukraine-invasion/.

20 *United with Ukraine,* U.S. Department of State, https://www.state.gov/united-with-ukraine/.

21 *Agresión contra Ucrania,* Resolución ES-11/1 de la Asamblea General de las Naciones Unidas, 2 de marzo de 2022.

22 *Integridad territorial de Ucrania: defensa de los principios de la Carta de las Naciones Unidas,* Resolución ES-11/4 de la Asamblea General de las Naciones Unidas, 12 de octubre de 2022.

23 *Allegations of Genocide under the Convention on the Prevention and Punishment of the Crime of Genocide (Ukraine v. Russian Federation) / Request for the indication of provisional measures,* Corte Internacional de Justicia, orden de 16 de marzo de 2022.

24 "El derecho a veto de Rusia frustra la resolución de condena del Consejo de Seguridad de la ONU a la invasión de Ucrania", *El País,* 25 de febrero de 2022, https://elpais.com/internacional/2022-02-25/

La incapacidad del Consejo de Seguridad para hacer prevalecer el Derecho Internacional, a diferencia de lo que había sucedido en el pasado en relación con otros actos de agresión (típicamente, la agresión de Iraq a Kuwait en 1990), podría llevar al pesimismo. A primera vista, la invasión rusa a Ucrania daría la razón a realistas y neorrealistas en su escepticismo sobre la utilidad del Derecho Internacional. La conclusión parecería evidente: el Derecho Internacional no serviría para evitar la guerra o para castigar al agresor cuando ésta se produce. Los regímenes (kantianos) de seguridad colectiva, como el de las Naciones Unidas, serían incapaces de regular eficazmente el uso de la fuerza y sólo quedaría el mundo (hobbesiano) del equilibrio de poder entre las potencias. Sin embargo, cuando se examina más de cerca la cuestión, se advierte que la *conclusión evidente* no sólo es apresurada, sino que reposa sobre un conjunto de presupuestos teóricos que son cualquier cosa menos evidentes.

Simplificando un poco, el argumento de realistas y neorrealistas sería más o menos el siguiente: un régimen de seguridad colectiva está abocado al fracaso porque la lógica misma de las relaciones internacionales lleva a los Estados a guiar su conducta internacional por la necesidad de proteger sus intereses y no por la vocación de someterse al derecho. El equilibrio en las relaciones internacionales sólo puede conseguirse mediante el balance de poder de las potencias (en especial, de las grandes potencias)[25].

---

el-derecho-de-veto-de-rusia-frustra-la-resolucion-de-condena-del-consejo-de-seguridad-de-la-onu-a-la-invasion-de-ucrania.html; y "Russia vetoes U.N. resolution on proclaimed annexations, China abstains", *Reuters,* 1 de octubre de 2022, https://www.reuters.com/world/us-act-un-friday-russias-proclaimed-annexations-ukraine-blinken-2022-09-30/.

25 Ver, por ejemplo, MEARSHEIMER, J. J., "The False Promise of International Institutions", *International Security*, 1994/95, pp. 5-49.

Sin embargo, vista desde más cerca, la diferencia fundamental entre un régimen (normativo) de seguridad colectiva y un régimen (puramente fáctico) de equilibrio de poder se desvanece[26]. Como un régimen de seguridad colectiva, un régimen de equilibrio de poder también actúa bajo la lógica de que a la violación de una norma (la ruptura del equilibrio de poder establecido) le sigue una consecuencia (la reacción de las demás potencias). La diferencia entre un régimen de seguridad colectiva y un régimen de balance de poder puede estar en elementos como la mayor o menor centralización del mecanismo, la mayor o menor formalización y explicitación de las reglas de su funcionamiento o la mayor o menor probabilidad de que a una violación de esas reglas le siga una determinada consecuencia. Se trata, en todo caso, de diferencias de grado y no de sustancia.

En el caso de la invasión de Rusia a Ucrania, el Consejo de Seguridad de las Naciones Unidas fue incapaz de adoptar una respuesta clara y condenatoria de las acciones rusas. Sin embargo, esto no debe llevar a la conclusión de la total ineficacia del Derecho Internacional. Las sanciones adoptadas por la Unión Europea, Estados Unidos y otros actores internacionales contra Rusia son también una forma de hacer funcionar un sistema de seguridad colectiva. Una forma más descentralizada que la del Consejo de Seguridad (y quizá por ello menos deseable, es verdad), pero una forma de seguridad colectiva al fin y al cabo. Sin el auxilio de conceptos jurídicos básicos como *agresión, legítima*

---

26 Para una discusión más detallada ver BETTS, R., "Systems for Peace or Causes of War? Collective Security, Arms Control, and the New Europe", *International Security*, vol. 17, 1992, núm. 1, pp. 5-43; DOWNS, G. y LIDA, K., "Assessing the Theoretical Case Against Collective Security", en DOWNS, G. (ed.), *Collective Security Beyond the Cold War*, Ann Arbor, University of Michigan Press, 1994, pp. 17-21; y KUPCHAN, C. y KUPCHAN, C., "The Promise of Collective Security", *International Security*, vol. 20, 1995, núm. 1, pp. 52-61.

defensa, soberanía o *integridad territorial* habría resultado imposible (o muchísimo más costoso) que esos actores internacionales actuaran de manera más o menos coordinada.

4. OTAN: DE LA SEGURIDAD COLECTIVA A LA DEFENSA COLECTIVA

Aunque no es posible adivinar las consecuencias exactas que la guerra en Ucrania tendrá para el futuro de la OTAN, resulta imposible minimizar su impacto en el espíritu y estrategia atlánticos. La calificación como "guerra de conquista" y como "la amenaza más grave a la seguridad euro-atlántica en décadas" que los jefes de Estado y de gobierno de la Organización dieron a la guerra en Ucrania[27] muestra que estamos probablemente ante un punto de inflexión. La gravedad de la agresión marca el inicio de una nueva era para la Organización, la que manifestó su total solidaridad con la independencia, soberanía e integridad territorial ucraniana y reafirmó el derecho del país a su legítima defensa y a elegir sus alianzas militares[28].

La agresión de Rusia a Ucrania ha subvertido el orden de seguridad en el área europea y del Atlántico norte. Como respuesta a la invasión, la OTAN reforzó la defensa del flanco oriental mediante el despliegue de la *NATO Response Force* y otras tropas nacionales bajo comando atlántico. Sin embargo, la Organización no ha intervenido directamente en el

---

27 *Statement by NATO Heads of State and Government*, Bruselas, 24 de marzo de 2022, https://www.nato.int/cps/en/natohq/official_texts_193719.htm.

28 *Statement by NATO Heads of State and Government, cit.*; y *Madrid Summit Declaration, Issued by NATO Heads of State and Government participating in the meeting of the North Atlantic Council in Madrid 29 June 2022*, 29 de junio de 2022, https://www.nato.int/cps/en/natohq/official_texts_196951.htm.

escenario ucraniano, limitándose a coordinar los esfuerzos de los aliados en la provisión de ayuda humanitaria y ayuda no letal. Los Estados miembros actuando individualmente, por su parte, están proveyendo armas, munición y equipos militares, así como ayuda humanitaria y asistencia financiera. El carácter limitado de la intervención atlántica se debe, según lo admite la propia Organización, al intento de evitar una escalada en el conflicto[29].

La expansión de la OTAN hacia el este ha sido señalada por algunos como la causa inmediata de la acción rusa en Ucrania[30]. Esta explicación, que nos dice que la guerra es la reacción natural de una superpotencia que no quiere que otros poderes se entrometan en su vecindario[31], es problemática desde el punto de vista empírico y teórico. Lo primero porque, como han mostrado varios estudios, la causa más probable de la actitud belicista de Rusia en los últimos años ha de encontrarse en el modo en que el nacionalismo ruso percibe los intereses del país en un contexto de influencia decreciente[32].

---

[29] *NATO's response to Russia's invasion of Ukraine,* 1 de septiembre de 2022, https://www.nato.int/cps/en/natohq/topics_192648.htm.

[30] MEARSHEIMER, J., "The Causes and Consequences of the Ukraine Crisis", *The National Interest,* 23 de junio de 2022, https://nationalinterest.org/feature/causes-and-consequences-ukraine-crisis-203182.

[31] KUPCHAN, C., "Putin's War in Ukraine Is a Watershed. Time for America to Get Real", *The New York Times,* 11 de abril de 2022, https://www.nytimes.com/2022/04/11/opinion/ukraine-war-realist-strategy.html.

[32] LANOSZKA, A., "Thank goodness for NATO enlargement", *International Politics,* vol. 57, 2020, pp. 451-470; y MARTEN, K., "NATO enlargement: evaluating its consequences in Russia", *International Politics,* vol. 57, 2020, pp. 401-426. WAUTERS, K. y VOS, H., "Putin is afraid of Europe", en HAESEBROUCK, T., TAGHON, S. y VAN COPPENOLLE, H., *The War in Ukraine,* Ghent, GIES-Ghent University, 2022, pp. 23-24.

Lo segundo, porque la explicación supone una interpretación determinista (muy común, por otra parte, en muchos teóricos neorrealistas) difícilmente sostenible. La invasión de Ucrania no es el resultado de un juego inexorable de acción-reacción por parte de actores impersonales, sino la consecuencia del modo en que una élite gobernante percibe su entorno próximo e intenta materializar en acciones los valores que guían su conducta. La agresión no es la reacción de Rusia frente al avance de la OTAN, sino la reacción de la élite rusa frente a las elecciones pro-occidentales de la ciudadanía (y de las élites, también) en los Estados vecinos.

Por esta misma razón, considerar la expansión de la OTAN hacia el este como la causa inmediata de la invasión rusa es también injusto desde el punto de vista político y moral. El relato de la expansión coloca a la OTAN en el rol de un *Pac-Man* que se come a sus vecinos, olvidando el hecho crucial de que si la ampliación se ha producido ha sido porque un conjunto de Estados democráticos ha decidido libremente solicitar su adhesión a la Alianza.

En la Cumbre de Madrid de junio de 2022, en plena guerra ucraniana, la OTAN adoptó su nuevo Concepto Estratégico. La idea de renovar la estrategia de la Alianza había aparecido mucho antes: en la Cumbre de Bruselas de junio de 2021 los líderes atlánticos habían encomendado al Secretario General avanzar en este sentido. Sin embargo, la Cumbre de Madrid y el Concepto resultante se vieron arrastrados por la dimensión de la crisis en Europa central. Por supuesto, la mayor asertividad de Rusia y China en el plano internacional ya había sido puesta de manifiesto, anticipando que el nuevo Concepto iba a tener que hacerse cargo de esa situación[33]. No obstante, es

---

[33] HEROLD, E., SCHMITT, O. y SLOAN, S., "NATO's strategic concept: responding to Russia and China", *Defence Studies*, vol. 22, 2022, núm. 3, pp. 558-563.

posible que ni siquiera los analistas más agudos hayan podido prever la gravedad de la actual situación ucraniana.

La insistencia del Concepto Estratégico de 2022 sobre la necesidad de fomentar el orden internacional basado en reglas sirve a la Alianza para contraponer la identidad democrática de sus miembros al carácter autoritario de los que identifica como sus principales adversarios: Rusia y China. Si en el Concepto Estratégico de 2010 se afirmaba que la cooperación con Rusia era de importancia estratégica ya que contribuía "a crear un espacio común de paz, estabilidad y seguridad" (núm. 33) y que la Alianza buscaría con ese Estado un partenariado constructivo "basado en la confianza mutua, la transparencia y la predictibilidad" (núm. 34), en el de 2022 se dice en cambio que, "a la luz de sus políticas y acciones hostiles", no es posible considerar a Rusia como un socio (núm. 9), sino que es más bien "la más significativa y directa amenaza" a la seguridad de los aliados (núm. 6). Por otro lado, ninguna mención había en el Concepto de 2010 a China. Ahora, en cambio, las "ambiciones y políticas coercitivas" de este país son entendidas como una amenaza a los "intereses, seguridad y valores" atlánticos (núm. 13).

El Concepto Estratégico de 2022 vuelve a poner el énfasis en el rol defensivo de la Alianza, afirmando rotundamente que "nadie debería dudar de su fuerza y resolución para defender cada pulgada del territorio aliado" frente a cualquier agresor (núm. 20). Además, las actividades no directamente defensivas (semejantes a las previstas en los Conceptos inmediatamente anteriores) están subordinadas a las defensivas: la prevención y gestión de crisis se refieren a aquellas crisis que tienen el potencial de afectar la seguridad aliada (núm. 35) y la seguridad cooperativa está orientada a proteger la independencia y soberanía de los Estados que aspiran a formar parte de la Organización, que mantiene su política de puertas abiertas a todas las democracias europeas (núms. 40 y 41).

Ha sido convincentemente argumentado que el giro defensivo de la Alianza requerirá, para ser puesto en práctica de una manera creíble, un mayor compromiso y una mayor coordinación de las fuerzas convencionales de los aliados, así como una mayor preparación para hacer frente a las amenazas[34]. También será necesario fortalecer la capacidad de resiliencia de los Estados miembros[35], especialmente en el plano energético y de las infraestructuras, como lo prueban claramente los problemas que está causando la dependencia europea del gas ruso. Ahora bien, aunque las dos exigencias mencionadas son ciertas, probablemente no sean las únicas transformaciones que deba afrontar la OTAN. El nuevo contexto de actuación y la nueva estrategia definida para actuar en él obligarán a una verdadera redefinición identitaria. La Organización deberá volver a pensar su rol en un mundo decididamente multipolar, con adversarios cada día más asertivos y una influencia americana declinante.

5. CONCLUSIONES

El Tratado de Washington conformó una Organización de defensa colectiva de los Estados occidentales frente al bloque comunista. Los primeros Conceptos Estratégicos sirvieron para definir cómo debería enfrentarse el enemigo soviético. La desaparición de la Unión Soviética obligó a la OTAN a buscar una nueva identidad. Los Conceptos Estratégicos posteriores al fin de la Guerra Fría añadieron a las actividades

---

34 HEROLD, E., SCHMITT, O. y SLOAN, S., “NATO’s strategic concept: responding to Russia and China”, *Defence Studies,* vol. 22, 2022, núm. 3, pp. 558-563.

35 FRIZZELLE, B., GAREY, J. y KULALIC, I., “NATO’s national resilience mandate: challenges and opportunities”, *Defence Studies,* vol. 22, 2022, núm. 3, pp. 525-532.

defensivas otras relativas al mantenimiento de la seguridad internacional. En esta nueva etapa, la OTAN buscó también promover el diálogo con Estados no miembros, incluyendo sus antiguos adversarios. Aunque su rol original no desapareció totalmente, la Organización superó largamente su naturaleza de régimen defensivo regional para convertirse en lo que se calificó como *Global NATO.*

La reciente agresión de Rusia a Ucrania ha subvertido el orden de seguridad en el área europea y del Atlántico norte. La expansión de la OTAN hacia el este es señalada por muchos como la causa inmediata de la acción rusa en Ucrania. Como se ha indicado, esta explicación es problemática desde el punto de vista empírico y teórico y también injusta desde el punto de vista político y moral. En cualquier caso, el quebrantamiento de la paz en el entorno del territorio de la OTAN está en la raíz del actual giro defensivo de la Organización. El Concepto Estratégico de 2022 reafirma, desde su preámbulo, la intención de la OTAN de trabajar en pos de un orden internacional basado en reglas. La definición nítida de sus adversarios (Rusia y China), así como la afirmación rotunda de la fuerza y resolución de la Alianza para defender el territorio aliado frente a cualquier agresor, son prueba de que OTAN ha vuelto a entrar en modo defensivo.

Capítulo 13

La política de defensa de la Unión Europea tras la cumbre de la OTAN de Madrid 2022. ¿Tocada y hundida?

LUCAS J. RUIZ DÍAZ*

"La OTAN y la UE desempeñan papeles complementarios, coherentes y de refuerzo mutuo en el apoyo a la paz y la seguridad internacionales."[1]

1. INTRODUCCIÓN

La Cumbre de la OTAN celebrada en Madrid los días 29 y 30 de junio de 2022, con la consiguiente aprobación de su *Concepto Estratégico 2022* (CE2022), ha supuesto la confirmación de la vuelta a un orden internacional bipolar de "bloques" de países enfrentados en los planos ideológico, político, socioeconómico e, incluso, de concepción del propio orden internacional actualmente vigente. En dicho orden, eminentemente competitivo, el papel de la Alianza se ve fortalecido como elemento central de la seguridad e integridad de los Estados que la componen y eje vertebrador de la defensa colectiva, atendiendo al artículo 5 del Tratado

* Profesor Ayudante Doctor, Departamento de Derecho Internacional Público y Relaciones Internacionales, Universidad de Granada (lucasruiz@ugr.es).

1 NATO 2022 Strategic Concept, punto 43, p. 10.

del Atlántico Norte (TAN)[2] y siguiendo las declaraciones de sus principales líderes en la Cumbre de Madrid y del propio CE2022. A diferencia de la época de la Guerra Fría, sin embargo, no está clara la calificación como "superpotencias" de los líderes de sendos bloques (Estados Unidos y, especialmente, la Federación de Rusia) o de su capacidad de reacción individual ante los desafíos y amenazas a la seguridad internacional del siglo XXI, que siguen precisando de la cooperación internacional dada su complejidad, heterogeneidad y dimensión transnacional y/o global, como el terrorismo, el crimen organizado transnacional o las cuestiones ligadas a la seguridad derivadas del cambio climático. Además, entra en discordia un tercer actor, de especial relevancia en el panorama internacional, caracterizado por una política exterior expansiva eminentemente pragmática y, en la mayor parte de las ocasiones, "silenciosa", alejada de la mencionada confrontación bipolar: la República Popular China. El papel del "gigante asiático", serio candidato a suceder a Estados Unidos como primera potencia económica mundial, parece no convencer ni a unos ni otros por su comportamiento en la escena internacional, cuestión que añade incertidumbre al panorama actual y aporta elementos de multipolaridad

2 "Las Partes acuerdan que un ataque armado contra una o más de ellas, que tenga lugar en Europa o en América del Norte, será considerado como un ataque dirigido contra todas ellas, y en consecuencia, acuerdan que si tal ataque se produce, cada una de ellas, en ejercicio del derecho de legítima defensa individual o colectiva reconocido por el artículo 51 de la Carta de las Naciones Unidas, ayudará a la Parte o Partes atacadas, adoptando seguidamente, de forma individual y de acuerdo con las otras Partes, las medidas que juzgue necesarias, incluso el empleo de la fuerza armada, para restablecer la seguridad en la zona del Atlántico Norte. […].". Tratado del Atlántico Norte, Washington DC, 4 de abril de 1949.

("disfuncional"[3]) a una estructura de poder en busca de un cambio de liderazgo y de las normas de comportamiento en las relaciones internacionales.

Por otra parte, el reposicionamiento de la OTAN en este nuevo *orden mundial posliberal* en construcción parece erigirse en detrimento de una europeización de la respuesta ante una potencial agresión o ataque armado al territorio de uno de los Estados miembros de la UE. Así, de forma indirecta, la Cumbre ha puesto en un aprieto las iniciativas y logros obtenidos por la política de defensa de la Unión Europea (UE) en el último lustro, parapetada por la Estrategia Global de 2016 y la puesta en marcha –tras años en letargo– de la cooperación estructurada permanente (CEP) como un revulsivo de la cooperación en materia de defensa en la UE. O, cuando menos, se ha cuestionado la posibilidad de alcanzar una *autonomía* (o *soberanía*[4]) *estratégica* plena y real, entre otros, en el ámbito de la defensa que permita que la UE no solamente responda eficazmente a las amenazas y desafíos a su propia seguridad, sino también que refuerce su papel en la escena internacional como un verdadero *proveedor de seguridad*[5] y socio creíble y responsable del

---

3 ALCARO, R., "Sovereignty and multilateralism", en FIOTT, D., "European sovereignty. Strategy and interdependence", *Chaillot Papers*, núm. 169, EUISS, París, 2021, p. 32.

4 Con relación al debate sobre los términos, véase FIOTT, D., "European sovereignty…", *op. cit.*

5 TARDY, T. (ED.), *European Security in a Global Context. Internal and external dynamics.* Oxon, Routledge, 2009. Adicionalmente, Estrategia Global sobre Política Exterior y de Seguridad de la Unión Europea, 10715/16, Bruselas, 28 de junio de 2016, p. 2; y Conclusiones del Consejo sobre la aplicación de la Estrategia Global de la UE en materia de Seguridad y Defensa, 14149/16, Bruselas, 14 de noviembre de 2016, pp. 2 y 15.

sistema de seguridad colectiva de Naciones Unidas[6] en un orden internacional multilateral basado en normas[7].

El objetivo de este estudio es triple. En primer lugar, se quiere analizar el papel y las relaciones entre la UE y la OTAN que se vislumbran en este nuevo escenario internacional de confrontación bipolar que avala el Concepto Estratégico 2022. Es decir, examinar el mencionado documento estratégico y las intervenciones de los líderes de ambas organizaciones para conocer el trasfondo de cómo se plantea esa relación en el futuro próximo y cómo pretenden afrontar los desafíos y amenazas comunes. En segundo lugar, identificar los principales problemas que la UE y sus Estados miembros deben resolver para –de verdad– tener una "voz única" en materia de seguridad y defensa en el ámbito internacional y, en concreto, una mayor relevancia en la OTAN. Entre ellos, esencialmente, superar la tradicional división entre atlantistas y europeístas y mejorar unos procesos de toma de decisiones que, a nivel interno, lastran el objetivo de la unidad de acción exterior y complican la puesta en marcha de iniciativas conjuntas, respectivamente. En tercer y último lugar, el presente capítulo intentará arrojar algo de luz sobre cómo la confirmación del papel y dependencia de la OTAN –y, por ende, de Estados Unidos– respecto de la seguridad e integridad de los Estados miembros de la UE puede afectar a la pretendida autonomía estratégica promovida en diferentes áreas del proceso de integración europea, incluida la seguridad, y a su papel como actor internacional

---

6 Estrategia Global sobre Política Exterior y de Seguridad…, *op. cit.*, pp. 3, 14, 26 y 39; Prioridades de la UE en las Naciones Unidas durante la 77.ª Asamblea General de las Naciones Unidas (septiembre de 2022–septiembre de 2023)–Conclusiones del Consejo (18 de julio de 2022), 11029/22, Bruselas, 18 de julio de 2022.

7 Comunicación conjunta al Parlamento Europeo y al Consejo sobre el refuerzo de la contribución de la UE a un multilateralismo basado en normas, JOIN(2021) 3 final, Bruselas, 17 de febrero de 2021.

relevante en un orden internacional postliberal desde la óptica de la progresiva europeización de los ámbitos de la seguridad y la defensa.

2. CLAVES EN LA RELACIÓN UE-OTAN EN EL ACTUAL PANORAMA GEOETRATÉGICO

En los últimos años, con el relanzamiento de la cooperación en defensa en el seno de la UE y la revitalización de la Política Común de Seguridad y Defensa (PCSD)[8], se ha vuelto a poner de relieve el análisis de la relación entre la UE y la OTAN desde un prisma eminentemente crítico, apuntando a la potencial conflictividad y competencia entre ambas Organizaciones –cuando no la irrelevancia de la Unión– tanto desde determinados gobiernos como desde la academia[9]. En realidad, pocos han sido los autores que han analizado las iniciativas de la UE en materia de defensa

---

8 RUIZ DÍAZ, L. J., "Designing the renewed European Defence Policy through Permanent Structured Cooperation. Why?", *Defence Studies*, Vol. 21, 2021, núm. 3, pp. 162-180. *https://doi.org/10.1080/14702436.2021.1879649*; y GRESSEL, G. y WITNEY, N., "Out of the dark: Reinventing European defence cooperation", marzo de 2022, *https://ecfr.eu/article/out of the dark-reinventing-european-defence-cooperation/*.

9 Sobre este debate, véase WEBBER, M., "NATO Enlargement and European Defense Autonomy", en HOWORTH, J. y KEELER, J.T.S. (eds), *Defending Europe. Europe in Transition*, New York, Palgrave Macmillan, 2003, pp. 157-180. *https://doi.org/10.1057/9781403981363_8;* BRATTBERG, E. y VALÁŠEK, T., "EU Defense Cooperation: Progress Amid Transatlantic Concerns", Carnegie Endowment for International Peace, Bruselas, 2019; y BINNENDIJK, H., HAMILTON, D. y VERSHBOW, A., "Strategic responsibility: Rebalancing European and trans-Atlantic defense", *The Talbott Papers on Implications of Russia's Invasion Of Ukraine*, junio de 2022, *https://www.brookings.edu/articles/strategic-responsibility-rebalancing-european-and-trans-atlantic-defense/*.

desde una óptica garantista de la colaboración, cooperativa, como "socios esenciales"[10] en la gestión de crisis internacionales. Efectivamente, tanto en Derecho originario (art. 42.2 del Tratado de la UE, TUE[11]), como en derivado[12], se habla del papel de la OTAN en el mantenimiento de la seguridad y defensa de Europa y de la complementariedad con la Alianza de las iniciativas puestas en marcha en este ámbito en el último lustro; un papel que ha sido igualmente reconocido en los diversos documentos políticos, estratégicos y de planificación publicados en el último lustro, como la Estrategia Global de la UE (EGUE)[13], el *Winter Package*[14], las

---

10 LINDSTROM, G. y TARDY, T. (eds.), "NATO and the EU. The essential partners", *NDC Research Papers Series*, núm. 5, NATO Defense College, 2019.

11 "[...] La política de la Unión con arreglo a la presente sección no afectará al carácter específico de la política de seguridad y de defensa de determinados Estados miembros, respetará las obligaciones derivadas del Tratado del Atlántico Norte para determinados Estados miembros que consideran que su defensa común se realiza dentro de la [OTAN] y será compatible con la política común de seguridad y de defensa establecida en dicho marco.". Art. 42.2 TUE, DOUE C 202, de 7 de junio de 2016.

12 Entre otras, Decisión (PESC) 2017/2315 del Consejo, de 11 de diciembre de 2017, por la que se establece una cooperación estructurada permanente y se fija la lista de los Estados miembros participantes, DOUE L 331, de 14 de diciembre de 2017.

13 Shared Vision, Common Action: A Stronger Europe A Global Strategy for the European Union's Foreign And Security Policy, *https://www.eeas.europa.eu/sites/default/files/eugs_review_web_0.pdf*.

14 Implementation Plan on Security and Defence, 14392/16, Bruselas, 14 de noviembre de 2016; Comunicación de la Comisión al Parlamento Europeo, al Consejo Europeo, al Consejo, al Comité Económico y Social Europeo y al Comité de las Regiones, "Plan de Acción Europeo de la Defensa", COM(2016) 950 final, Bruselas, 30 de noviembre de 2016; y Conclusiones del Consejo sobre la ejecución de la declaración conjunta del presidente del Consejo Europeo, el

declaraciones conjuntas UE-OTAN[15] o, más recientemente, en la *Brújula Estratégica*[16], por lo que, a simple vista, podría sorprender el recelo que las iniciativas puestas en marcha en la UE en estos últimos años parece haber despertado.

Al entrar a analizar la "letra pequeña", sin embargo, apreciamos los matices que apuntan, precisamente, a ese recelo e intentos de resolver un juego de relaciones entre ambas Organizaciones no del todo zanjado hoy en día, como analizaremos con mayor detalle en el siguiente epígrafe. Estas reticencias, de hecho, han vuelto a evidenciarse en la Cumbre de Madrid. Así, en el CE2022 se nombra, hasta en cinco ocasiones, a la UE como un actor internacional relevante y socio "único y esencial para la OTAN"[17]. Sin embargo, pese a ello, del tenor del documento se entiende que la Alianza considera a la UE como un socio más, en pie de igualdad con otras Organizaciones regionales con las que pretende reforzar la cooperación en los próximos años, como la Organización para la Seguridad y la Cooperación en Europa (OSCE) y la Unión Africana (UA), o con la Organización de Naciones Unidas (ONU) en cuestiones de mantenimiento de la paz y la seguridad internacionales.

---

presidente de la Comisión Europea y el secretario general de la Organización del Tratado del Atlántico Norte, 15283/16, Bruselas, 6 de diciembre de 2016.

15 Joint declaration on EU-NATO cooperation, Bruselas, 10 de julio de 2018; y Joint Declaration by the President of the European Council, the President of the European Commission, and the Secretary General of the North Atlantic Treaty Organization, 8 de julio de 2016. Adicionalmente, Seventh progress report on the implementation of the common set of proposals endorsed by EU and NATO Councils on 6 December 2016 and 5 December 2017, 20 de junio de 2022.

16 Una Brújula Estratégica para la Seguridad y la Defensa – Por una Unión Europea que proteja a sus ciudadanos, defienda sus valores e intereses y contribuya a la paz y la seguridad internacionales, 7371/22, Bruselas, 21 de marzo de 2022.

17 NATO 2022 Strategic Concept, punto 43, p. 10.

Lejos de ser una cuestión baladí, resulta preocupante que el nuevo CE2022 no plantee siquiera un marco de relaciones más estrechas entre ambas organizaciones (por ejemplo, a nivel institucional u organizativo y operativo) u otorgue un papel más relevante a la UE aun coincidiendo en su práctica totalidad en membresía y abarcando cerca del 97% de la población objeto de protección por la Alianza tras la correspondiente adhesión de Finlandia y Suecia. Es más, en el CE2022 y en la declaración de los líderes de la OTAN tras la Cumbre se respaldan las iniciativas puestas en marcha en la UE tras la adopción de la EGUE para el refuerzo de las capacidades militares de sus Estados miembros (EEMM), si bien supeditándolas a la necesidad de evitar "duplicidades innecesarias" y a su complementariedad e interoperabilidad con la Alianza, "foro transatlántico único, esencial e indispensable para consultar, coordinar y actuar en todos los temas relativos a la seguridad individual y colectiva"[18]. En esta etapa de "cooperación sin precedentes" con la UE[19], al final, importan los pequeños (o grandes) pasos dados en el terreno programático y estratégico-operativo contenidos en las declaraciones conjuntas UE-OTAN que fijan las alianzas entre ambas Organizaciones y refuerzan la cooperación a los niveles operativo e, indirectamente, político entre los aliados. La cooperación formal e informal en este marco permite centrar los esfuerzos en áreas de interés común a nivel estratégico y operativo. Así, sus trabajos están dando sus primeros resultados, como la participación de Estados Unidos y Canadá en el proyecto de movilidad militar de la CEP[20] y el hecho de que el

---

18 NATO 2022 Strategic Concept, puntos 43 y 3, pp. 10 y 3, respectivamente.

19 Madrid Summit Declaration, issued by NATO Heads of State and Government participating in the meeting of the North Atlantic Council in Madrid (29 June 2022), Press Release (2022) 095, punto 15, *https://www.nato.int/cps/en/natohq/official_texts_196951.htm.*

20 *https://www.pesco.europa.eu/project/military-mobility/.*

grupo de hasta 500.000 efectivos a disposición de la OTAN sean casi todos de Estados europeos[21]. Ahora, el quid de la cuestión está en los términos, que reflejan la voluntad política de la UE de configurarse como un "pilar europeo" de la OTAN o como un actor verdaderamente autónomo y/o "soberano", capaz de mantener su propia seguridad y actuar internacionalmente en la gestión de crisis; una autonomía a la que, en principio, la UE no parece renunciar[22].

3. INTERROGANTES Y DESAFÍOS PENDIENTES

Como en anteriores ocasiones, la cuestión se torna política cuando hablamos de voluntad de la UE de convertirse en un actor verdaderamente autónomo y "soberano". Los acontecimientos internacionales de los últimos años han impulsado el lanzamiento de iniciativas diversas y combinadas en materia de defensa, siendo el Brexit o los desencuentros con la Administración Trump sólo algunos de los principales *drivers* externos. Ahora, la tarea consiste en mantener el impulso de los últimos años y seguir apostando por la consolidación de la PCSD como motor de una transformación del papel de la UE en la gestión de crisis internacionales y garantía de su autonomía defensiva, clave para que ésta sea un actor capaz

---

21 Madrid Summit Declaration, *op. cit.* punto 9. Adicionalmente, BISCOP, S., "The New Force Model: NATO's European Army?", *Egmont Policy Brief*, núm. 285, September 2022, *https://www.egmontinstitute.be/the-new-force-model-natos-european-army/*.

22 "A la luz de la EGUE y de las prioridades evolutivas, la política de asociación PCSD necesita ser reforzada y ajustada en cuanto a la cooperación con las organizaciones y países socios, en los marcos respectivos y respetando los principios de autonomía decisoria e inclusividad(...)". Council Conclusions on Security and Defence in the context of the EU Global Strategy – Council Conclusions, 10048/19, 17 de junio de 2019.

de avalar su "soberanía" en un orden internacional posliberal no necesariamente basado en el cumplimiento del Derecho internacional. En este apartado identificamos, brevemente y sin ánimo de exhaustividad, algunos de los problemas que la UE y sus EEMM deben resolver para, de verdad, tener una "voz única" en materia de seguridad y defensa en el ámbito internacional y, en concreto, una mayor relevancia en la Alianza atlántica.

En primer lugar, la centralidad "constitucionalizada" de la OTAN en la defensa común de algunos de los EEMM de la UE (art. 42.2 TUE) representa uno de los principales escollos en la construcción de una política de defensa común. Superar la clásica división atlantista-europeísta es, por tanto, el primer paso para redefinir el papel de la Unión en la escena internacional y su relación con la OTAN; una división que parece redibujarse al surgir una "nueva división del trabajo entre la OTAN y la UE" al tiempo que mutan las tradicionales alianzas en el liderazgo europeo y se debilitan "los argumentos de la propia solidaridad mutua y las ambiciones de defensa colectiva de la UE"[23], pues solamente cuatro EEMM de la UE no forman parte de la Alianza (Austria, Chipre, Irlanda y Malta), por lo que la defensa europea quedaría cubierta por la cláusula de defensa colectiva del art. 5 del TAN. Ciertamente, de los Tratados y los documentos estratégicos no queda claro si los EEMM de la UE que son a su vez parte de la Alianza deben invocar el mencionado artículo o la *cláusula de defensa mutua* en caso de ataque armado sobre su territorio, en la que se indica que los EEMM de la UE "deberán ayuda y asistencia con *todos los medios a su alcance*" (art. 42.7 TUE; énfasis añadido). Esta incertidumbre, empero, no ha sido convenientemente resuelta

---

[23] BESCH Y MARTÍN QUENCEZ, S., "Reordenación de la seguridad transatlántica", *Política Exterior*, 6 de octubre de 2022, *https://www.politicaexterior.com/reordenacion-de-la-seguridad-transatlantica*.

ni en los Tratados de la UE, que claman por el mantenimiento de la OTAN como "el fundamento de su defensa colectiva y el organismo de ejecución de ésta" (art. 42.7 TUE), ni por la práctica seguida posteriormente por los EEMM de la UE, como demostró su invocación simbólica[24] por el presidente francés François Hollande tras los ataques terroristas de París en noviembre de 2015. Solamente una aclaración, en un sentido u otro, podría despejar esta incógnita en una ecuación compleja en la que intervienen tanto factores geoestratégicos como políticos y de oportunidad.

Desafíos igualmente internos –en este caso, de carácter institucional– tienen asimismo implicaciones negativas para, en general, la unidad de la acción exterior de la Unión[25]. Primeramente, con contadas excepciones[26], la Política Exterior

---

24 Simbólica por un triple motivo: i) por su alusión al marco comunitario como forma de mostrar el europeísmo del presidente "invocante"; ii) por invocar el art. 42.7 TUE y no la "cláusula de solidaridad" del art. 222 del Tratado de Funcionamiento de la UE, que hubiera supuesto la verdadera respuesta comunitaria al ataque y el envío de efectivos y material en suelo francés y no en el exterior como pretendía el presidente Hollande; y iii) por los limitados efectos que consiguió ese llamamiento, con un apoyo puntual de países como España en las misiones que Francia llevaba a cabo –y reforzó tras los atentados– en el Sahel.

25 RUIZ DÍAZ, L. J., "Hacia una visión integral de la seguridad. La necesaria coordinación de los instrumentos de la acción exterior de la UE en materia de seguridad y defensa", en DE CASTRO RUANO, J. L. (coord.), *La Unión de Seguridad y Defensa: el futuro ya está aquí*, Madrid, Dykinson, 2021, pp. 195-227.

26 Además de las excepciones previstas en el art. 31 TUE, la unanimidad no rige para el nombramiento de representantes especiales (art. 33 TUE), la gestión del Fondo Europeo de Apoyo a la Paz (art. 41 TUE), las cuestiones relacionadas con la Agencia Europea de Defensa (art. 45 TUE) y la CEP (art. 46 TUE), para las que se aplica la votación por mayoría.

y de Seguridad Común (PESC) se rige por la unanimidad, lastrando la rápida toma de decisiones en la UE, como demuestra la tardía reacción europea a los acontecimientos internacionales en esta última década, a pesar de las innovaciones y mejoras operadas por el Tratado de Lisboa. Por ello, el paso a la mayoría cualificada o la abstención constructiva en la toma de decisiones en la PESC han sido ampliamente reivindicados por las principales Instituciones[27] como "antídoto" a la reincidente parálisis orgánica causada por el veto de algunos EEMM –movidos por intereses nacionales de su política exterior– que le han impedido llevar un rol principal en su vecindario más próximo, como el caso de las "Primaveras Árabes", el enquistamiento del conflicto en Oriente Medio y la irrelevancia de la UE en su salida negociada diplomáticamente, la pacificación del Cáucaso sur o, más recientemente, la agravación de la situación en el Sahel y la reorganización de la presencia europea en la región, por no hablar de su papel como actor internacional de gestión de crisis en África o a nivel mundial, reducida –quizás, con exclusión de la Operación Atalanta– a un papel secundario sobre el terreno de apoyo a la ONU, la UA u otras Organizaciones regionales africanas. Posiblemente, la clave esté en la vía abierta por la respuesta de la Unión al conflicto en Ucrania, incluido el recurso al Fondo Europeo de Apoyo a la Paz, si bien la unanimidad ha vuelto a lastrar medidas restrictivas más contundentes contra Rusia y la implementación efectiva de las actualmente vigentes y sea más necesario que nunca el cambio a la mayoría cualificada en el Consejo y demás órganos de preparación e implementación.

---

27 Estado de la Unión 2018. La hora de la soberanía europea. Discurso sobre el estado de la Unión 2018, Estrasburgo, 12 de septiembre de 2018, *https://ec.europa.eu/commission/sites/beta-political/files/soteu2018-speech_es_0.pdf*; Discurso sobre el estado de la Unión 2020, 16 de septiembre de 2020, *https://ec.europa.eu/info/sites/info/files/state_of_the_union_es.pdf*.

Además, a la lentitud en la toma de decisiones innata a la PESC se le une la "lucha de egos"[28] de quienes ostentan actualmente el cargo de las principales Instituciones de la UE. Si bien no es una cuestión nueva en la historia de la integración europea, es *vox populi* la rivalidad personal y orgánica de los actuales alto representante (AR) de la Unión para Asuntos Exteriores y Política de Seguridad, Josep Borrell; presidenta de la Comisión, Ursula von der Leyen; y presidente del Consejo Europeo, Charles Michel; una rivalidad aprovechada por determinados Estados terceros para explotar la debilidad negociadora internacional de la Unión en determinadas cuestiones clave, como la gestión de flujos migratorios hacia el territorio comunitario. A esta competición entre las Instituciones comunitarias por el "sillón" –figurativa y literalmente hablando– hemos de añadir, asimismo, la búsqueda de protagonismo internacional de algunos líderes de las principales capitales europeas –en ocasiones, para contrarrestar su baja popularidad ante su propio electorado–, ávidos de publicitar iniciativas en un sentido u otro y de liderar el proceso de integración como forma de mostrar su pujante europeísmo y sintonía/autonomía respecto de las Instituciones europeas, no siempre respetando la acción de la Unión ni garantizando el espíritu de lealtad y solidaridad mutua mandatado por los Tratados (art. 24.3 TUE).

---

28 SUANZES, P., "La lucha de egos y protagonismo desorienta el liderazgo comunitario", *El Mundo*, 14 de octubre de 2022, *https://www.elmundo.es/internacional/2022/10/14/634854d0fc6c831e238b4571.html*. Adicionalmente, DE MIGUEL, B., "Von der Leyen asegura haberse sentido "herida y sola" por el desplante del presidente turco", *El País*, 26 de abril de 2021, *https://elpais.com/internacional/2021-04-26/von-der-leyen-asegura-haberse-sentido-herida-y-sola-por-el-desaire-del-sofagate.html*; y Lynch, S., "Europe's odd couple: The dysfunctional relationship at the heart of the EU", *Político*, 10 de noviembre de 2022, *https://www.politico.eu/article/ursula-von-der-leyen-charles-michel-europe-eu-g20-summit-european-council-commission/*.

Finalmente, la complejidad orgánica en la UE ahonda en la desconexión y descoordinación de los numerosos proyectos puestos en marcha en las áreas de seguridad y defensa en el último lustro. En efecto, la multiplicidad de órganos con competencia en relaciones exteriores –i.e., las agencias del Espacio de Libertad, Seguridad y Justicia (ELSJ), la Comisión y el AR y la estructura propia a la PESC, incluida la Agencia Europea de Defensa[29], EDA– y la falta de unidad de la acción exterior en materia de seguridad pese a la obligación de coherencia contenida en el art. 21.3 TUE, debido inter alia a la proliferación de estrategias generales y específicas que la abordan en los diversos ámbitos de la integración europea e instrumentos respectivos, ponen en jaque una mayor cooperación y coordinación de *todos* los medios de la UE pese a su potencial actuación en respuesta a las amenazas y desafíos a la seguridad interna y su papel en cada etapa de la prevención de los conflictos. Una concepción más global e integrada de la seguridad a nivel de la UE y sus EEMM es un requisito sine qua non para avanzar en la construcción de la defensa común europea y redefinir el papel de la UE en el orden posliberal actualmente en gestación.

Por otro lado, la UE debe confrontar también desafíos externos que cuestionan su papel como actor autónomo soberano a nivel interno e internacional en un orden mundial posliberal en el que no parece fácil su encaje. Así, por ejemplo, otro de los retos a los que deberán hacer frente tanto la UE como la OTAN es la potencial fragmentación del espacio de seguridad y los mecanismos de defensa colectivos inspirados en

---

29 Además de sus tareas de asesoramiento a los EEMM y coordinación de las iniciativas de construcción de capacidades y planificación, la Agencia ha establecido "acuerdos administrativos" con terceros países y se ha posicionado, por ejemplo, en los requisitos que han de cumplir Estados terceros para unirse a los proyectos CEP. Información adicional en: *https://eda.europa.eu/who-we-are/partners*.

la Carta de Naciones Unidas, amén de la persistente diversidad de concepciones geoestratégicas de los EEMM que ni el CE2022 ni la Brújula Estratégica han sabido homogeneizar. En este sentido, además de las mencionadas iniciativas puestas en marcha en el seno de la UE y de la propia OTAN, la reciente propuesta alemana de construir un escudo antimisiles y de defensa aéreo (*European Sky Shield*) ante la situación de guerra en Ucrania y la amenaza (nuclear) rusa ha sido secundada por otros trece EEMM de la Alianza, la mayoría miembros a su vez de la UE: Bélgica, Bulgaria, Eslovaquia, Eslovenia, Estonia, Hungría, Letonia, Lituania, Noruega, Países Bajos, Reino Unido, República Checa y Rumania[30]. De salir adelante, ésta y otras iniciativas similares que en su día suscitaron reacciones contrarias de algunos aliados, como AUKUS[31], contravienen el espíritu del TAN y del TUE al crear alianzas geopolíticas exclusivas y excluyentes que, al mismo tiempo, parcelan la unidad del sistema de defensa colectiva de la Alianza y relegan a un segundo plano otros organismos y foros de debate paneuropeos y transatlánticos, como la OSCE, "desbordada" por la situación de emergencia actual en Ucrania[32]. Es necesario, por tanto, repensar las alianzas de seguridad y defensa colectivas y el papel de los diferentes actores como

---

30 Bulletin Quotidien Europe 13042–14/10/2022.

31 Redacción BBC, "Aukus: el enfado de China y Francia por el acuerdo militar entre Australia, Estados Unidos y Reino Unido", *BBC*, 16 septiembre 2021, *https://www.bbc.com/mundo/noticias-internacional-58588857*; CONTE DE LOS RÍOS, A., "Francia, AUKUS y la estrategia para el Indo-Pacífico", 10/2022, Madrid, 31 de enero de 2022, *https://www.ieee.es/publicaciones-new/documentos-de-opinion/2022/DIEEEO10_2022_AUGCON_Francia.html.*

32 DE LA TORRE MUÑOZ, R., "La OSCE, Rusia y Ucrania: una organización desbordada por un conflicto inabarcable", *Documentos de Opinión*, Instituto Español de Estudios Estratégicos, 95/2022, Madrid, 31 de octubre de 2022, *https://www.ieee.es/publicaciones-new/documentos-de-opinion/2022/DIEEEO95_2022_RODTOR_Rusia.html.*

único medio de afianzar el orden internacional posliberal ante un mundo en el que las amenazas y desafíos a la seguridad internacional parecen estar en continuo cambio y mostrar una adaptación mayor que el expuesto por las propias instituciones internacionales y el sistema de seguridad colectiva "onusiano" ante la actual situación de inestabilidad global.

4. ¿QUEDAN TODAVÍA RAZONES PARA AHONDAR EN LA EUROPA DE LA DEFENSA?

Rotundamente, sí. Aunque resulte incomprensible tras analizar las muchas interrogantes que debe confrontar, e independientemente de si se plantea como mejora de la autonomía o "pilar europeo" de la OTAN, la UE debe seguir adaptando y reforzando sus capacidades (civiles y militares) para afrontar los actuales y futuros desafíos y amenazas a la seguridad internacional como parte de un todo, de su visión del orden internacional basado en normas, aún sin descartar acciones propias de la *realpolitik* en la defensa de sus intereses. La agresión rusa a Ucrania ha facilitado el replanteamiento de las "especificidades" (art. 42.2 TUE) de algunos EEMM[33] y ha acelerado un proceso de reafirmación de la voluntad europea de reforzar su papel en la defensa del continente que debe ser aprovechado para ahondar en la política de defensa común y evitar, así, tener "externalizada" la defensa de su territorio, valores y ciudadanía y conformarse con un papel secundario en la gestión de crisis internacionales. Con los acontecimientos de los últimos meses y la vuelta a un escenario internacional inestable en el que la guerra convencional sigue estando presente –junto con los medios híbridos de desestabilización y las

---

33 Tras un referendo, el gobierno danés decidió en junio de 2022 eliminar su cláusula de exclusión y unirse a la PCSD.

amenazas que representan los actores violentos no estatales dentro y fuera de nuestras fronteras–, se hace más necesario que nunca profundizar en el proceso de integración de la defensa europea en la línea seguida por las Instituciones y las principales capitales europeas tras la aprobación de la EGUE.

Paradójicamente, al mismo tiempo, la situación de incertidumbre mundial parece haber consolidado su dependencia de la OTAN –y, por ende, de los Estados Unidos– según algunos analistas[34]. Sin embargo, por regla general, la UE ha mostrado ser plenamente consciente de sus limitaciones, por lo que en ningún momento del proceso de intensificación de la cooperación en defensa en el seno de la Unión tras la adopción de la EGUE se ha planteado una ruptura con sus socios de la Alianza, pues reconoce que la cooperación con éstos es el único camino posible para conseguir materializar sus amplias ambiciones militares[35] como actor y garante de su seguridad en un orden internacional que no siempre parece dispuesto a cumplir las normas. Por ello, el refuerzo del potencial de respuesta de la Unión, incluida la militar, como medio para garantizar su autonomía y soberanía geoestratégica no debe

---

34 ALCARO, R., "Más integración, menos autonomía: la UE en el nuevo orden europeo", *Política Exterior*, *https://www.politicaexterior.com/mas-integracion-menos-autonomia-la-ue-en-el-nuevo-orden-europeo*; DE MIGUEL, B., "La guerra de Putin aboca a la UE a una dependencia aún mayor de la OTAN", *El País*, 30 de junio de 2022, *https://elpais.com/internacional/2022-06-30/la-guerra-de-putin-condena-a-la-ue-a-una-dependencia-aun-mayor-de-la-otan.html*; PONTIJAS CALDERÓN, J. L., "Una brújula estratégica para la seguridad y la defensa de la Unión Europea. ¿Un documento más?", *Documento de Análisis*, Instituto Español de Estudios Estratégicos, núm. 42/2022, 8 de junio de 2022.

35 El nivel de ambición militar quedó establecido en las Conclusiones del Consejo sobre la aplicación de la Estrategia Global de la UE en materia de Seguridad y Defensa (14149/16) y el "Implementation Plan on Security and Defence" (14392/16), ambos de 14 de noviembre de 2016.

ser entendido como un obstáculo a una mayor cooperación en el seno de la Alianza en los ámbitos político, estratégico y operativo. Más bien, todo lo contrario: la UE debe encontrar en las alianzas con sus socios un instrumento para desarrollar sus capacidades y consolidar su papel internacional. De hecho, como afirma Riccardo Alcaro, las asociaciones y el multilateralismo deben ser concebidos como "recursos estratégicos si la UE y sus [EEMM] quieren preservar su habilidad 'soberana' para actuar internacionalmente según sus propias reglas y principios"[36], por lo que, además de potenciar el papel de la ONU en la gestión de crisis internacionales y la promoción del multilateralismo eficaz como hasta ahora, la UE debe apuntalar sus relaciones con la Alianza en su conjunto y definir su aportación a la defensa colectiva y disuasión establecidas por ésta, así como, bilateralmente, estrechar la colaboración con aliados clave en el desarrollo de sus capacidades como Estados Unidos y el Reino Unido –en el limbo actualmente tras el *Brexit*– y, multilateralmente, con otros foros de fomento de las capacidades de defensa e híbridas, como la Organización Conjunta de la Cooperación en Materia de Armamento (OCCAR) y la Agencia Espacial Europea. Solamente de una forma coordinada, en red, y bajo su liderato podrá la Unión convertirse en una verdadera "potencia normativa"[37] capaz de definir el orden internacional posliberal en todos sus componentes, incluidos los de la seguridad y la defensa.

Asimismo, la mayor coordinación y cooperación en materia de defensa pueden permitir impulsar el desarrollo conjunto de capacidades militares y civiles propias en un contexto de crisis socioeconómica internacional con visos de perpetuarse

---

36 ALCARO, R., "Sovereignty and multilateralism", *op. cit.*, p. 37.

37 MANNERS, I., "Normative Power Europe: A Contradiction in Terms?", *Journal of Common Market Studies*, Vol. 40, núm. 2, 2002, pp. 235-258.

en el medio y largo plazo. Efectivamente, parecen probables ciertos recortes en los presupuestos de defensa de los EEMM o, cuando menos, una ralentización del incremento del gasto acordado que lleven a la congelación, aplazamiento o cancelación de algunos proyectos conjuntos en el marco de la CEP u otros foros si las presiones económicas y sociopolíticas merman la inicial voluntad de los gobiernos europeos, haciendo igualmente insostenible el cumplimiento de los compromisos de gasto adquiridos por los Aliados en la Cumbre de Newport (Gales) de 2014 e incluidos grosso modo por los EEMM participantes de la CEP. Racionalizar las inversiones gracias a la coordinación de la planificación de las necesidades y adquisiciones conjuntas, como se está ejecutando gracias al apoyo de la EDA, y compartir los gastos de investigación y desarrollo conjunto de capacidades son alicientes que facilitan cumplir la mayoría de los compromisos contraídos en ambos marcos de cooperación y hacer frente a los embates de la actual crisis socioeconómica derivada de la guerra en Ucrania. Al incentivo de compartir gastos a través de una mayor cooperación en el desarrollo de capacidades se une la posibilidad de poder contar, por primera vez en la historia del proceso de integración, con recursos comunitarios que cofinancien los proyectos, como el Fondo Europeo de Defensa, además de disfrutar de un mayor apoyo social si la iniciativa es europea y no exclusivamente estatal[38].

Por último, pero no por ello menos importante, hemos de destacar el valor añadido de la UE en los ámbitos de la seguridad y la defensa si se produce un cierto reparto de responsabilidades entre la Unión y la OTAN. El refuerzo de las conexiones entre

---

[38] En el Eurobarómetro especial núm. 526, publicado en junio de 2022, la gran mayoría de la ciudadanía europea (81%) apoyaba una política común de seguridad y defensa, mientras que nueve de cada diez europeos (93%) consideraba necesaria una actuación conjunta de la UE para defender su territorio ante la crisis en Ucrania. Datos disponibles en: *https://europa.eu/eurobarometer/surveys/detail/2694*.

lo civil y lo militar con la mejora de la estructura orgánica de la PCSD inter alia con la puesta en marcha de la Capacidad Militar de Planificación y Ejecución, en junio de 2017, y su Célula Conjunta de Apoyo a la Coordinación le permiten a la UE completar el ciclo de la gestión integrada de crisis internacionales en cada etapa[39] y la respuesta coordinada ante un potencial ataque híbrido a su territorio en colaboración directa con los servicios de la Comisión competentes para la protección civil y la seguridad interna, incluidas las agencias del ELSJ. Robustecer el nexo civil-militar posibilitaría incrementar el poder de disuasión de la OTAN en el continente europeo, como propone el CE2022, al mismo tiempo que facilita que la Unión juegue un papel activo en la defensa de su territorio e infraestructuras críticas, complementado por el oportuno apoyo de la Alianza como único actor capaz de garantizar una verdadera defensa del territorio europeo en el corto y medio plazo. Solamente mediante una asociación política, estratégica y operativa más estrecha entre la OTAN y la UE y un reparto de responsabilidades entre ambas Organizaciones del que se beneficien mutuamente se podrá afrontar de una manera eficaz y garantista el orden internacional postliberal en construcción y los actuales desafíos y amenazas globales a la seguridad europea.

5. CONCLUSIONES

El orden internacional liberal que hasta ahora hemos conocido, heredado del sistema de seguridad colectiva "onusiano" y basado en normas, conoce una crisis sin precedentes dada la actual situación de inestabilidad provocada por la agresión rusa a Ucrania y el papel pasivo-agresivo de China.

---

[39] Esto incluye, asimismo, su papel como financiador del desarrollo, elemento preventivo de la gestión integrada de crisis internacionales promovido en el seno de la UE.

Ante este panorama, previsto en la EGUE incluso antes del estallido de la guerra en el vecindario próximo, se hace más necesario que nunca el progresivo incremento de las capacidades (civiles y militares) de la Unión para relacionarse en la "selva"[40]. La cuestión clave, por tanto, está en mantener el equilibrio necesario para evitar que la gestión de las interdependencias en un mundo globalizado se torne dependencia futura en las áreas de seguridad y defensa, como hasta ahora ha sucedido respecto de la OTAN y de Estados Unidos desde el final de la II Guerra Mundial. Por tanto, la UE, si quiere seguir teniendo un papel activo en la construcción del orden internacional postliberal y en la defensa de su propio territorio y valores, debe empezar por apostar por erigir y fortalecer sus propias capacidades y adaptar su estructura orgánica y procedimientos de toma de decisiones a las demandas de un entorno cada vez más agresivo en lo político, lo económico y comercial y las cuestiones de seguridad.

---

40 Siguiendo las polémicas palabras del AR, quien hizo alusión, a su vez, a la metáfora de Robert Cooper. Cooper, R., *Post Modern State and the World Order*, 2ª edición, Demos, 2000.

Capítulo 14

Las relaciones entre la Unión Europea y la OTAN en el nuevo contexto de la guerra en Europa: ¿competencia y subordinación o complementariedad y cooperación?

MERCEDES GUINEA LLORENTE*

1. CONSIDERACIONES GENERALES: LA DEFENSA EUROPEA COMO PRIORIDAD CLAVE Y ÁREA DE CONVERGENCIA ENTRE LA OTAN Y LA UE

La invasión rusa a Ucrania en febrero de 2022 ha causado en el continente europeo que la seguridad y defensa colectiva hayan saltado a la primera página de las agendas nacionales y regionales viviendo un momento álgido que no se vivía desde el fin de la Guerra Fría. En este último sentido, desde marzo de 2022 tanto la Organización del Tratado del Atlántico Norte (OTAN), como la Unión Europea (UE) han experimentado un fortalecimiento, han consensuado nuevos objetivos para la defensa europea y están desarrollando nuevas líneas de acción política.

---

* Profesora titular interina de Relaciones Internacionales. Universidad Complutense de Madrid (mmguinea@ucm.es). Todas las páginas web referenciadas en este artículo han sido consultadas por última vez el 10 de noviembre de 2022.

Se pueden así detectar tres tipos de cambios, en función del ámbito en el que se han producido. En primer lugar, en el marco de la UE, en marzo se ha adoptado la "Brújula Estratégica", que es el documento de estrategia de la Política Común de Seguridad y Defensa (PCSD) que fija los objetivos y desarrollos que los Estados miembros (EEMM) se comprometen a alcanzar en diez años[1]. Planteada su aprobación dos años antes, solo ha recibido un pequeño retoque a la luz de la invasión de Ucrania, lo que explica que su enfoque sea más de política de seguridad que de política de defensa y no acabe de recoger las implicaciones del conflicto.

También se ha aprobado la Agenda de Versalles que, en lo que afecta a la defensa común, fija una serie de objetivos y actuaciones para abordar la falta de autonomía defensiva de la UE e invertir en el reforzamiento de capacidades y tecnologías innovadoras de aquí a 2030[2]. Como primer desarrollo de la Agenda, la Comisión Europea ya ha elaborado un informe sobre las carencias existentes con la finalidad de conseguir que el fortalecimiento de las capacidades defensivas nacionales se haga de manera coordinada y con la finalidad de contribuir

---

1 El proceso de redacción de la Brújula es muy significativo, ya que no se ha hecho, como en el caso de las Estrategias de Seguridad anteriores, por las instituciones comunes sino de manera consensuada por los representantes de los Estados miembros, por lo que constituye el compromiso de los Estados miembros con el desarrollo de la PCSD. Véase: CONSEJO DE LA UE, *Una Brújula Estratégica para la Seguridad y la Defensa. Por una Unión Europea que proteja a sus ciudadanos, defienda sus valores e intereses y contribuya a la paz y seguridad internacionales, Bruselas, 21 de marzo de 2022, (7371/22), disponible en: https://data.consilium.europa.eu/doc/document/ST-7371-2022-INIT/es/pdf.*

2 JEFES DE ESTADO O DE GOBIERNO, *Declaración de Versalles, Versalles, 11 y 12 de marzo de 2022, ptos.* 8-13, disponible en: https://www.consilium.europa.eu/media/54800/20220311-versailles-declaration-es.pdf.

al fortalecimiento de la capacidad defensiva del conjunto de la UE[3]. A petición de Suecia y Finlandia, además, el Consejo Europeo ha ratificado que "la solidaridad entre los Estados miembros se refleja en el artículo 42, apartado 7"[4], esto es, la cláusula de asistencia mutua UE para el caso de que un Estado miembro sufra una agresión armada.

En segundo lugar, la OTAN ha adoptado un nuevo concepto estratégico en junio de 2022 en su Cumbre de Madrid, que vuelve a poner el foco en la defensa de Europa frente a Rusia y el reforzamiento de las operaciones en el flanco Este para proteger a los Estados europeos del conflicto[5]. La OTAN en Madrid se fortalece posicionando la disuasión en el centro de su acción, con la aprobación de nuevas operaciones, abriendo la agenda de la organización a nuevas amenazas, y consiguiendo de la parte de los aliados compromisos reforzados de inversión en capacidades militares y tecnologías claves. No hay duda de que la amenaza rusa ha revivido a la organización, volviendo a recordar su misión clave de disuadir a Rusia de una agresión y proteger el territorio de los aliados[6].

---

3 EUROPEAN COMMISSION and HIGH REPRESENTATIVE OF THE UNION FOR FOREIGN AFFAIRS AND SECURITY POLICY, *Joint Communication to the European Parliament, the European Council, the Council, the European Economic and Social Committee and the Committee of the Regions on the Defence Investment Gaps Analysis and Way Forward,* Brussels, 18.5.2022, (JOIN(2022) 24 final).

4 JEFES DE ESTADO O DE GOBIERNO, *Declaración de Versalles, op. cit., pto. 8.*

5 Así el nuevo Concepto afirma que la finalidad clave de la OTAN es asegurar la defensa colectiva, con un enfoque de 360º. HEADS OF STATE AND GOVERNMENT, *NATO 2022 Strategic Concept,* Madrid, 29 June 2022, p. 2, disponible en: https://www.nato.int/strategic-concept/.

6 BOND, I. y SCAZZIERI, L., *The EU, NATO and European Security in a Time of War.* Centre for European Reform Policy Brief, 5 August

Tercero, hay que señalar una serie de movimientos de los Estados europeos en relación a las dos organizaciones que también ponen de manifiesto como la agresión rusa hace de la defensa una cuestión prioritaria. Por una parte, Dinamarca, aliado de la OTAN, contaba desde Maastricht con una excepción en el ámbito de la defensa, que ha resultado anulada como consecuencia de los resultados del referéndum celebrado el 1 de junio de 2022[7]. Desde el 1 de julio, Dinamarca es miembro de la PCSD, y va progresivamente incorporándose a las distintas dimensiones de esta política[8]. Por otra parte, dos EEMM de la UE, Suecia y Finlandia, tradicionales potencias civiles han decidido su adhesión a la OTAN, por lo que, a partir de ese momento, las dos organizaciones tendrán 23 miembros en común[9]. Así en el caso de la UE, 23 de sus 27 EEMM también

---

2022, disponible en: https://www.cer.eu/publications/archive/policy-brief/2022/eu-nato-and-european-security-time-war.

7 Con una participación del 65% del electorado, casi un 67% apoyó la integración en la Política Común de Seguridad y Defensa de la UE. Véase: SCHAART, E., "Denmark votes to scrap EU defense opt-out", *Politico,* 1 June 2022, disponible en: https://www.politico.eu/article/denmark-votes-to-scrap-eu-defense-policy-opt-out/.

8 DANISH MINISTRY OF DEFENCE, *Denmark and the EU,* 7 October 2022, disponible en: https://www.fmn.dk/en/topics/international-cooperation/eu/.

9 La Cumbre de Madrid de 29 junio de 2022 invitó a estos dos países a unirse a la organización y el 5 de julio se firmaron los Protocolos de Adhesión, debiendo ser ratificados por los Estados candidatos y los demás aliados para que se complete el proceso. En el momento en que escribimos estas líneas están pendientes de la ratificación parlamentaria de Turquía y Hungría para convertirse en miembros de pleno derecho, lo que se espera que se produzca en los próximos meses, si bien hay dudas sobre que el Gobierno turco haya levantado sus reticencias. Véase: MAC DOUGALL, D. and PALFI, R., "Despite diplomacy, Hungary & Turkey still blocking Sweden and Finland from NATO", *Euronews,* 6-11-2022, disponible en: https://www.euronews.com/2022/11/04/

pertenecerán a la OTAN[10]; mientras que en la OTAN 23 de los 32 aliados serán, a su vez, miembros de la UE[11]. Además, todos los EEMM de la UE han aumentado muy significativamente sus presupuestos en materia de defensa para los próximos años, sumando unos 200.000 millones de euros adicionales a sus presupuestos previos[12]. Servirán para que los aliados puedan alcanzar sus compromisos en materia de gasto de la OTAN, pero si se invierten coordinadamente, también para mejorar las capacidades de defensa de la UE.

Teniendo en cuenta, que la agresión rusa a Ucrania se ha visto respondida con un fortalecimiento de las dos organizaciones internacionales que se ocupan de la seguridad y la defensa en Europa, corresponde preguntarse por la relación entre ambas y si el reforzamiento de una puede ir en detrimento de otra o si los dos puede ser compatibles.

Para examinar la relación entre las dos organizaciones, aplicaremos el marco teórico de la Interacción Institucional, desarrollado por Gehring y Oberthür, que explicaremos brevemente[13]. Dada la limitada extensión de este trabajo, nos

---

hungary-and-turkey-are-the-last-two-roadblocks-to-nato-membership-for-finland-and-sweden.

10 Estos serán: Francia, Alemania, Italia, Bélgica, Países Bajos, Luxemburgo, Dinamarca, Grecia, Portugal, España, Suecia, Finlandia, Polonia, República Checa, Eslovaquia, Hungría, Estonia, Letonia, Lituania, Eslovenia, Bulgaria, Rumanía y Croacia. Solo quedan fuera, por tanto, Irlanda, Austria, Malta y Chipre.

11 Los aliados que no son miembros de la UE son: Estados Unidos, Canadá, Islandia, Noruega, Turquía, Reino Unido, Montenegro, Albania y Macedonia del Norte.

12 EUROPEAN COMMISSION and HIGH REPRESENTATIVE OF THE UNION FOR FOREIGN AFFAIRS AND SECURITY POLICY, *Joint Communication to the European Parliament…*, *op. cit.*, p. 1.

13 GEHRING, T. and OBERTHÜR, S., "The Causal Mechanisms of Interaction between International Institutions", *European Journal of Interna-*

limitaremos a analizar bajo este prisma la coincidencia en el mandato y ámbito de acción de las dos organizaciones, focalizado especialmente en la defensa. Dejaremos para futuras investigaciones su aplicación a la cooperación en el ámbito de las políticas de seguridad.

2. LA INTERACCIÓN INSTITUCIONAL: MARCO TEÓRICO PARA EXPLICAR LA RELACIÓN ENTRE ORGANIZACIONES QUE ACTÚAN EN EL MISMO ÁMBITO

El marco de análisis de la Interacción Institucional ha sido desarrollado desde 2006 por Gehring y Oberthür con la finalidad de sistematizar el estudio de las relaciones entre distintas instituciones o regímenes internacionales que coexisten o conviven en un mismo ámbito material de las relaciones internacionales[14]. Inicialmente desarrollado para estudiar la densidad de organizaciones y marcos jurídicos existentes en el ámbito del medioambiente[15], también se ha aplicado a las relaciones de la UE y el Consejo de Europa[16].

---

tional Relations, vol. 15, núm 1, 2009, pp. 125-156.

14 OBERTHÜR, S. and GEHRING, T. (Eds.), *Institutional Interaction in Global Environmental Governance. Synergy and Conflict among International and EU Policies,* Cambridge, The MIT Press, 2006.

15 OBERTHÜR, S. and STOKKE, O.S. (Eds.), *Managing Institutional Complexity: Regime Interplay and Global Environmental Change,* Cambridge, The MIT Press, 2011.

16 BROSIG, M., "New Modes of Cooperation between the EU and the Council of Europe", *CFSP Forum, vol. 6, núm 5, 2008, pp 9-12; GUINEA LLORENTE, M., "Las relaciones políticas del Consejo de Europa y la Unión Europea: cooperación, complementariedad y división del trabajo", en: FERNÁNDEZ SÁNCHEZ, P.A. (Ed.), La Obra Jurídica del Consejo de Europa, Sevilla, Gandulfo, 2010, pp. 35-54.*

Este marco parte de la constatación de las limitaciones del análisis tradicional de las instituciones y organizaciones internacionales por separado, que obvia la realidad de que estas no funcionan aisladamente. Por el contrario, se evidencia que en la realidad internacional existen una densidad de regímenes e instituciones que coinciden en un mismo ámbito de acción y que interactúan entre sí, en ocasiones produciendo sinergias, pero en otras llevando a solapamientos, e incluso a conflictos. Todas ellas se influyen mutuamente, llegando incluso a afectar decisivamente a su propia naturaleza.

Las organizaciones internacionales ejercen influencia en el desarrollo y la eficacia de otros instrumentos, instituciones y regímenes internacionales, y son ellos mismos influidos a su vez por otros instrumentos similares, dentro tanto del mismo ámbito político, como de ámbitos conexos. El elemento fundamental de este marco teórico es el concepto de *"Interacción"*, que implica que la decisión de una organización denominada "*Institución-fuente*" produce efectos en el desarrollo normativo y la eficacia de otra – la *"Institución-objetivo"*- a través de un mecanismo causal. Esa influencia puede afectar tanto a la propia naturaleza de la Institución objetivo, como a alguna de sus decisiones, actuaciones o a la propia área política gobernada por ella.

Los autores han clasificado en cuatro los mecanismos causales que ayudan a entender cómo una organización ejerce influencia en otra y que gradúan los distintos tipos de interacción:

1. Interacción Cognitiva: hace referencia a la transferencia de conocimiento de la Institución-fuente a la Institución-objetivo. En un mundo complejo, los actores tienen información limitada y también capacidades concretas y limitadas de toma de decisiones. Puede darse entre cualquier tipo de actores e instituciones, ya que el aprendizaje no requiere ninguna conexión, ni pertenencia a estructuras comunes.

2. Interacción a través de Compromisos: los compromisos aceptados en el marco de la Institución-fuente afectan al conjunto de intereses y a los procesos de decisión de la Institución-objetivo. Para este tipo de interacción, los asuntos tratados por las dos organizaciones deben coincidir, al igual que los miembros de las instituciones, ya que si no, los compromisos adoptados en el seno de una no vincularían a la otra. Por ello, los EEMM son los actores fundamentales de este tipo de interacción.

3. Interacción de la Conducta: Este mecanismo incide sobre la eficacia de la Institución-objetivo en su ámbito de actuación. La Institución-fuente puede inducir cambios de comportamiento en los actores que sean relevantes para la eficacia de la institución-objetivo dentro de esa área. Esta interacción ocurre fuera de los procesos de toma de decisión de las dos instituciones y puede implicar a actores no estatales activos. Afecta a la actuación de la Institución-objetivo sin requerir directamente una decisión propia.

4. Interacción en el Impacto, según la cual se producen efectos sobre el objetivo último de gobernanza de la institución inducidos por la Institución-fuente a nivel de impacto. En este caso, el efecto sobre el objetivo es un "*spillover*" directo de los efectos de la Institución-fuente en su objetivo de gobernanza que puede ocurrir debido a la interdependencia funcional de los ámbitos implicados.

3. APLICACIÓN DE LA INTERACCIÓN INSTITUCIONAL A LAS RELACIONES ENTRE LA OTAN Y LA UE

La aplicación del marco teórico de la Interacción Institucional a las relaciones entre la OTAN y la UE resulta adecuada y conveniente dado que ambas organizaciones internacionales tienen como objetivos comunes "promover la paz y seguridad internacionales" (art. 1 Tratado de Washington; art. 3.5 TUE).

Las dos trabajan en ámbitos de acción coincidente -la seguridad y la defensa- hasta el punto de que el propio TUE, se refiere a la OTAN para determinar que la Política Común de Seguridad y Defensa (PCSD) ha de respetar los compromisos de los EEMM, que a su vez, pertenecen a la OTAN (art. 42.2 y 42.7 TUE).

Ninguna de las dos organizaciones tiene fuerzas propias, sino que realizan sus actividades con las capacidades que les destinan sus EEMM. Por ello, teniendo en cuenta que gran número de miembros son coincidentes y sus capacidades y fuerzas limitadas, aquellas que se destinen a una organización no podrán ser utilizados por la otra. También es preciso considerar que los recursos financieros de los EEMM son limitados, y más en los tiempos de crisis que estamos viviendo, por lo que las aportaciones a asignar a una organización pueden ir en detrimento de la otra. Sin embargo, aquellas inversiones destinadas a modernizar y fortalecer las fuerzas y capacidades militares de los EEMM, que refuercen la potencia de disuasión de las organizaciones pueden ser de utilidad para ambas.

En relación a los EEMM, en la OTAN se da la hegemonía arrolladora de un solo miembro, Estados Unidos, tanto por su enorme peso económico, como por su potencia militar. Estados Unidos asume en solitario 2/3 del coste total del funcionamiento orgánico y de las operaciones de la organización[17]. Su diferencia estructural con el resto de miembros en

---

17 Se contribuye a la OTAN de dos maneras diferentes. Primero, a través de una cuota fija, que se calcula en función del PIB. Por este concepto, Estados Unidos contribuye con un poco más del 16%, en una proporción solo un poco superior a Alemania. La diferencia viene, sin embargo, por que es el Estado que contribuye con más efectivos y capacidades a las operaciones de vigilancia y disuasión de la OTAN, asumiendo en solitario dos tercios del despliegue y

tecnología, capacidades industriales, capacidades armamentísticas y operacionales, entre ellas la capacidad nuclear, suponen la parte del león en la capacidad disuasoria de la organización. Por este peso desmesurado de EEUU, y desde la lógica transaccional que guía la política exterior de su Gobierno, se ha considerado la OTAN como un instrumento político para promover los intereses de este Estado en el mundo[18].

Por la existencia previa de la OTAN, el diferencial que supone Estados Unidos y que la UE solo ha desarrollado una Política Europea de Seguridad y Defensa (PESD) desde 1998, consideraremos Institución-fuente a la OTAN e Institución-objetivo a la UE.

Dado que la coincidencia de EEMM es relevante para este marco de análisis, hay que señalar que, prácticamente, desde el inicio de las Comunidades Europeas (CCEE) y hasta 1973, coinciden plenamente la membresía entre las CCEE y la

---

del coste. Así, en los documentos del Departamento de Defensa se contabiliza que la financiación de la Iniciativa de Disuasión Europea en 2022 ha costado al presupuesto estadounidense 3 811,6 millones de dólares. Véase: UNITED STATES DEPARTMENT OF DEFENSE, *Defense Operation and Maintenance Overview Book, Fiscal Year 2023 Budget Request,* Washington, May 2022, p. 207; disponible en: *https://comptroller.defense.gov/Portals/45/Documents/defbudget/FY2023/FY023_OM_Overview.pdf.*

18 En este sentido, un informe del Congreso de Estados Unidos defiende que "*U.S. policymakers have long regarded both NATO and the EU as crucial to maintaining peace and stability in Europe and stymieing big-power competition*" y que "*U.S. leadership of NATO and cooperation with the EU has helped to foster democratic and prosperous European allies that, in turn, have bolstered U.S. foreign and security policies and the multilateral trading system.*" ARCHIK, K., "U.S.-European Relations in the 117th Congress", *Congressional Research Service,* (IF11094), p. 1, disponible en: *https://crsreports.congress.gov/product/pdf/IF/IF11094.*

OTAN[19]. La divergencia de la membresía se inicia en 1973 con la adhesión a las CCEE de Irlanda -Estado neutral-; se amplía con las potencias civiles que ingresan en 1995 –Austria, Suecia y Finlandia- y con dos pequeñas islas de la gran ampliación –Malta y Chipre[20]-. Aunque los Estados no-OTAN no son Estados significativos en términos de tamaño y peso político, pondrán su seña de identidad en el desarrollo de la PESD, siendo la dimensión civil de la gestión de crisis una aportación de los Estados que se adhirieron en 1995[21].

3.1. Interacción de compromisos en relación al desarrollo de una política de seguridad y defensa por parte de las CCEE/UE

Desde los inicios y hasta el Tratado de Maastricht vemos una Interacción a través de compromisos entre la OTAN y las entonces CCEE en relación al ámbito de actuación de estas últimas. Esa Interacción es negativa y determina que las CCEE no desarrollen efectivamente una política de seguridad y defensa por su competencia con la OTAN hasta bien entrado el siglo

---

19 De los seis Estados fundadores de las CECA, solo Alemania no es miembro fundador de la OTAN, pero se adheriría en 1955, incluso antes del establecimiento de la Comunidad Económica Europea y del Euratom.

20 La adhesión a la UE de Chipre ha resultado muy significativa para la cooperación UE-OTAN, que se ha visto muy deteriorada. Por el conflicto político existente entre Chipre y Turquía, desde la adhesión de la pequeña isla, Turquía ha vetado cualquier utilización por parte de la UE de las facilidades y capacidades OTAN en el marco de los Acuerdos de Berlín Plus.

21 FERREIRA-PEREIRA, L.C., "The Military Non-Allied States in the CFSP of the 1990's", *EIoP,* vol. 8, núm. 3, 2004, p. 10, disponible en: http://eiop.or.at/eiop/pdf/2004-003.pdf.

XXI. Es el Reino Unido el que va a mantener un veto al vínculo estructural entre las CCEE y los asuntos de defensa[22].

Así, en las consultas previas a la adopción del Acta Única Europea, sondeándoles sobre las posibilidades de profundización de la integración, el entonces Presidente de la Comisión Delors propondrá nuevos ámbitos de acción común, tanto en ámbitos económicos como específicamente en defensa[23]. La posibilidad de que las CCEE introduzcan entre sus ámbitos de actuación la defensa y se pudiera instaurar una defensa común inmediatamente recibe la negativa de la Primera Ministra Mrs. Thatcher, así como de otros gobernantes. Por ello, la Cooperación Política Europea, constitucionalizada por el Acta Única Europea, quedaría limitada a los aspectos políticos y económicos de la seguridad[24].

Cuando se crea la Política Exterior y de Seguridad Común (PESC) la misma interacción por compromisos explica la redacción relativa a la Política Europea de Seguridad y Defensa (PESD) del artículo J4 del Tratado de Maastricht, que fija un ámbito de acción ambiguo y sin concretar pero limitado. Así, esta abarca todas las cuestiones de la seguridad de la Unión Europea *"incluida la definición, en el futuro, de una política de defensa común…"*[25]. Y se aclara la preferencia OTAN con el "*respeto*" que la futura política ha de tener con las obligaciones OTAN de los EEMM que son aliados, y con la política desarrollada en el marco de esta organización. La PESC de la

---

22 HOWORTH, J., *European Integration and Defence: The Ultimate Challenge,* Chaillot Papers nº 83, Paris, ISS, 2000, p. 2.

23 DINAN, D., *"Ever closer Union". An Introduction to European Integration,* London, Palgrave-Macmillan, 2005, p. 92.

24 Véase el apartado 6 a) del artículo 30 del Acta Única Europea. *DOCE L 169, de 29.6.1987, p. 13.*

25 Véase el artículo J4 del Tratado de la Unión Europea, adoptado en Maastricht en 1992. *DOCE* C 191, de 29.7.1992, p. 59.

UE nacerá, por tanto, condicionando su contenido y desarrollo a los compromisos del Tratado de Washington y a la política que vaya desarrollando la OTAN. Se impuso en la negociación la posición británica, que quiso proteger su especial relación con Estados Unidos, a la que se sumaron otros EEMM como Dinamarca, Países Bajos, Portugal o Italia[26].

La misma interacción de compromisos determina la delimitación del ámbito de acción de la Política Común de Seguridad y Defensa (PCSD) en el Tratado de Lisboa, adoptado en 2007, si bien en este caso con una génesis más conflictiva[27]. Es preciso recordar que el articulado relativo a la PCSD se redactó por la Convención Europea y fue terminado por la Conferencia Intergubernamental de 2003 que la sucedió, limitándose la negociación que cerró el Tratado de Lisboa a incluirla en el formato del TUE sin abrir una nueva discusión en cuanto a su contenido[28].

El contexto de esa reforma fue el de la fractura entre los EEMM en relación a la Guerra de Irak y el enfrentamiento de Francia y Alemania con Estados Unidos en relación a la

---

26 LAURSEN, F., "Explaining the Intergovernmental Conference on Political Union", en: LAURSEN, f. y VANHOONACKER, S., *The Intergovernmental Conference on Political Union: institutional reforms, new policies, and international identity of the European Community*, Dordrecht, Nijhoff Publishers, 1992.

27 Sobre la PCSD y su implementación, véase entre otros: HOWORTH, J., "The European Union's Security and Defence Policy. The Quest for Purpose", en: HILL, CH, SMITH, M. y VANHOONACKER, S. (Eds.), *International Relations and the European Union,* Cambridge, Cambridge University Press, 2017, pp. 341-378; SMITH, M., *Europe's Common Security and Defence Policy. Capacity-Building, Experiential Learning and Institutional Change,* Cambridge, Cambridge University Press, 2017, pp. 246-271.

28 GUINEA LLORENTE, M., *La Convención Europea: la génesis del Tratado de Lisboa, Madrid, Congreso de los Diputados, 2011, pp. 645-659.*

legalidad de la intervención. Esto conduce inicialmente a que estos dos países planteen una contribución conjunta muy ambiciosa para que la UE desarrolle una política de defensa propia, que le permitiera autonomía de Estados Unidos[29]. El punto más álgido del conflicto fue la conocida como "Minicumbre del Chocolate" de abril de 2003, en que Francia, Alemania, Bélgica y Luxemburgo se propusieron la autonomía a través de la generación de capacidades propias como un Cuartel General de la UE y que se entendió como una provocación antiatlantista[30]. Aunque muchas de las propuestas francoalemanas como la alianza defensiva, la cooperación estructurada permanente o la cooperación reforzada se recogieron en el Tratado de Lisboa, el acuerdo entre Reino Unido y Alemania supuso finalmente el recorte de su alcance y la admisión de que la PCSD quedara finalmente sometida a la OTAN[31].

En este sentido, el 42.2 del TUE añade respecto a Maastricht una frase que refuerza esa preeminencia: la PCSD respetará las obligaciones derivadas del Tratado del Atlántico Norte para determinados EEMM "*que consideran que su defensa común se realiza dentro de la OTAN*". Esta adición cobra sentido en relación al artículo 42.7 del TUE, que recoge la cláusula de asistencia mutua entre EEMM en caso de que un Estado miembro sea objeto de una agresión armada. Ha de ser interpretado en el sentido de que los EEMM consideran que

---

29 FISCHER, J. y DE VILLEPIN, D., "Propuesta conjunta francoalemana en el ámbito de la política europea de seguridad y defensa", *Contribución a la Convención Europea, núm 150, 22 de noviembre de 2002 (CONV 422/02).*

30 GUINEA LLORENTE, M., *La Convención Europea…, op. cit., pp. 541-543.*

31 KNOWLES, V. y THOMSON-POTTEBOHM, "The UK, Germany and ESDP: Developments at the Convention and the IGC", *German Politics,* vol. 13, núm 4, 2004, pp. 581-604.

la defensa colectiva es una tarea que reconocen en exclusiva a la OTAN, mientras que esa cláusula se entiende como un mero mecanismo de solidaridad política entre EEMM[32]. En todo caso, si existiera una posible colisión entre ambas obligaciones, la OTAN imperaría.

3.2. Interacción de compromisos en relación al contenido efectivo de la PESD y la PCSD

Más allá de la asignación de tareas en el Tratado, se detecta igualmente una interacción de compromisos en el contenido que se ha dado por parte de las instituciones comunes a la PESD y PCSD hasta el día de hoy, que no entra en las áreas de trabajo tradicional de la OTAN. Se puede afirmar que el desarrollo de la PESD se ha definido por su relación con esta organización[33]. En el momento en que se plantea, en la postguerra fría, la OTAN está buscando un nuevo objetivo, lo que abrió un intenso debate entre dos extremos: unos que temían que el desarrollo de la UE pudiera acabar con la Alianza Atlántica y otros que defendían que contribuiría a su

---

32 Se defiende así que, a diferencia de los Tratados de la OTAN o de la UEO, este artículo no especifica que la asistencia ha de ser militar o que implique el uso de la fuerza armada. Véase: TONRA, B. y KEATINGE, P., *Security and Defence Policy in the Lisbon Treaty*, Dublin, Institute for European Affairs, 2009, p. 24. En el mismo sentido de entenderla como una obligación de solidaridad política, véase: FERREIRA-PEREIRA, L.C., "Mutual solidarity within the EU common foreign and security policy: What is the name of the game", *International Politics*, vol. 47, núm 6, 2010, pp. 596-616.

33 KEOHANE, D., "ESDP and NATO", en: GREVI, G., HELLY, D. y KEOHANE, D. (Eds.), *European Security and Defence Policy. The First 10 Years (1999-2009)*, Paris, ISS, 2009, pp. 127-138, p. 127.

fortalecimiento[34]. Desde la UE se han respetado las condiciones que sentara el Gobierno estadounidense, justo tras la Cumbre de Saint-Malo, de no duplicar capacidades, no discriminar a los miembros OTAN, ni desacoplarse de la política fijada por Estados Unidos[35]. El alineamiento entre la PESD y la PCSD con la OTAN es un trabajo hecho desde las propias instituciones decisoras europeas por los EEMM más atlantistas, con el Reino Unido a la cabeza[36].

Si se observan las tareas y funciones que desarrollan OTAN y UE se pueden percibir con claridad las diferencias, percibiéndose una división del trabajo. La UE desarrolla fundamentalmente misiones de gestión de crisis de naturaleza civil o mixta, en el marco de una estrategia de política exterior que cuenta con el apoyo de instrumentos políticos y económicos, siendo las operaciones de naturaleza militar una minoría[37].

Desde 2016, bajo el objetivo de la autonomía defensiva, la UE se ha propuesto el objetivo de abordar la brecha en capacidades operacionales, armamentísticas, tecnológicas e industriales, con la finalidad de ampliar su potencial como

---

34 HOWORTH, J., *European Integration and Defence: The Ultimate Challenge,* Chaillot Papers nº 83, Paris, ISS, 2000, p. 1.

35 ALBRIGHT, M.K. (US Secretary of State), "The right balance will secure NATO's future", *Financial Times,* 7 December 1998.

36 Se considera que el Reino Unido era el *proxy* de Estados Unidos en los órganos de decisión de la UE. FOERSTER, S. Y RAYMOND, R., "The US-UK "Special Relationship" at a Critical Crossroads", *Atlantic Council Issue Brief,* 1 July 2017, disponible en: *https//www.jstor.org/stable/resrep03496*

37 En la actualidad, de las diecinueve misiones y operaciones que se encuentra desarrollando la UE en el exterior, solo tres son operaciones de naturaleza estrictamente militar: Althea, Irini y Atalanta. El resto son, o civiles, o civilo-militares. Véase: https://www.eeas.europa.eu/eeas/missions-and-operations_en#9620.

proveedor de seguridad y su papel estratégico global[38]. Se han adoptado así iniciativas como el Fondo Europeo de Defensa, el mecanismo CARD, el Plan Europeo de Desarrollo Industrial o la Cooperación Estructurada Permanente. Es una apuesta a largo plazo, que pretende que la UE pueda actuar por sí sola de ser necesario, sin tener que recurrir siempre a las capacidades estadounidenses a través de la OTAN.

Desde la UE se defiende que con el desarrollo de capacidades propias competitivas, los Estados europeos contribuirán al fortalecimiento de la capacidad global de la OTAN. Pero, desde Estados Unidos, se vio con recelos este desarrollo de la PCSD tanto por la amenaza a los intereses económicos de la industria armamentística estadounidense, que tiene en Europa a uno de sus principales mercados, como a una posible separación de intereses estratégicos de los europeos respecto de los estadounidenses, esto es, el desacoplamiento. Finalmente, el conflicto se ha resuelto con la aprobación de normas que abren la PCSD a la participación de Estados y compañías de Estados terceros y, en concreto, Estados OTAN, en su ejecución[39].

Esa interacción en materia de compromisos determina que la UE desarrolle una política de seguridad internacional, basada en medios civiles y militares, que puede abarcar cual-

---

38 CONSEJO DE LA UNIÓN EUROPEA, *Conclusiones sobre seguridad y defensa en el contexto de la Estrategia Global de la UE,* Bruselas, 18 de mayo de 2017, (9178/17), p. 2.

39 Así, se ha aprobado normativa que permite a Estados terceros participar en el desarrollo de proyectos PESCO, lo que ha hecho que Estados Unidos, Canadá y Noruega sean parte del proyecto PESCO de Movilidad Militar. Por otra parte, Estados OTAN también cooperan en las actividades de la Agencia Europea de Defensa y dos compañías extranjeras han obtenido, en *joint-venture* con otras europeas, fondos bajo el antecedente del Programa Europeo de Defensa para la investigación e innovación.

quier cosa salvo la defensa colectiva[40]. La misma filosofía de hacer política de seguridad, pero no entrar en la defensa común, inspira los últimos desarrollos de la política de defensa europea, la Brújula Estratégica y la Declaración de Versalles e, incluso, la agenda de cooperación entre la UE y la OTAN desarrollada desde 2016.

3.3. Interacción conductual en relación a la asistencia mutua del artículo 42.7 TUE

El tercer análisis de interacción que se puede plantear en el de la compatibilidad del artículo 5 OTAN y el artículo 42.7 TUE, donde vemos una interacción de naturaleza conductual, si bien, de omisión de comportamiento por parte de la UE. En principio, leídos comparativamente parece que ambas cláusulas establecen una obligación similar de acudir en defensa del Estado miembro que sufra un ataque o agresión militar en su territorio, pero hay diferencias.

El art. 42.7 fue planteado inicialmente por la Convención Europea con una redacción mucho más ambiciosa, aunque se asumiría con carácter voluntario, por la oposición del Gobierno británico[41]. La CIG que la siguió logró la unanimidad de todos los EEMM haciéndola una cláusula de asistencia general, al precio de introducir los matices de la segunda y tercera línea, relativos a su compatibilidad con la política de los neutrales, y

---

40 KEOHANE, D., "ESDP and NATO", *op. cit.*, p. 127.

41 Constituía el artículo I-40.7 del proyecto de la Convención Europea que establecía una cooperación más estrecha para la *defensa mutua* entre los Estados que lo desearan, en cooperación estrecha con la OTAN. *"Proyecto de Tratado por el que se instituye una Constitución para Europa", DOCE C169, de 18.7.2003, p. 18.*

la exclusividad de la OTAN en lo relativo a la defensa colectiva[42], lo que para parte de la doctrina supuso una devaluación[43].

En el proceso de transformación del texto de la Convención al actual Tratado de Lisboa se eliminó el anterior artículo III-214, que establecía el modo en que los EEMM podían ser parte de esa cláusula voluntaria y su procedimiento de activación, que encomendaba al Comité Político y de Seguridad y al Comité Militar la responsabilidad de coordinar la asistencia mutua[44]. Anteriormente el propio Tratado Constitucional establecía las responsabilidades institucionales y la vía de implementación, pero trece años después de la entrada en vigor del Tratado de Lisboa, el Consejo no ha aprobado ninguna legislación que desarrolle esa asistencia mutua, hecho continuamente denunciado por el Parlamento Europeo[45].

---

42 El artículo 42.7 establece lo siguiente: "*Si un Estado miembro es objeto de una agresión armada en su territorio, los demás Estados miembros le deberán ayuda y asistencia con todos los medios a su alcance, de conformidad con el artículo 51 de la Carta de las Naciones Unidas. Ello se entiende sin perjuicio del carácter específico de la política de seguridad y defensa de determinados Estados miembros. Los compromisos y la cooperación en este ámbito seguirán ajustándose a los compromisos adquiridos en el marco de la Organización del Tratado del Atlántico Norte, que seguirá siendo para los Estados miembros que forman parte de la misma, el fundamento de su defensa colectiva y el organismo de ejecución de esta*".

43 Cesáreo GUTIÉRREZ ESPADA, "La política común de seguridad y defensa de la Unión Europea en el contexto del derecho internacional sobre el uso de la fuerza armada", *Tiempo de Paz, nº* 81, 2006, pp. 69-91.

44 Véase: "Proyecto de Tratado por el que se instituye una Constitución para Europa", *op. cit.*, p. 70.

45 Así solicita "*que se lleve a cabo una profunda reflexión acerca del impacto real de la cláusula de asistencia mutua, abordando los problemas pendientes en relación con las disposiciones de aplicación que se retiraron del proyecto del Tratado*". PARLAMENTO EUROPEO, *Resolución sobre el desarrollo de la política común de seguridad y defensa tras la entrada en vigor del Tra-*

Estamos en presencia, por tanto, de una interacción conductual OTAN-UE en relación al artículo 42.7, que determina la falta de voluntad política de los EEMM por hacerlo operativo y que genera dudas sobre su utilidad y utilización, a pesar de que los EEMM, recientemente, en vistas de la agresión rusa de Ucrania hayan reafirmado su compromiso con esta asistencia mutua[46]. Como subraya el marco de análisis, la interacción conductual no es consecuencia de ninguna decisión expresa, sino que los EEMM deciden voluntariamente abstenerse de actuar.

Esta cláusula ha sido activada una única vez por Francia el 17 de noviembre de 2015, tras los atentados terroristas de París[47]. Se hizo de manera unilateral, sin descansar en ningún procedimiento ni institución europea, negociando Francia bilateralmente con los EEMM el apoyo, y con una finalidad diferente de la suya original. La intención fue recabar apoyo político de sus socios, tanto relevante por razones políticas

---

tado de Lisboa, Estrasburgo, 11 de mayo de 2011, (P7_TA(2011)0228), pto. 33. En sus Resoluciones anuales sobre el desarrollo de la PCSD, el Parlamento Europeo reitera machaconamente esta necesidad.

46 JEFES DE ESTADO O DE GOBIERNO, *Declaración de Versalles, op. cit.*, pto. 8.

47 El entonces Ministro de Defensa Le Drian, aprovechó la reunión del Consejo de Asuntos Exteriores, en su formación de Ministros de Defensa, de 17 de noviembre de 2015 para activar formalmente la cláusula, poniéndose en marcha el procedimiento para recabar la ayuda y asistencia por parte de los Estados miembros. Los Ministros se limitaron a expresar "*su apoyo unánime y pleno a Francia y su disposición para proveer toda la ayuda y asistencia necesarias*", dejando claro que no es necesaria ninguna decisión formal ni ninguna conclusión del Consejo para activar la obligación jurídica. Véase en relación a esta cuestión: CIRLIG, C-C., "The EU's mutual assistance clause. First ever activation of Article 42(7) TEU", *European Parliament Research Service,* Briefing, November 2015, disponible en: https://www.europarl.europa.eu/thinktank/en/document/EPRS_BRI(2015)572799.

domésticas, como para conseguir contribuciones extra de los EEMM en la lucha contra el ISIS a través de la Coalición Internacional y en otras operaciones de gestión de crisis de lucha contra el terrorismo, propias de la UE, y de la ONU. No se activó, desde luego, para recabar ayuda militar para proteger el territorio francés y a sus ciudadanos. Los EEMM respondieron de una manera muy asimétrica y variada, desde participación directa en las actividades militares contra el ISIS, reforzando la participación en operaciones internacionales de gestión de crisis, o con apoyo económico o logístico[48].

Si hubiera que utilizar el 42.7 para proveer de asistencia militar a un Estado miembro que sufre una agresión armada, la UE no estaría preparada. Al día de hoy no sabemos qué obligaciones tendrían los EEMM, ni que procedimiento institucional habría que seguir, ni qué órganos serían responsables de la coordinación, ejecución y de la logística, por no entrar en las dudas sobre la posibilidad de armar rápidamente una operación militar multinacional. Esta realidad no deja de ocultar las limitadas fuerzas que tienen los EEMM para responder rápidamente, militarmente o con otros medios, y la falta de capacidades políticas e institucionales de la UE para coordinar una respuesta armada, y no armada. Los EEMM, al día de hoy, no parecen ni dispuestos ni capacitados para proteger con una acción rápida y urgente a sus socios y ciudadanos europeos de una agresión. Y pueden permitirse ignorar la obligación jurídica del 42.7, porque para protegerse ya cuentan con la OTAN y el respaldo estadounidense. La Capacidad de Despliegue Rápido de 5.000 hombres prevista por la Brújula Estratégica

---

48 ANGHEL, S. A. y CIRLIG, C-C. "Activation of Article 42(7) TEU. France's request for assistance and Member States' responses", *European Parliament Research Service,* Briefing, July 2016, disponible en: https://www.europarl.europa.eu/thinktank/en/document/EPRS_BRI(2016)581408.

no persigue tampoco la intención de hacer operativo el 42.7, ya que está pensada para ser desplegada en operaciones en el exterior, esto es, para continuar con la política de seguridad internacional que hace la UE[49].

La promesa de asistencia mutua del 42.7 se podría conseguir que dejara de ser papel mojado si hubiera voluntad política de los EEMM, una inversión muy potente en sus capacidades militares para conseguir la disuasión; y un desarrollo normativo e institucional que pusiera en pie las capacidades políticas, jurídicas, logísticas y organizativas necesarias para desplegar rápidamente unidades de los ejércitos de los EEMM en el interior. La capacidad de hacer disuasión por sí sola, sin tener que depender de la OTAN y de Estados Unidos, es un elemento clave para la autonomía estratégica, que no se aborda en la actualidad para evitar el conflicto con este poderoso socio. Convendría abordar este debate de hacer operativo el 42.7, cuando antes, ya que la UE puede estar necesitada de protegerse por sí misma en el escenario de que sus intereses no coincidan con los estadounidenses o que otro Estado OTAN impida el funcionamiento de esta organización, como podría ser el caso de Turquía.

4. CONCLUSIONES: COMPETENCIA Y SUBORDINACIÓN

Aplicando el marco de análisis de la Interacción Institucional, se puede constatar que la OTAN ha tenido una importantísima influencia en el hecho de que las CCEE/UE desarrollen una política de seguridad y defensa; en su contenido, limitado al día de hoy a una política de seguridad amplia; y en sus elementos claves, a través de interacciones de compromisos y

---

49 CONSEJO DE LA UE, *Una Brújula Estratégica…, op. cit., p. 14.*

conductuales. En el caso del compromiso conductual es por omisión, que ha causado la falta de desarrollo y puesta en marcha de la cláusula de asistencia mutua del 42.7 del TUE, que determina *de facto* que sea papel mojado y que se reserve a la OTAN en solitario la defensa colectiva de Europa.

La interacción de la institución-fuente, OTAN, a la institución objetivo, UE, se produce a través de la acción de los EEMM coincidentes, destacando especialmente el Reino Unido, aunque con el apoyo de otros atlantistas. El *Brexit* ha determinado una mayor ambición de la PCSD desde 2016, pero no consideramos que vaya a ser causante de una posible independencia de la UE respecto de la OTAN ya que persisten varios EEMM fuertemente atlantistas como Países Bajos, Portugal, Italia o los Estados del Este de Europa.

La interacción no es solo cuestión de voluntad política o ideología, sino también el reconocimiento de una incapacidad propia y dependencia en términos de seguridad y defensa respecto de Estados Unidos. Los EEMM han aceptado cómodamente el patrocinio y asistencia estadounidense para no tener que invertir seriamente en esta cuestión y continuar financiando sus sistemas de bienestar. La dependencia, por tanto, ha sido libremente aceptada, consentida y promovida.

Si se quiere alcanzar efectivamente el objetivo de la autonomía estratégica, habrá que desarrollar el artículo 42.7, normativamente, y en términos de capacidades institucionales y logísticas para hacer que sea realmente operativo. Igualmente requiere que la UE sea perseverante en su intención de proveerse de capacidades armamentísticas y militares propias, alcanzando los objetivos planteados en los últimos años y meses. Solo así será capaz de ofrecer disuasión, y en este debate habrá que plantearse, en algún momento, la cuestión de la disuasión nuclear.

Para finalizar respondiendo a la pregunta del título, hasta este momento se ha pensado la relación entre la OTAN y la UE en términos de competencia, determinando una división del trabajo entre ambas. Existe una subordinación libremente aceptada de la UE hacia la OTAN, procedente de la desigualdad fáctica de las capacidades de los EEMM de las dos organizaciones, lo que supone *de facto* el reconocimiento de una impotencia. El contexto de la Guerra en Ucrania no ha cambiado estos hechos, pero ha determinado la voluntad de los europeos de invertir seriamente en capacidades para poder ser capaces en el futuro de garantizar la defensa de Europa.

Capítulo 15

La autonomía tecnológica de la UE como pieza clave en la construcción de una cultura estratégica europea

JUAN PABLO SORIANO GATICA*

1. INTRODUCCIÓN

El concepto de 'autonomía estratégica' ha estado estrechamente vinculado a los debates sobre seguridad y defensa de la Unión Europea (UE), y en la actualidad el uso de ese concepto se está ampliando a otros sectores, como el de la digitalización, el ciberespacio, la energía, el comercio, el espacio exterior, las tecnologías disruptivas, y el acceso a materias primas críticas.[1]

---

* Profesor Lector en el Departament de Dret Públic i Ciències Historicojurídiques, Universitat Autònoma de Barcelona (UAB), y Profesor afiliado, Institut Barcelona d'Estudis Internacionals (IBEI). Email: juanpablo.soriano@uab.cat. ORCID iD: *https://orcid.org/0000-0003-1792-0012* . Este texto se inscribe en el marco del proyecto "La emergencia de la soberanía europea en un mundo de rivalidad sistémica: Autonomía estratégica y consensos permisivos" (EUSOV) financiado por el Ministerio de Ciencia e Innovación (PID2020-116443GB-I00).

1 Del amplio número de trabajos recientes sobre la 'autonomía estratégica' de la Unión Europea, pueden consultarse: ARTEAGA, F., *La autonomía estratégica y la defensa europea*, Real Instituto Elcano, ARI, núm. 76/ 2017, 2017; LÓPEZ-JACOISTE DÍAZ, E., "Hacia la autonomía estratégica de la UE: el necesario equilibrio entre ambición y realidad", *Revista General de Derecho Europeo*, 2020, núm. 50, pp. 69-112; STEINBERG, F., *La construcción de la autonomía estratégica de*

La UE es consciente de que su autonomía y su seguridad dependerán cada vez más de la protección y la provisión de sus propias innovaciones tecnológicas.[2] Por tanto, no habría de sorprender que en un escenario estratégico que presenta un deterioro de la situación geopolítica y de seguridad, la 'autonomía estratégica', la 'soberanía tecnológica' y la 'autonomía digital' estén en el centro de los debates políticos y de seguridad de la UE. Y precisamente este contexto puede ser un acicate en la construcción de una cultura estratégica europea común.

No obstante, ¿exactamente qué se entiende por 'cultura estratégica'? A partir del trabajo de Jack Snyder sobre la cultura estratégica de la Unión Soviética[3], publicado en la década de 1970, se han generado diversos debates académicos sobre dicho concepto, se ha publicado un número muy significativo de análisis para profundizar en la definición del concepto, y para explorar diferentes metodologías para investigar su existencia y su impacto en las decisiones gubernamentales. Este breve texto no es el lugar para hacer una presentación pormenorizada de todos esos debates, ni de las principales líneas de investigación que hoy podemos encontrar en la literatura académica sobre culturas estratégicas.[4] No obstante, para los objetivos de este

---

la UE. Comentario del Real Instituto Elcano, 2020, núm. 27/2020; TOCCI, N., *European strategic autonomy: what it is, why we need it, how to achieve it.* Istituto Affari Internazionali, 2021; y, MIRÓ, J., "Responding to the global disorder: the EU's quest for open strategic autonomy", *Global Society,* 2022.

2 LATICI, T., y LAZAROU, E., *Where will the EU's Strategic Compass point?,* Briefing 07-10-2021, European Parliament Think Tank, 2021, p. 7.

3 SNYDER, J.L., *The Soviet Strategic Culture. Implications for Limited Nuclear Operations.* Rand Corporation, Santa Monica California, 1977.

4 Para una revisión reciente de los debates sobre cultura estratégica, véanse, entre otros, UZ ZAMAN, R., "Strategic culture: A 'cultural' understanding of war", *Comparative Strategy,* vol. 28, 2009, núm.1,

trabajo es importante indicar qué se entenderá aquí por cultura estratégica. En esta comunicación tomamos la definición propuesta por un grupo de académicos que han trabajado sobre el concepto de 'cultura estratégica europea'. En 2011, Alessia Biava, Margriet Drent y Graeme Herd, plantearon que una cultura estratégica incluye las normas, ideas y comportamientos derivados de la identidad que tiene un actor sobre lo que es apropiado y legítimo hacer en relación con el uso de instrumentos militares y civiles para fines de seguridad.[5] Desde nuestro punto de vista, esta definición es relevante para la UE porque incluye capacidades e instrumentos tanto de carácter militar como civil, y, además, no se restringe únicamente a la dimensión militar de la seguridad, como sucede con otras definiciones de cultura estratégica.

Pues bien, a partir de la definición de Biava, Drent y Herd, en este texto se analiza la forma en la que el desarrollo de nuevas capacidades tecnológicas de la UE en el ámbito de la seguridad y la defensa contribuyen al surgimiento y consolidación de una cultura estratégica común europea. No nos referimos a una cultura estratégica que se imponga o elimine a las culturas estratégicas de los Estados de la UE, sino a una cultura estratégica que se desarrolle juntamente con las culturas estratégicas nacionales existentes, y que sea un complemento de éstas.

Claramente, la propuesta de que los Estados miembros de la UE pueden, o deben, converger hacia una cultura estratégica común no es un argumento novedoso. En las últimas dos décadas, un número importante de estudios académicos

---

pp. 68-88; y, ANAND, V., "Revisiting the discourse on strategic culture: An assessment of the conceptual debates", *Strategic Analysis,* vol. 44, 2020, núm. 3, pp. 193-207.

5 BIAVA, A., DRENT, M., y HERD, G.P., "Characterizing the European Union's strategic culture: An analytical framework", *Journal of Common Market Studies,* vol. 49, 2011, núm. 6, pp. 1227-1248, p. 1234.

sobre la actuación y presencia internacional de la UE han incorporado el concepto de cultura estratégica, especialmente aquellos que han examinado las transformaciones en las dimensiones militar y de seguridad de la UE.[6] La amplia literatura que existe al respecto plantea posiciones muy dispares. Algunos autores argumentan que una cultura estratégica común europea es algo deseable; otros autores señalan que dicha cultura es algo inviable e imposible de lograr; otros destacan que no es algo deseable; algunos análisis plantean que dicha cultura estratégica común ya existe pero que es necesario desarrollarla; otros señalan que en Europa existen diversas culturas estratégicas nacionales, pero que aún no se desarrolla una europea o de la UE; y otros autores plantean que para el caso de la UE es necesario dejar de lado el concepto de cultura estratégica, y que es mejor utilizar el concepto de cultura de seguridad europea. En este trabajo pro-

---

6 La literatura sobre cultura estratégica europea, o de la Unión Europea, es extensa. Entre otros estudios véanse, HYDE-PRICE, A., "European Security, Strategic Culture, and the Use of Force", *European Security*, vol. 13, 2004, núm. 4, pp. 323-343; MEYER, C.O., *The quest for a European strategic culture: changing norms on security and defence in the European Union,* Palgrave Macmillan, Basingstoke, 2006; NORHEIM-MARTINSEN, P., "Convergence Towards a European Strategic Culture? A Constructivist Framework for Explaining Changing Norms", *European Journal of International Relations,* vol. 11, 2011, núm. 3, pp. 582–603; RYNNING, S., "Strategic Culture and the Common Security and Defence Policy – A Classical Realist Assessment and Critique", *Contemporary Security Policy,* vol. 32, 2011, núm. 3, pp. 535-550; GHALEHDAR, P., "Why a Common EU Strategic Culture is Neither Necessary nor Desirable. Beyond Autonomy", en COTTEY, A., et al., *Beyond autonomy: rethinking Europe as a strategic actor,* 2020; y, SERRANO, P., "La Política Común de Seguridad y Defensa en la Unión Europea a 27: perspectivas de progreso hacia una cultura estratégica común", en RAMÓN C. (coord.), *Dimensiones de la seguridad en la política europea y global,* Tirant lo Blanc, Valencia, 2021, pp. 257-286.

ponemos explorar la intersección entre cultura estratégica y tecnología, y, de manera más específica, analizar el impacto de las tecnologías emergentes en el desarrollo de una cultura estratégica europea común.[7]

En este análisis se plantean tres argumentos clave. El primer argumento se refiere al progresivo desarrollo de un análisis compartido sobre el escenario estratégico al que se enfrenta la UE y sus Estados miembros, y a la percepción colectiva de que es urgente actuar. Entre los gobiernos, las instituciones y las sociedades que componen la UE se ha acelerado el consenso en torno a una interpretación común del entorno estratégico, y especialmente se ha incrementado la percepción de urgencia sobre la necesidad de enfrentar los riesgos y amenazas generados por las tecnologías nuevas y emergentes. Esto es un paso clave en la construcción de una cultura estratégica europea común. El segundo argumento se relaciona con el 'andamiaje conceptual' necesario para construir una cultura estratégica europea. La forma en la que la UE aborda las amenazas tecnológicas está apuntalada por el 'andamiaje conceptual' con el que la UE ha venido construyendo su política exterior y de seguridad común, y su política común de seguridad y defensa. La búsqueda de encaje de una cultura estratégica común con este andamiaje conceptual es fundamental para dar coherencia a una identidad europea en seguridad y defensa. Y, finalmente, el tercer argumento plantea que la cohesión que es necesaria entre las élites estratégicas

---

7 Para otros estudios que han explorado la intersección entre tecnología y cultura estratégica véanse, BROWN, J.D., *The Cyberspace Evolution's Impact on the United States' Strategic Culture*, United States Army War College, 2014; HARRIS, B.F., "United States strategic culture and Asia-Pacific security", Contemporary Security Policy, vol. 35, 2014, núm. 2, pp. 290-309; y, GOMEZ, M.A., "Overcoming uncertainty in cyberspace: strategic culture and cognitive schemas", *Defence Studies*, vol. 21, 2021, no.1, pp. 25-46.

europeas para impulsar una cultura estratégica común puede fortalecerse con una actuación internacional exitosa de la UE en varias áreas de la intersección entre nuevas tecnologías y seguridad internacional. Consideramos que los elementos y procesos identificados en estos tres argumentos son pilares importantes en la construcción de una cultura estratégica europea común.

En términos del trabajo empírico del que parte nuestro análisis, se han revisado diferentes documentos de la UE que muestran un giro hacia una mayor asertividad geopolítica en la UE, y que enfatizan la dimensión tecnológica de las iniciativas europeas encaminadas a alcanzar una mayor autonomía estratégica. En su gran mayoría, estos documentos estratégicos han sido elaborados por la Comisión Europea y el Consejo Europeo entre 2020 y 2022. Estos materiales son relevantes porque son el resultado de amplios procesos de debate y consenso en las instituciones comunitarias, y porque buscan promover percepciones compartidas del escenario estratégico internacional y regional, así como generar marcos conceptuales, y establecer objetivos y acciones comunes.

El resto de este texto está organizado de la siguiente forma: primero, se expone la relevancia de las innovaciones científico-tecnológicas para la agenda contemporánea de seguridad internacional, y se plantean algunos ejemplos concretos de la intersección entre tecnología y seguridad. Después, se analiza la forma en la que la UE aborda un escenario estratégico internacional más peligroso e incierto, y se presentan detalladamente tres argumentos sobre cómo el desarrollo de capacidades europeas ante las amenazas generadas por las nuevas tecnologías puede impulsar una cultura estratégica común. Finalmente, a manera de conclusión se presentan algunas reflexiones finales.

2. RELEVANCIA DE LAS INNOVACIONES CIENTÍFICO-TECNOLÓGICAS EN LA SEGURIDAD INTERNACIONAL CONTEMPORÁNEA

A fin de contextualizar la relevancia que para la UE y para otros actores internacionales tienen los desarrollos e innovaciones tecnológicas en las cuestiones de seguridad y defensa, es necesario detenernos un momento para responder a la siguiente pregunta: ¿por qué vemos un creciente interés en analizar el impacto de los avances científico-tecnológicos en las relaciones internacionales? Claramente, a lo largo de la historia de la humanidad la ciencia y la tecnología han sido elementos centrales de las relaciones internacionales, y la comunidad científica siempre ha participado en cuestiones internacionales. Sin embargo, hoy somos testigos de la interacción de varios factores que han renovado la necesidad de estudiar estas interacciones. Aquí queremos destacar cinco factores interrelacionados que explican parte de ese renovado interés.[8]

En primer lugar, vivimos en un mundo hiper globalizado con altos niveles de interdependencia, y las amenazas y los retos de la agenda de seguridad internacional son crecientemente globales y transnacionales. En segundo lugar, las innovaciones en ciencia y tecnología forman parte de las disputas geopolíticas y geoestratégicas contemporáneas. Como subproducto de un orden mundial cada vez más multipolar, existe una carrera global por el liderazgo tecnológico, y también por las ventajas económicas y militares asociadas a dicho liderazgo. Esta carrera tecnológica está siendo especialmente dinámica entre China, Estados Unidos y los países de la UE.

---

8 Para un análisis más detallado sobre estas cuestiones, véase SORIANO, J.P., "Ciencia, tecnología y relaciones internacionales: historias de poder, de esperanza y de normas e identidades", *Revista Electrónica de Estudios Internacionales (REEI)*, vol. 42, 2021, no. 1., pp. 1-34.

En tercer lugar, asistimos a una rápida difusión global del conocimiento científico y tecnológico, que, a su vez, está generando una redistribución internacional del poder. Ya no son únicamente los países del denominado 'norte global' los actores predominantes en el desarrollo de innovaciones en ciencia y tecnología. En las últimas dos décadas, diferentes países del denominado 'sur global', especialmente China e India, han aumentado sustancialmente su relevancia en estas cuestiones. En cuarto lugar, crece el poder e influencia de las empresas internacionales dedicadas a la ciencia y la tecnología, especialmente las empresas que trabajan en biotecnología, inteligencia artificial, análisis del *big data*, comercio electrónico, tecnologías de la información y las comunicaciones, nanotecnología, y tecnologías de fabricación aditiva (la conocida como impresión 3D). Y, finalmente, las negociaciones sobre muchos temas de la agenda seguridad internacional son cada vez más negociaciones entre diferentes actores, incluyendo una creciente participación de científicos que asesoran y representan no sólo a los gobiernos, sino también a diferentes actores no estatales, como a empresas y a organizaciones no gubernamentales. Por ejemplo, en las negociaciones para intentar regular los sistemas de armamento autónomo, y en las negociaciones para regular las interacciones mundiales en el ciberespacio.

Si bien en este texto no es posible exponer en detalle las múltiples formas en las que tecnologías nuevas y emergentes están transformando el entorno de seguridad internacional, es importante mencionar algunos casos de manera un poco más detallada. Así que a continuación se abordan, muy brevemente, el impacto de la inteligencia artificial en la seguridad internacional, los sistemas de armamento autónomos, las tecnologías digitales, la delincuencia en el ciberespacio y las amenazas híbridas.

2.1. Inteligencia artificial y sistemas de armamento autónomos

En todo el mundo, la inteligencia artificial (IA) se ha convertido en un área de importancia estratégica en la encrucijada de la geopolítica, los intereses comerciales y las preocupaciones de seguridad. Debido a su utilidad y potencial, diferentes países están optando por utilizar la IA y otras tecnologías para acelerar su desarrollo científico-tecnológico.[9] Por ejemplo, las continuas innovaciones en IA y en la tecnología de computación cuántica generan nuevas posibilidades en el análisis y uso de datos, y apuntan a una transformación del espacio digital; una transformación que puede generar nuevos desafíos de seguridad. La IA y la computación cuántica pueden contribuir a una mayor sofisticación y eficacia de los ciberataques, al aumentar la posibilidad de futuras ciber operaciones autónomas que impliquen software inteligente, y una mayor capacidad para vulnerar los protocolos de encriptación de la información.[10] Por otra parte, si bien la IA tiene amplias aplicaciones civiles, y la mayor parte de la investigación y el desarrollo se produce en el ámbito civil, las aplicaciones militares son muy variadas. Posiblemente uno de los usos militares más relevantes son los denominados sistemas de armas letales automatizados (*lethal autonomous weapons systems*, en inglés).[11] Estos sistemas generalmente emplean la autonomía en funciones críticas durante un

---

9 Communication from the Commission to the European Parliament, the Council, the European Economic and Social Committee and the Committee of the Regions, *Fostering a European approach to Artificial Intelligence*, Brussels, 21 April 2021 COM/2021/205 final, p. 4.

10 UNGA, *Current developments in science and technology and their potential impact on international security and disarmament efforts. Report of the Secretary-General*, United Nations General Assembly (UNGA)–Seventy-sixth session, 19 julio 2021.

11 BARBÉ, E. y BADELL, D., "The European Union and lethal autonomous weapons systems: united in diversity?", en JOHANSSON-NOGUÉS, E., VLASKAMP, M., y BARBÉ, E. (eds), *European*

ataque, incluyendo la selección de objetivos y el disparo de un arma. Hay sistemas de armamento que, una vez activados, potencialmente podrían ser capaces de seleccionar y atacar objetivos de forma autónoma, sin más intervención humana. Estos atributos hacen que estos sistemas sean muy atractivos para las fuerzas armadas, pero también para actores armados no estatales, como grupos terroristas o fuerzas paramilitares.[12] Por esto resulta muy preocupante el aumento mundial incontrolado y no regulado de estos sistemas.[13]

2.2. Tecnologías digitales e inseguridad en el ciberespacio

Aunque claramente generan formidables beneficios para la humanidad, las tecnologías digitales también pueden ser utilizadas con el objetivo de infligir daño. Las amenazas que generan las tecnologías digitales son muy amplias, y van desde el robo y uso de información con fines delictivos, al uso de las redes sociales para difundir discursos de odio o noticias falsas, hasta los ataques a gran escala destinados a interrumpir o destruir redes de comunicación o sistemas informáticos[14]. A medida que aumenta la dependencia mundial de las tecnologías digitales una preocupación creciente es la protección de las infraestructuras críticas ante ataques cibernéticos. De hecho, cabe esperar que los ciberataques contra entidades críticas

---

Union contested: norm research in international relations, Springer, Cham, 2020, pp. 133-152.

12 UNGA, *op. cit.* nota en 10.

13 Council of the European Union, *A Strategic Compass for Security and Defence. For a European Union that protects its citizens, values and interests and contributes to international peace and security*, Brussels, 21 March 2022, 7371/22.

14 European Commission, *White Paper on Artificial Intelligence–A European approach geared towards excellence and trust*, Brussels, 19 February 2020, COM(2020) 65 final.

(por ejemplo, plantas industriales, instalaciones de suministro de energía y agua potable, las administraciones nacionales o locales, bancos, etc.), realizados por agentes estatales, por agentes patrocinados por algún Estado, o por agentes no estatales, aumenten en intensidad, frecuencia e impacto, y contribuyan a socavar la seguridad internacional.[15] Por ejemplo, la pandemia de COVID-19 aumentó la importancia de proteger las infraestructuras sanitarias, porque los hospitales, las instalaciones de investigación médica y otras instituciones críticas, incluida la Organización Mundial de la Salud, se convirtieron en el objetivo de ciberactividades maliciosas.[16] Finalmente, una amenaza crítica, pero que no se discute muy a menudo, son los potenciales ataques a la infraestructura física que permite la comunicación digital, como sería la destrucción de cables submarinos, satélites, servidores y otras infraestructuras que permiten la conectividad digital.[17]

Por otra parte, la delincuencia en el ciberespacio y la utilización maliciosa de las redes sociales van en aumento. Los ciberdelincuentes son una amenaza para los datos personales en todo el mundo, y utilizan el ciberespacio para numerosas actividades delictivas que incluyen, desde el tráfico de personas,

---

15 Joint Communication from the European Commission and the High Representative of the Union for Foreign Affairs and Security Policy to the European Parliament and the Council, *Report on implementation of the EU's Cybersecurity Strategy for the Digital Decade*, Brussels, 23 June 2021, JOIN(2021) 14 final; Communication from the Commission to the European Parliament, the Council, the European Economic and Social Committee and the Committee of the Regions, *The Commission contribution to European defence*, Brussels, 15 February 2022, COM(2022) 60 final, p. 1.

16 WORLD HEALTH ORGANIZATION, "WHO reports fivefold increase in cyber attacks, urges vigilance", News release, Ginebra, 23 abril 2020.

17 UNGA, *op. cit.* en nota 10.

armas y drogas, el 'secuestro de datos' (*ransomware* en inglés) de gobiernos, empresas y ciudadanos, y hasta los delitos sexuales contra menores.[18] En todo el mundo, la proliferación de herramientas de comunicación digital está dificultando la detección de actividades delictivas y la intervención de las fuerzas de seguridad. Cabe destacar que la naturaleza de la red de contenido oculto en internet, conocida como *dark web,* facilita estas actividades delictivas. Asimismo, la proliferación de plataformas de redes sociales y otros espacios de reunión digital ofrecen oportunidades para que los actores delincuenciales se comuniquen y se coordinen. [19]

2.3. Las amenazas híbridas

Finalmente, es importante prestar especial atención a las denominadas 'amenazas híbridas'. Debido a su creciente relevancia, frecuencia e impacto, estas amenazas son una prioridad para la seguridad de muchos países. Aunque existen diferentes definiciones sobre las amenazas híbridas, puede decirse que el concepto pretende captar la mezcla de actividad coercitiva y subversiva (permaneciendo por debajo del umbral de la guerra formalmente declarada), con métodos convencionales y no convencionales (que incluyen el ciberespacio y diversas innovaciones tecnológicas), que pueden ser utilizados de forma

---

18 Communication from the Commission to the European Parliament, the Council, the European Economic and Social Committee and the Committee of the Regions, *Shaping Europe's Digital Future,* Brussels, 19 February 2020, COM(2020) 67 final.
Communication from the Commission to the European Parliament, the Council, the European Economic and Social Committee and the Committee of the Regions, *On the EU Security Union Strategy,* Brussels, 29 July 2020, COM(2020) 605 final; y, Council of the European Union, *A Strategic Compass for Security and Defence, op. cit.* en nota 13.

19 UNGA, *op. cit.* en nota 10.

coordinada por actores estatales, por actores patrocinados por Estados, o por actores no estatales, con el fin de lograr objetivos específicos.[20]

La brevísima revisión presentada en esta sección sobre diferentes procesos y actores relacionados con la intersección entre nuevas tecnologías y seguridad internacional muestran la importancia de analizar el impacto de los avances científico-tecnológicos en las relaciones internacionales, y también nos permite establecer el contexto en el que la UE analiza algunas de las trasformaciones más relevantes del escenario estratégico contemporáneo.

3. LA UE ANTE UN ESCENARIO ESTRATÉGICO MÁS PELIGROSO E INCIERTO

La reorientación del papel internacional de la UE hacia una dirección más pragmática y asertiva incluye utilizar de forma más directa lo que algunos han denominado como "el lenguaje del poder".[21] Esta nueva narrativa no sustituye a la narrativa tradicional de la UE; la Unión no ha abandonado su discurso sobre normas y valores, ni ha renunciado a sus objetivos sobre multilateralismo, cooperación internacional y promoción y defensa de un mundo abierto. Pero hoy la UE busca construir y desplegar una narrativa estratégica que incorpore una identidad de potencia geopolítica.

---

20 Communication from the Commission, *On the EU Security Union Strategy*, *op. cit.*, en nota 18.

21 BORRELL, J., "Por qué es importante la autonomía estratégica europea", EEAS, 03.12.2020. Disponible en *https://www.eeas.europa.eu/eeas/por-qu%C3%A9-es-importante-la-autonom%C3%ADa-estrat%C3%A9gica-europea_es?s=112*

En este contexto, la narrativa sobre el despertar geopolítico de Europa retoma la idea de que la UE debe construir una cultura estratégica común. Por ejemplo, en la denominada *Brújula Estratégica* de la UE, un plan de acción para reforzar su política de defensa y seguridad, y para redefinir su papel en el mundo, el concepto de cultura estratégica aparece en varias ocasiones.[22] En la introducción de ese documento se plantea que la Brújula presenta "una visión estratégica común de la política de seguridad y defensa de la UE para los próximos cinco a diez años". Dicha visión compartida, se argumenta, "ayudará a construir una cultura estratégica común", a reforzar la unidad y solidaridad europea, y a aumentar la capacidad y voluntad para actuar conjuntamente, y para proteger y defender los intereses y los valores de la UE. [23] La *Brújula Estratégica* asume que la cultura estratégica europea es algo que aún está en construcción, y que las interacciones (reflexiones colectivas y ejercicios conjuntos) entre los Estados de la UE contribuirán al desarrollo de dicha cultura estratégica común.

Asimismo, la nueva narrativa de asertividad geopolítica de la UE incorpora la dimensión tecnológica como elemento clave para el desarrollo de la denominada 'autonomía estratégica europea'. Esto se puede ver también en el uso de conceptos tales como 'soberanía tecnológica', 'independencia tecnológica', 'soberanía digital', y 'autonomía digital', entre otros. Asimismo, la *Brújula Estratégica* de la UE asigna a la dimensión tecnología un papel central para potenciar la

---

22 Council of the European Union, *A Strategic Compass for Security and Defence*, *op. cit.* en nota 13. En este texto hemos utilizado la versión en inglés del documento. El título en castellano es: *Una Brújula Estratégica para la Seguridad y la Defensa – Por una Unión Europea que proteja a sus ciudadanos, defienda sus valores e intereses y contribuya a la paz y la seguridad internacionales.*

23 *Ibid.*, p. 6.

autonomía estratégica de la UE.[24] De hecho, la dimensión tecnológica es muy relevante para cada una de las cuatro "cestas temáticas interrelacionadas" en las que se estructura la *Brújula Estratégica*: gestión de crisis, capacidades de defensa, resiliencia y asociaciones con otros actores.[25] Al respecto, el Servicio Europeo de Acción Exterior sostiene que la cooperación e integración de las tecnologías más avanzadas determinará el destino de la autonomía estratégica europea.[26]

Teniendo en cuenta el escenario anterior, a partir de la revisión de diferentes documentos presentados por la UE entre 2020 y 2022, hemos analizado cómo la Unión describe la evolución del escenario estratégico, y específicamente nos hemos centrado en el papel que en dicho escenario se asigna a los riesgos y amenazas generados por las nuevas tecnologías. Los documentos también nos han permitido identificar los resultados que la UE espera obtener en términos de generación de aprendizajes comunes y de prácticas colectivas sobre el uso de la tecnología en cuestiones estratégicas. Y, finalmente, los documentos nos han permitido reconocer las normas y regulaciones que la UE quiere impulsar para contrarrestar las amenazas de seguridad generadas por las tecnologías emergentes y disruptivas. A partir de este análisis, hemos sintetizado nuestros hallazgos en tres argumentos que presentamos a continuación.

---

24 *Ibid.*

25 *Ibid.* Véase, también, Communication from the Commission to the European Parliament, the Council, the European Economic and Social Committee and the Committee of the Regions, *Roadmap on critical technologies for security and defence*, Brussels 15 February 2022, COM(2022) 61 final.

26 EEAS, "Questions and answers: a background for the Strategic Compass", 21 de marzo de 2022. Disponible en *https://www.eeas.europa.eu/eeas/questions-and-answers-background-strategic-compass_en*

3.1. Progresivo desarrollo de un análisis compartido del escenario estratégico

Entre los gobiernos y las sociedades de la UE se ha acelerado el consenso en torno a una interpretación común del entorno estratégico, y especialmente se ha acelerado la percepción de urgencia sobre la necesidad de enfrentar los riesgos y amenazas generados por las nuevas tecnologías. Esto es un paso clave en la construcción de una cultura estratégica europea común.

Desde nuestro punto de vista, es posible señalar tres procesos que han cambiado las percepciones europeas sobre el impacto de la tecnología en los temas de seguridad y defensa, y que han acelerado la búsqueda de consenso estratégico en la UE. En primer lugar, la competición geopolítica entre Estados Unidos y China. Una competición que es multidimensional, y que también se manifiesta en una carrera por la superioridad tecnológica mundial. En segundo lugar, la pandemia del COVID-19 puso de manifiesto las múltiples dependencias, vulnerabilidades, y también algunas fortalezas que en materia tecnológica tienen la UE y sus Estados miembros. Y, finalmente, la invasión ilegal de Rusia a Ucrania en febrero de 2022, y el resultante conflicto armado, visibilizó la necesidad de revisar y actualizar el análisis del escenario estratégico para la UE, y la conveniencia de fortalecer el vínculo transatlántico. Sobre las consecuencias de la guerra en Ucrania, interesa destacar aquí la dimensión tecnológica y digital de ese conflicto. Nos referimos, por ejemplo, a la ciberguerra, las amenazas híbridas, el uso de drones, las actividades de ciber espionaje, las acciones de desinformación, el uso de las criptomonedas, las iniciativas para protección de infraestructuras críticas ante ciberataques, el uso de las nuevas tecnologías para mejorar información y control de operaciones militares convencionales, entre otras cuestiones.[27]

Los tres procesos arriba mencionados han contribuido a acelerar la percepción compartida entre las élites estratégicas de los países y las instituciones de la UE de que la Unión atraviesa por una situación de emergencia. Asimismo, es posible señalar que amplios sectores de la opinión pública europea comparten, cada vez más, la sensación de que ante el nuevo contexto estratégico, y ante los riesgos y amenazas que generan las tecnologías nuevas y emergentes, es indispensable y urgente que la UE actúe.[28]

3.2. *El 'andamiaje conceptual' para una cultura estratégica europea*

La forma en que la UE aborda las amenazas tecnológicas está apuntalada por el 'andamiaje conceptual' con el que la UE ha construido su política exterior y de seguridad. La búsqueda de encaje con este andamiaje es fundamental para dar coherencia a una identidad común en seguridad y defensa. Un ejemplo de esta búsqueda de encaje, o de compatibilidad, es la forma en la que los documentos de la UE plantean el desarrollo de nuevas capacidades para enfrentar las amenazas de las nuevas tecnologías. Dichos

---

27 CUBEIRO, E. et al., "El ciberespacio en la guerra de Ucrania", *Instituto Español de Estudios Estratégicos,* Documento de opinión, núm. 32/2022, 4 abril 2022; *y* BEECROFT, N., "Evaluating the International Support to Ukrainian Cyber Defense", *Carnegie Endowment for International Peace,* 3 noviembre 2022.

28 EUROPEAN PARLIAMENT, "Public opinion on the war in Ukraine", 29 abril 2022. Disponible en *https://www.europarl.europa.eu/at-your-service/files/be-heard/eurobarometer/2022/public-opinion-on-the-war-in-ukraine/en-public-opinion-on-the-war-in-ukraine-20220429.pdf*

documentos, en gran parte preparados por la Comisión Europea, incorporan conceptos clave del modelo de "gobernanza de la seguridad" promovido por la UE.[29] Por ejemplo, se planteas que las nuevas capacidades tecnológicas: deben poner en el centro de sus prioridades al ser humano (*human-centered approach*)[30], deben tener una aproximación multinivel (*multilevel approach*)[31], deben tener una lógica

---

29 Véanse, entre otros, KIRCHNER, E.J., "The challenge of European Union security governance", *Journal of Common Market Studies*, vol. 44, 2006, núm. 5, pp. 947-968; LUCARELLI, S., VAN LANGENHOVE, L. y WOUTERS, J. (eds.), *The EU and multilateral security governance*, Routledge, Londres, 2013; y, SPERLING, J., WEBBER, M., "The European Union: security governance and collective securitization", *West European Politics*, vol. 42, 2019, núm. 2, pp. 228-260.

30 Por ejemplo, European Commission, *White Paper on Artificial Intelligence, p. 9.; op. cit.* en nota 14; Communication from the Commission to the European Parliament, the Council, the European Economic and Social Committee and the Committee of the Regions, *2030 Digital Compass: Europe's approach for the Digital Decade*, Brussels, 9 March 2021, COM(2021) 118 final, p. 19; Communication from the Commission, *Fostering a European approach to Artificial Intelligence, op. cit.* en nota 9; Joint Communication from the European Commission and the High Representative, *Report on implementation of the EU's Cybersecurity Strategy for the Digital Decade, op. cit.* en nota 15; y Communication from the Commission to the European Parliament and the Council, *2021 Strategic Foresight Report. The EU's capacity and freedom to act*, Brussels, 8 September 2021, COM(2021) 750 final, p. 3.

31 Communication from the Commission, *On the EU Security Union Strategy, op. cit.* en nota 18.

multi-actores *(multistakeholder approach)*[32], y deben incluir a toda la sociedad (*whole of society approach*).[33]

Asimismo, las propuestas sobre el desarrollo de nuevas capacidades están en sintonía con el nuevo enfoque de asertividad estratégica y visión geopolítica promovido por la Comisión Europea encabezada por Ursula von der Layen. Un enfoque defendido también por los líderes europeos.[34] De ahí la utilización de herramientas discursivas tales como: 'soberanía tecnológica', 'liderazgo tecnológico', 'autonomía digital', 'revolución digital', 'soberanía sobre el control de los datos', entre otras. Todos estos conceptos están construyendo un nuevo imaginario sobre el nexo entre tecnología, seguridad y capacidad de actuación interna y externa de la UE. Y este nuevo imaginario puede ser un pilar fundamental en el desarrollo de una cultura estratégica europea.

---

32 Communication from the Commission, *Shaping Europe's Digital Future,* op. cit. en nota 18; European Commission, *White Paper on Artificial Intelligence, op. cit.* en nota 14; Communication from the Commission to the European Parliament, the Council, the European Economic and Social Committee and the Committee of the Regions, *Action Plan on synergies between civil, defence and space industries*, Brussels, 22 February 2021, COM(2021) 70 final; Communication from the Commission, *2030 Digital Compass: Europe's approach for the Digital Decade, op. cit.* en nota 30; Communication from the Commission to the European Parliament, the Council, the European Economic and Social Committee and the Committee of the Regions, *Roadmap on critical technologies for security and defence,* Brussels 15 February 2022, COM(2022) 61 final.

33 Joint Communication from the European Commission and the High Representative, *The EU's Cybersecurity Strategy for the Digital Decade, op. cit.* nota 15.

34 European Council, *European Council meeting (16 December 2021) – Conclusions,* y European Council, *Informal meeting of the Heads of State or Government. Versailles Declaration, March 10 and 11* (11 March 2022).

3.3. Actuación internacional como elemento aglutinador hacia una cultura estratégica común

El desarrollo y fortalecimiento de las capacidades de la UE y de sus Estados miembros para hacer frente a las amenazas generadas por las nuevas tecnologías puede incrementar la capacidad de actuación internacional de la Unión. Y esta mayor capacidad de actuación puede fortalecer algunos de los roles internacionales que la UE ha venido desempeñando en años recientes. Esto, a su vez, podría robustecer la cohesión entre las elites estratégicas europeas e incrementar las posibilidades de desarrollo de una cultura estratégica compartida.

Algunos de los roles internacionales que la UE busca fortalecer en temas tecnológicos vinculados con la seguridad internacional son: rol de promotor de la regulación internacional de las nuevas tecnologías y del uso del espacio digital; rol de proveedor de seguridad ante los retos y amenazas generadas por tecnologías emergentes; y rol de promotor de valores y normas internacionales sobre el uso apropiado y legítimo de la tecnología en temas de seguridad y defensa.[35] La UE busca, además, impulsar esos roles en varios ámbitos: en foros multilaterales (como las Naciones Unidas), en foros birregionales (por ejemplo, en sus relaciones con los países África, Latinoamérica y el Sudeste Asiático), y en sus relaciones con socios estratégicos clave (como Estados Unidos). Un reconocimiento y respaldo internacional de estos roles podría fortalecer la cohesión entre las elites estratégicas europeas,

---

35 Joint Communication from the European Commission and the High Representative, *The EU's Cybersecurity Strategy for the Digital Decade, op. cit.* nota 15.; Communication from the Commission, *Fostering a European approach to Artificial Intelligence*, op. cit. en nota 9; Joint Communication from the European Commission and the High Representative, *Report on implementation of the EU's Cybersecurity Strategy, op. cit.* en nota 15; y, Council of the European Union, *A Strategic Compass for Security and Defence, op. cit.* en nota 13.

y potenciar el respaldo de la opinión pública europea a la acción internacional de la UE en temas de seguridad y defensa. Estos dos elementos incrementarían la posibilidad de desarrollar una cultura estratégica compartida.

4. COMENTARIOS FINALES

En este texto hemos analizado la forma en la que el desarrollo de nuevas capacidades tecnológicas de la UE en el ámbito de la seguridad y la defensa contribuyen al desarrollo y consolidación de una cultura estratégica europea común. El primer argumento se refiere al progresivo desarrollo de un análisis compartido entre los europeos, tanto entre las élites estratégicas como entre importantes sectores de la opinión pública, sobre el escenario estratégico al que se enfrentan, y sobre la urgencia de actuar en temas de tecnológicos vinculados a la seguridad y la defensa. El segundo argumento propone que la construcción de una cultura estratégica europea utiliza el andamiaje conceptual ya desarrollado por la UE en su aproximación a la política exterior y de seguridad común, y específicamente en su propuesta de gobernanza en seguridad. Además, ese andamiaje se nutre también del giro hacia una mayor asertividad estratégica emprendido recientemente por la UE. Y el tercer argumento plantea que la actuación internacional de la UE ante las amenazas generadas por las nuevas tecnologías puede fortalecer la cohesión entre las elites estratégicas europeas. Dicha cohesión es un pilar fundamental en la construcción de una cultura estratégica común.

Finalmente, es importante reconocer que, debido a las características propias del proceso de integración europeo, el desarrollo de una cultura estratégica común probablemente será complicado, tomará tiempo, y enfrentará retrocesos. Si bien aún no se ha consolidado una cultura estratégica europea común, el escenario estratégico incrementa las posibilidades de que esto suceda. Como hemos señalado antes, dicha cultura estratégica europea debería desarrollarse en consonancia y complementando a las culturas estratégicas nacionales, no en contra de ellas ni para intentar desplazarlas. Sin embargo, quizás no resulta excesivo afirmar que hoy la UE está en un punto de inflexión en el largo proceso de creación y desarrollo de un análisis compartido entre todos sus miembros respecto al entorno estratégico, y respecto a la necesidad de adaptar y desarrollar capacidades ante los retos que plantean las tecnologías emergentes y disruptivas.

Capítulo 16

OTAN y el flanco sur: la presencia de Rusia en el Sahel

DAVID HERNÁNDEZ MARTÍNEZ*

1. INTRODUCCIÓN

Los aliados de la OTAN se reunieron en Madrid a finales de junio de 2022 bajo un contexto de incertidumbre internacional. La crucial cumbre tuvo como eje central la guerra de Ucrania y el desafío ruso en el este de Europa. Sin embargo, en las discusiones y negociaciones entre los Estados miembros se destacaron otras series de amenazas y peligros, que quedaron recogidas en el nuevo concepto estratégico de la organización. El espacio noratlántico de defensa colectiva pasa por un punto de inflexión en sus más de 70 años de historia. La invasión de Rusia sobre territorio ucraniano favorece la revitalización de los principios más elementales del Tratado y el compromiso colectivo de los 30 países.

La precipitada y caótica retirada de Afganistán en agosto de 2021 profundizó en la crisis interna entre los aliados. No obstante, la contienda militar en Ucrania desde febrero de 2022 volvió a enfatizar la relevancia de la organización y la necesidad de adaptarse al nuevo escenario mundial.

* Profesor de Relaciones Internacionales. Universidad Complutense de Madrid. (d.hernandez@ucm.es). Todas las páginas web de referencia han sido consultadas por última vez el 3 de noviembre de 2022.

Los desafíos al orden y marco de seguridad internacional se tornan cada vez más heterogéneos y difusos, desde la rivalidad con Rusia y China, hasta los riesgos en el ciberespacio, grupos terroristas, redes de crimen organizado transnacional, así como la desestabilización de áreas regionales clave como Asia-Pacífico u Oriente Medio, junto a nuevos problemas como la cuestión climática.

La diversidad y complejidad de amenazas a la seguridad noratlántica quedan recogidas en el nuevo concepto estratégico. La mayor atención se concita hacia el extremo este, pero también se señalan otros entornos prioritarios para la Alianza. El flanco sur pasa a ocupar un papel significativo, además de ampliarse los territorios que abarca la visión de defensa de la OTAN. Las preocupaciones por el área meridional ya no se centran exclusivamente en Oriente Medio y el norte de África, sino que transcienden más allá del desierto del Sahara. El escenario de incertidumbre en puntos como el Sahel y, en el resto del ámbito subsahariano, se erigen en problemas de primer orden para el bloque occidental.

Los países del Tratado reconocen explícitamente que su seguridad también está condicionada por las dinámicas geopolíticas de la franja saheliana. Las altas cotas de violencia e inestabilidad generalizada en la zona comienzan a impactar en regiones próximas. Los países aliados tienen que multiplicar sus esfuerzos en el continente africano para preservar cierto nivel de orden y certidumbre. En este sentido, la estrategia noratlántica se enfrenta a un dilema añadido en el entorno: la presencia creciente de Rusia. El régimen de Vladimir Putin está aumentando su influencia en la mayoría de los países sahelianos, lo que supone una nueva amenaza y foco de tensión en el flanco sur de la OTAN.

2. EL SAHEL: ESPACIO ESTRATÉGICO

2.1. Factor geográfico del Sahel

La relevancia en el contexto africano y para el sistema internacional del Sahel se explica en gran medida por elementos geográficos, políticos, económicos, energéticos y de seguridad entre otros. La franja saheliana tiene una posición excepcional en el continente africano, ya que es paso natural entre el África meridional y el Magreb, así como la costa atlántica en la parte occidental y el mar Rojo al este. El cinturón sur del desierto del Sahara comprende diez países: Mauritania, Senegal, Burkina Faso, Mali, Níger, Nigeria, Chad, Sudán, Eritrea y Etiopía, que se encuentran en el centro de las principales rutas comerciales y flujos de población de la zona. La estabilidad y seguridad se tornan clave en este lugar.

La excepcional posición geográfica del Sahel lo vincula a otras regiones próximas. Existe una triangulación hacia el norte, que engarza la franja saheliana con el norte de África y la propia Europa. La desestabilización en la parte subsahariana tiene repercusiones hacia el área magrebí[1], lo que implica una obligada atención de la UE hacia los problemas del sur. No obstante, los países sahelianos también están sometidos a presiones de regiones como el Golfo de Guinea o el África central. La consecuencia más visible es la desterritorialización de crisis y conflictos, que afectan a varios escenarios de manera simultanea.

El Sahel es relevante asimismo por factores naturales. Por un lado, la emergencia climática tiene un impacto agudo sobre los países sahelianos, que sufren de limitación de recursos

---

1 CALDUCH, R., "Impacto estratégico de la crisis del Sahel", *Panorama Estratégico 2013,* Madrid, Instituto Español de Estudios Estratégicos, Ministerio de Defensa, febrero 2013, pp. 115-138.

hídricos, desertificación y sequías[2]. Por otro, en la franja saheliana se localizan yacimientos de petróleo, oro, uranio y otras materias primas críticas, que son fundamentales para sectores como las nuevas tecnologías, comunicaciones o energías renovables y nuclear. El contexto ambiental es un elemento central de las dinámicas regionales, que representa un factor constante de tensión y conflictividad en la zona.

2.2. Factor sociopolítico del Sahel

La importancia del Sahel viene dada en parte por componentes sociopolíticos, que derivan en una complejización de realidades domésticas y regionales. La franja saheliana es una de las zonas más pobres del mundo. Países como Burkina Faso o Chad se encuentran en las últimas posiciones del Índice de Desarrollo Humano (IDH). En este mismo sentido, la inseguridad alimentaria ha pasado a ser un problema ya estructural para muchos de los países[3]. Cuestión que se puede agravarse debido a la guerra entre Ucrania y Rusia, ya que son dos de los principales exportadores de trigo del mundo. La carestía de los precios de los alimentos se torna en un elemento más de tensión, que agudiza la desestabilización en la zona y los problemas sociales en Estados muy debilitados.

---

2 GONZÁLEZ DEL MIÑO, P. y HERNÁNDEZ, D., "Flujos migratorios en el Mediterráneo: la política migratoria de la Unión Europea", en GONZÁLEZ DE ESCALADA, C; y DOMÍNGUEZ, J. (coord.): *Migraciones. Nuevos retos geopolíticos, económicos y sociales,* Sevilla, CISDE, 2022, pp. 215-244.

3 ANGUITA, C. y GONZÁLEZ DEL MIÑO, P., "El Sahel: dimensión transfronteriza y dinámicas geopolíticas", *Geopolítica(s). Revista de estudios sobre espacio y poder,* vol. 10, 2019, núm. 2, pp. 281-303.

Las dinámicas regionales están condicionadas por la fragilidad institucional en la mayoría de los Estados del Sahel. La inestabilidad y la violencia forman parte del complejo escenario local[4]. Los sistemas democráticos tienen serias dificultades para consolidarse, mientras los Gobiernos son incapaces de controlar todo el territorio y garantizar bienes públicos a sus ciudadanos. Las fuerzas militares tienen un papel central en la mayoría de los países, asumiendo el poder bajo un ambiente de securitización y permanente conflictividad. No obstante, la debilidad gubernamental refuerza el ascenso de otros actores, que emergen como autoridades paralelas ante las poblaciones.

La conflictividad, pobreza y emergencia climática están entre las causas del incremento de los desplazamientos de población en la zona. El Sahel se encuentra en el centro de importantes flujos migratorios dentro del continente africano. De igual forma, la franja saheliana es una de las regiones del mundo con mayor tasa de natalidad, lo que aumenta la presión demográfica en un territorio ya de por sí tensionado. Sin embargo, la mayoría de los movimientos se producen entre subáreas próximas[5], a pesar de la preocupación creciente en los países europeos. Los regímenes locales actúan como la primera línea de contención para limitar el alcance de la migración hacia el norte.

---

4 BARRAS, R. y GARCÍA CANTALAPIEDRA, D., "Hacia un nuevo y diferente "flanco sur" en el Gran Magreb-Sahel", *Revista UNISCI/UNISCI Journal,* (October/Octubre 2015), núm. 39, pp. 11-46.

5 CALVILLO, J.M., "Las migraciones internacionales en el siglo XXI", en GONZÁLEZ DEL MIÑO, P., (dir.) *El sistema internacional del siglo XXI. Dinámicas, actores y relaciones internacionales,* Valencia, Tirant Lo Blanch, 2020, pp. 53-72.

2.3. Factor securitario del Sahel

El entorno del Sahel tiene una relevancia regional e internacional en el ámbito securitario. La franja saheliana se caracteriza por un particular embotellamiento de seguridad -*security traffic jam*-, que viene dada por el número de misiones y operaciones internacionales y actores involucrados en la zona[6]. Los niveles de conflictividad también vienen dados por la heterogeneidad de las causas y el impacto tan severo sobre las poblaciones. La diversidad de las amenazas genera que el cinturón sur del Sahara esté sometido una desestabilización y volatilidad persistentes. La tensión se erige como elemento clave debido a la multiplicidad de intereses y rivalidades.

La securitización del Sahel se debe en buena medida a la diversidad de conflictos. El foco de mayor inseguridad se localiza en la parte occidental, sobre todo, en Malí. La debilidad del Estado maliense ha derivado en un conflicto interno, donde tiene un elevado protagonismo grupos terroristas[7]. El problema de la expansión yihadista afecta además a otros países como Burkina Faso o Níger. Sin embargo, la inestabilidad y violencia de distinta índole también repercute en otras áreas del centro y parte oriental. En Chad persiste el conflicto entre el régimen y grupos rebeldes, así como en Etiopía se da una guerra civil entre las fuerzas gubernamentales y milicias de la región del Tigray.

---

6 COLD-RAVNKILDE, S.M. y JACOBSEN, K.L., Disentangling the security traffic jam in the Sahel: constitutive effects of contemporary interventionism, *International Affaris*, vol. 96, 2020, núm. 4, pp. 855-874.

7 HERNÁNDEZ, D., "La política de la Unión Europea hacia el Magreb y Sahel: externalización de fronteras y securitización de migraciones", en DÍAZ LAFUENTE, J. et al., (org.): *IV Congreso Internacional de Globalización, Ética y Derecho. Los desafíos de la globalización: respuestas desde América Latina y la Unión Europea*, Actas, octubre 2020, Madrid, Universidad Complutense de Madrid, pp. 78-95.

La proliferación de conflictos deriva en una presencia creciente de actores de todo tipo en la región. En un primer nivel están los agentes internos como son fuerzas de seguridad, milicias y otro tipo de grupos armados. En una segunda categoría recaen coaliciones militares y misiones regionales como el G5 Sahel (Malí, Burkina Faso, Mauritania, Níger y Chad), además de organizaciones terroristas: Boko Haram, franquicias locales de Al Qaeda o Daesh; junto a redes de crimen organizado transnacional. Un tercer apartado lo conforman las operaciones de paz de Naciones Unidas (NNUU), Unión Europea (UE), así como la presencia de potencias como Rusia.

3. LA OTAN Y EL FLANCO SUR

3.1. Nuevo concepto estratégico

En la cumbre de Madrid de junio de 2022 se reunieron todos los líderes de los países aliados de la OTAN. El encuentro iba encaminado a concitar varios objetivos. Por un lado, reforzar la alianza ante la amenaza de Rusia en Ucrania y especificar el plan a seguir en el flanco este. Por otro, tratar la posible ampliación de la organización con la inclusión de Finlandia y Suecia, a pesar de las reticencias iniciales de Turquía. Por último, plasmar un nuevo concepto estratégico, que recogiera las principales amenazas a la defensa colectiva, así como los propósitos a lograr en los próximos años. El renovado enfoque pretende adaptar el bloque noratlántico a los múltiples desafíos globales.

El concepto estratégico de 2022 supone una revisión profunda de las directrices previamente marcadas. La OTAN retoma un marco de actuación basado en la disuasión y defensa frente a una perspectiva de prevención y gestión de crisis, así como prioriza las tensiones y conflictos con Rusia y China en los escenarios de Europa y el Indo-Pacífico[8]. El programa también recoge otros ámbitos desde la esfera espacial hasta la ciberseguridad y las amenazas híbridas, que supone un reto para los países noratlánticos en la forma de hacer frente a estos problemas. Existe una redefinición de los esfuerzos que debe desempañar la Alianza y, sobre todo, en las regiones en las que lo debe hacer.

El concepto estratégico de la OTAN hace un tratamiento desigual hacia el eje del Mediterráneo, ya que Oriente Medio y el norte de África pierden relevancia frente al este de Europa y el área oriental. Las regiones meridionales habían tenido un papel central desde el 11S de 2001 por el auge del terrorismo. Además, la migración pasa a incluirse en la agenda de seguridad de muchos países[9]. En este sentido, las revueltas antiautoritarias de 2011 incrementaron la preocupación en el bloque noroccidental, ya que fueron un punto de inflexión para la estabilidad regional. Una de las grandes novedades de la cumbre de Madrid 2022 es la prolongación del flanco sur, puesto que incorpora el Sahel como un eje de alarma para la seguridad colectiva.

Los países europeos como España, Francia o Italia son los que más intereses tienen en el flanco sur, debido a que la inestabilidad en el Magreb y África subsahariana está teniendo repercusiones severas en el Mediterráneo. La guerra civil en Libia en 2011 amplió la visión colectiva de la Alianza de las

---

8 MARRONE, A., "El nuevo Concepto Estratégico de la OTAN: novedades y prioridades", *Política Exterior,* 12 de julio de 2022 *https://www.politicaexterior.com/el-nuevo-concepto-estrategico-de-la-otan-novedades-y-prioridades/*

9 CALVILLO, J.M. y CALATRAVA, A., "Los dilemas de la política migratoria española 2016-2019: un análisis desde el enfoque de la seguridad nacional, *Revista de Pensamiento Estratégico y Seguridad CISDE,* CISDE Journal, vol. 6, 2021 núm. 2, pp. 49-69.

estrechas interconexiones entre regiones. En el conflicto libio la OTAN participó en la operación militar internacional[10], que resultó determinante el desarrollo de la contienda. No obstante, la violencia en la nación árabe pronto se extendió hacia el Sahel, lo que aumentó la preocupación entre los socios europeos y abrió el debate sobre la manera de actuar en escenarios tan complejos.

El nuevo concepto estratégico incorpora la franja saheliana en dos párrafos. En el punto 11 se menciona: *problemas interconectados* de Oriente Próximo, Norte de África y el Sahel, mientras en el punto 45 se habla de: *regiones de interés estratégico* donde se incluye la franja saheliana[11]. El documento recalca la emergencia de cuestiones referidas a la seguridad, factores demográficos, económicos, políticos, fragilidad institucional, inseguridad alimentaria, sanitarias o cambio climático. También hace mención al auge de diferentes grupos armados como organizaciones terroristas. En resumen, la presentación de un escenario cada vez más intrincado, que afecta directamente a la seguridad colectiva.

Las menciones al Sahel en el nuevo concepto estratégico también incluyen dos cuestiones significativas. En primer término, en el párrafo 11 se incluye: *injerencia desestabilizadora y coercitiva de competidores estratégicos,* al mismo tiempo que en el apartado 45: *Trabajaremos con nuestros socios para abordar las amenazas y desafíos*[12]. La referencia inicial es una alusión clara hacia

---

10 BARRAS, R., "Norte de África y Sahel: repercusiones para la seguridad internacional", GONZÁLEZ DEL MIÑO, P., (dir.) *El sistema internacional del siglo XXI. Dinámicas, actores y relaciones internacionales,* Valencia, Tirant Lo Blanch, 2020, pp. 457-480.

11 OTAN., *NATO 2022 Strategic Concept,* Organización del Tratado del Atlántico Norte, 2022 *https://www.nato.int/nato_static_fl2014/assets/pdf/2022/6/pdf/290622-strategic-concept.pdf*

12 OTAN, *op.cit.,* nota 11, p.11.

el emergente papel de Rusia en el área subsahariana, lo que supone un desafío añadido para la OTAN. La segunda afirmación representa también otro serio dilema para la Alianza, ya que en un contexto tan volátil como el saheliano resulta complicado consolidar ejes de cooperación regional.

3.2. La OTAN y las amenazas en el Sahel

El Sahel emerge ante el nuevo concepto estratégico de la OTAN como un escenario de múltiples amenazas. En primer término, las vulnerabilidades derivadas de la fragilidad institucional, pobreza, bajo desarrollo económico e impacto medioambiental, que queda vinculado también a una intensificación de los movimientos migratorios. En segundo lugar, los peligros suscitados por la amplia presencia de grupos armados no estatales, organizaciones terroristas y crimen organizado, que tienen un alcance de actuación transnacional. En último punto, la injerencia de lo que la Alianza denominado competidores, es decir, otras potencias internacionales en la zona.

El Sahel dentro de la visión estratégica de la OTAN ha tenido tradicionalmente poca relevancia. Por un lado, porque los cambios en contexto internacional han impulsado un atención especial hacia Rusia en el este de Europa[13], además de China en el extremo oriental y la preocupación por nuevas amenazas en ámbitos como el ciberespacio. Por otro, porque el flanco sur para el bloque noratlántico está todavía dominado por la convulsión y conflictos en el norte de África y Oriente Medio, que tienen aparentemente un impacto más directo sobre la estabilidad colectiva. Sin embargo, la franja saheliana comienza

---

13 TARDY, T., "Nato's sub-strategic role in the Middle East and North Africa", *Insights GMF,* German Marchall Fund, February 11, 2022, *https://www.gmfus.org/news/natos-sub-strategic-role-middle-east-and-north-africa*

a tener una importancia vital para la Alianza. Sobre todo, los países del Mediterráneo perciben la potencial inseguridad del marco subsahariano.

El punto de inflexión en la relación de la OTAN con las amenazas en el Sahel se produce a partir de 2011. El conflicto en Libia deriva en un serio deterioro de la seguridad para el Magreb, Mediterráneo y el cinturón saheliano[14], que tiene un especial repercusión en los países más próximos. En el caso de Malí se superponen tres tipos de focos de tensión. Primero, enfrentamientos entre las fuerzas gubernamentales contra las milicias tuareg. Segundo, la irrupción de ramas yihadistas. Tercero, fricciones dentro de los círculos de poder malienses y las juntas militares, que dan lugar a diversos golpes de Estado. El resultado es la desestabilización de un país clave en la región.

El problema de inseguridad en Malí se va a extender a otras áreas próximas, que genera nuevas tensiones en países como Mauritania, Burkina Faso o Níger. No obstante, las alteraciones regionales también se producen en la parte central y oriental, donde proliferan focos de conflicto en Chad o más recientemente en Etiopía. El escenario local resulta muy complicado y desalentador. En 2014 tienen inicio una serie de misiones regionales e internacionales desde la Unión Africana (UA), G5 Sahel, Comunidad Económica de Estados de África Occidental (CEDEAO), así como de potencias occidentales[15]. La finalidad es revertir el escenario de violencia e inestabilidad generalizada, además de frenar la proliferación de grupos armados.

---

14 HERNÁNDEZ, D., "España y los retos de seguridad en el Magreb", en CARACUEL, M. et al (eds.): *IV Congreso ADESyD. Compartiendo (visiones de) Seguridad),* Actas, vol. IV, mayo 2018. Madrid, ADESyD, pp. 86-106.

15 BERGER, C., "What role for NATO in the Sahel?" *NDC Policy Brief,* Research Division-NATO Defense College. No 22, December 2021.

La principal preocupación de la Alianza es la amenaza de que el Sahel se convierta en un espacio propicio para el yihadismo. Las crisis ocurridas en Libia, Irak, Siria o Yemen donde organizaciones terroristas asumen el control del territorio se reproducen en la franja saheliana, además de producirse la cohabitación con otro tipo de grupos armados y redes de crimen organizado. Facciones de Al Qaeda, Daesh, Boko Haram o *Jama'at Nasr al Islam wal Muslimin* (JNIM) tiene una preponderancia cada vez mayor en la región[16]. La franja saheliana se transforma en centro de operaciones para todo este tipo de actores, que van aumentando sus márgenes de acción.

La creciente atención de la OTAN por la situación en el Sahel no ha estado acompañada de medidas concretas. La responsabilidad de lograr estabilizar el entorno recae sobre los regímenes locales, organizaciones regionales y los programas de la UE. La Alianza no ha desplegado por el momento mecanismos de prevención y gestión de crisis en la zona, pero encuadra sus objetivos regionales en las operaciones acometidas principalmente por los socios comunitarios, que cuentan asimismo con el respaldo militar de Estados Unidos (EEUU)[17]. Las actuaciones implementadas pueden ser: misiones cívico-militares y las intervenciones militares de estabilización y contraterroristas.

En enero de 2013 Francia lanza la *Operación Serval* conjuntamente con el Gobierno de Malí, que buscaba contener el avance del yihadismo en el norte del país. La estrategia fue sustituida por la *Operación Barkhane* (2014-2022), que extendió

---

16 TORRES, R., "Insurgencia jihadista en el Sahel: el caso de Malí", *Cuadernos de Política Exterior Argentina (Nueva Época),* diciembre 2019, núm. 130, pp. 97-101.

17 ANDOLFATTO, G., *NATO Looking South: New Security Challenges for the Atlantic Allliance in the Sahel Region.* 2020/2021, Master's Degree Programme in Comparative International Relations-Global Studies, Università Ca'Foscari Venezia.

su radio de acción al resto del Sahel occidental, así como contó con la asistencia de otros socios europeos[18]. El despliegue militar ha estado acompañado de distintas misiones cívico-militares, que buscan mejorar las capacidades policías e institucionales de los regímenes locales: *European Union Training Mission in Mali (EUTM Mali), European Union Capacity Building Mission (EUCAP Sahel Níger),* y *(EUCAP Sahel Mali).*

Las acciones europeos se encuentran con varios problemas. En primer término, Los objetivos de estabilización e incremento de seguridad no se han logrado, ya que las amenazas de terrorismo, grupos armados y crimen organizado persisten. En segundo lugar, la colaboración con los regímenes locales se ha tornado más intrincada, debido al malestar creciente ante la presencia occidental. En tercer punto, países como Francia evidencia un fuerte desgaste por la elevada presencia militar, a pesar de los escasos resultados. En última instancia, las estrategias desarrolladas no tienen en cuenta la emergencia de Rusia en el Sahel, que supone un elemento totalmente disruptivo en las dinámicas regionales.

4. PRESENCIA DE RUSIA EN EL SAHEL

4.1. Estrategia regional de Rusia

Un factor determinante en la geopolítica del Sahel comienza a ser Rusia. La región había tenido poca relevancia en la agenda internacional del Kremlin. Sin embargo, en los últimos años ha aumentado la presencia rusa en la franja saheliana.

---

18 NDIAYE, B. y DIEYE, P., "La Unión Europea en el Sahel: una nueva estrategia", en González, E.A. y DOMÍNGUEZ DE OLAZÁBAL, I. (coord.), *Informe África 2022. Relaciones África y Europea en tiempo de crisis,* Informes Fundación Alternativas, 2022, pp. 59-68.

La inferencia exterior de Moscú coincide con un período de profundas transformaciones en el orden mundial, en el cual el polo ruso emerge como una potencia revisionista frente al liderazgo occidental[19]. En un contexto de convulsión en la mayor parte del África subsahariana, la amenaza rusa para la OTAN ya no solo se localiza en el flanco este y las proximidades del Mediterráneo, sino que comienza a ganar peso en otros espacios geográficos. La tensión entre potencias tiene su réplica también en el cinturón saheliano.

La presencia de Rusia en el Sahel engarza con los objetivos principales de política exterior del régimen de Vladimir Putin. El orden internacional liderado por EEUU y el bloque occidental está en crisis, dando lugar a la emergencia de nuevos actores[20], entre los que la potencia rusa quiere recuperar su otrora protagonismo. Moscú se autopercibe como un agente sistémico, que tiene que ocupar una posición preponderante en el escenario político mundial. Los esfuerzos rusos no se centran solo en reforzar su influencia en áreas más cercanas, sino también ampliar su presencia en otras regiones estratégicas, donde está adquiriendo un papel cada vez más destacado.

El Sahel cumple con los propósitos internacionales rusos por varias razones. En primer término, un espacio en crisis y permanente conflicto que se presenta como una oportunidad para nuevas potencias. En segundo lugar, la fragilidad de la

---

19 SÁNCHEZ ORTEGA, A., "La política exterior rusa y su relación con Occidente. Una visión desde el realismo neoclásico", *Revista Española de Derecho Internacional,* Sección ESTUDIOS, vol. 72, enero-julio 2020, núm. 1, pp. 163-186.

20 SÁNCHEZ, P., "Los nuevos actores en el Sahel", *Cuadernos de Estrategia. El Sahel y G5: desafíos y oportunidades,* Cuadernos de Estrategia 202, IEEE, Madrid, Instituto Español de Estudios Estratégicos. Ministerio de Defensa, pp. 183-234.

presencia occidental y europea[21], que ofrece a Rusia ocupar un rol creciente en un flanco sensible para los miembros de la OTAN. En tercer punto, el Kremlin aumenta su red de alianzas con actores tanto estatales como no estatales. En último aspecto, Moscú puede garantizarse el suministro de recursos naturales, al mismo tiempo, que abre nuevos mercados para las inversiones rusas en un momento delicado para su economía.

La estrategia de Rusia en el Sahel no es tan directa como en el espacio europeo o en Oriente Medio. El régimen ruso prefiere por el momento desarrollar una política de progresiva amplitud, pero manteniendo un perfil más limitado que en otros ámbitos internacionales. Las actuaciones rusas combinan diplomacia política, económica y militar. Uno de los fines del Kremlin es situarse ante los actores locales como un apoyo alternativo a las potencias occidentales[22]. La inferencia rusa en la franja saheliana se articula a través de varios mecanismos: acuerdos de colaboración política, convenios comerciales y mecanismos de cooperación en materia de seguridad y defensa.

4.2. Influencia rusa en el Sahel

La presencia rusa en el entorno saheliano tiene una importante ramificación política. En el contexto de la guerra de Ucrania, los Estados del Sahel han preferido mantener una actitud ambigua o de aparente neutralidad ante el conflicto. Ningún régimen local participa en sanciones hacia Rusia o proyecta un discurso abiertamente crítico hacia la ofensiva rusa. La razón de tal

---

21 LEBOVICH, A. y MURPHY, T., "Russia's long shadow in the Sahel", *ECFR,* 13 June 2022, European Council on Foreign Relations, *https://ecfr.eu/article/russias-long-shadow-in-the-sahel/*

22 MENSAH, A.N.A. y ANING, K., "Russia Resurgent? Untangling the Role and Meaning of Moscow's Proxies in West Africa and the Sahel", *Strategic Review for Southern Africa,* vol. 44, 2022, núm. 1, pp. 47-63.

posicionamiento se debe en buena medida a las relaciones diplomáticas establecidas por Moscú con la mayoría de los regímenes locales. El Kremlin emerge como un importante apoyo externo para las juntas militares, que cooptan el poder en estos países. Existe un desequilibrio creciente en favor de los intereses rusos.

La influencia política rusa en el Sahel viene acompañada de una clara deslegitimación de la presencia occidental. En los países del entorno vuelve a resurgir un fuerte sentimiento antifrancés y contra nuevas formas de colonialismo[23]. En algunos regímenes y poblaciones se asume que Occidente y, especialmente Francia, tienen una gran responsabilidad ante la situación de inseguridad. Este tipo de retórica está sustentado en campañas de desinformación, que impulsan una imagen negativa y desacreditada de los actores occidentales. Por el contrario, Rusia puede desempeñar un papel creciente en la zona sin contar con esa peyorativa proyección de polo neocolonialista.

La respuesta de los países del Sahel hacia la guerra de Ucrania también se explica por los fuertes vínculos económicos con la nación rusa. La franja saheliana está sometida a una aguda crisis alimentaria. El Estado ruso es uno de los grandes importadores de trigo a la zona. En los primeros meses del conflicto la mayor parte de economías locales se vieron sometidas a fuertes tensiones por los precios de los alimentos. Los regímenes africanos tienen un dependencia comercial alta con el polo ruso. En octubre de 2019 se celebró la primera cumbre África-Rusia, que concito diversos acuerdos comerciales y de seguridad[24], lo que supuso la confirmación del influyente papel ruso en el entorno.

---

23 DEL MORAL, L., "La política de Francia en el norte de África y África Occidental: nuevas narrativas, viejas legitimidades", *Revista UNISCI/UNISCI Journal,* (October/Octubre 2022), núm. 60, pp. 169-197.

24 RUIZ-CABRERA, S., "Rusia en África. Nuevas dinámicas desde el Kremlin", *Revista UNISCI/UNISCI Journal,* (October/Octubre 2022), núm. 60, pp. 49-59.

La presencia de Rusia en el Sahel tiene además un cariz securitario, que queda recogido en dos niveles de relación. Por un lado, los acuerdos de cooperación militar firmados entre el Estado ruso y diferentes países de la zona, que conllevan la compra de armamento ruso y otras capacidades de defensa. Por otro, la colaboración también se centra en la asistencia rusa a las fuerzas de defensa locales, sobre todo, en operaciones de estabilización y contra el avance de grupos terroristas[25]. El papel de Moscú en asuntos de seguridad regionales supone un elemento disruptivo, que altera por completo los difíciles equilibrios geopolíticos en el entorno.

La influencia securitaria rusa es divergente con gran parte de las operaciones y misiones internacionales en la zona. Aún más, la presencia rusa no es directa como ocurre con ciertos miembros de la UE, que tienen desplegados contingente militares y civiles, sino que se está implementando de forma indirecta, a través, de empresas privadas. El ejemplo más visible es el de la compañía Wagner, muy próxima al Kremlin, que ha estado actuando en África central y que comienza a trasladarse hacia el Sahel[26]. El resultado es un nuevo actor en medio de conflictos muy complejos, así como la disposición de algunos regímenes locales de sustituir el apoyo europeo por el de Rusia.

---

25 RAMANI, S., "Why Russia is a geopolitical winner in Mali's coup", *Analysis FPRI,* Foreign Policy Research Institute, September 16, 2020, *https://www.fpri.org/article/2020/09/why-russia-is-a-geopolitical-winner-in-malis-coup/*

26 DE LEÓN COBO, B., "Influencia rusa en el Sahel: Wagner y el apoyo de las juntas militares", *Friedrich Naumann Foundation. Analysis,* Freiheit, 17.03.2022. *https://www.freiheit.org/es/espana-italia-portugal-y-dialogo-mediterraneo/influencia-rusa-en-el-sahel-wagner-y-el-apoyo-de-las*

5. CONCLUSIÓN

La OTAN hace frente a un contexto internacional convulso y desafiante, donde el orden y marcos de seguridad heredados del siglo XX comienzan a descomponerse. Las amenazas a la seguridad colectiva se tornan cada vez más heterogéneas y complejas. Entre los números problemas que encara la Alianza está la revalidad con Rusia. Las difíciles relaciones con el régimen ruso tienen su espacio de mayor tensión en el este de Europa, como queda reflejado tras la invasión de Ucrania en 2022. Sin embargo, la conflictiva ligazón entre el bloque noratlántico y la potencia rusa comienza a extenderse por otras regiones de la esfera internacional. El Sahel emerge como un nuevo punto de fricción.

El flanco sur ha quedado históricamente relegado dentro de las estrategias de la OTAN, que ha priorizado la amenaza rusa y otro tipo de potenciales vulnerabilidades. En este sentido, las mayores atenciones sobre el extremo meridional se han centrado en los escenarios del norte de África y Oriente Medio. Las crisis abiertas tras las revueltas antiautoritarias de 2011 causaron un incremento de la inestabilidad en estas regiones, que han tenido diversos impactos sobre el continente europeo. No obstante, los países de la Alianza comienzan a ampliar su interés más allá del desierto del Sahara, ya que contextos tan complejos como el Sahel resultan fundamentales para la seguridad internacional.

El concepto estratégico de la OTAN 2022 subraya la relevancia del flanco sur y la franja saheliana. La Alianza empieza a ser consciente de las fuertes interdependencias que existen entre el África subsahariana, el Magreb, Oriente Medio y el Mediterráneo. El reconocimiento de estas intrincadas realidades todavía no está acompañado de un política de actuación concreta, que defina la forma de ayudar a estabilizar la región. Las transformaciones en el cinturón conformado por los países sahelianos demandan una atención mayor por parte de los socios noratlánticos, aunque supone el dilema de tener que equilibrar esfuerzos ante la fragilidad en tantos ámbitos de la defensa colectiva.

El contexto del Sahel exige cuatro grandes aspectos que precisar: objetivos, marcos de acción, socios-apoyos locales y la amenaza rusa. En primer término, los aliados tras haber asumido la importancia de la franja saheliana tienen que especificar sus propósitos para el corto, medio y largo plazo. La OTAN tiene que ser capaz de formular una estrategia para la zona que engarce con los fines recogidos dentro de su visión de seguridad. En segundo lugar, la Alianza tiene que mejorar la coordinación de sus miembros con intereses y presencia en los países sahelianos, que permita desarrollar de manera idónea mecanismos y operativos de acorde a las exigencias del entorno local.

La situación en la parte subsahariana del flanco sur también requiere de resolver de otras dos cuestiones. En tercer punto, la organización noratlántica tiene que reforzar el trabajo con los actores gubernamentales, sociales y militares de la zona. Las recientes crisis entre Francia con regímenes del Sahel evidencian la fragilidad de los instrumentos de cooperación establecidos, que dificulta la implementación de una estrategia más completa. Por último, la OTAN tiene que analizar la forma de abordar el desafío ruso en el continente africano. La presencia de Rusia en la región ha aumentado en los últimos años, bajo una agenda política que contradice los intereses de la potencias occidentales.

Los territorios más alejados del flanco sur se erigen en puntos clave del enfrentamiento entre la OTAN y la potencia rusa. La inferencia de Moscú en el espacio subsahariano se encuadra dentro de su política exterior de reforzar a Rusia como actor sistémico, que adquiere resonancia en diferentes ámbitos de la sociedad internacional. El Kremlin encuentra además un enclave donde debilitar a su competidores noratlánticos, ya que impulsa un nuevo frente de amenazas y vulnerabilidades. La evolución de la guerra en Ucrania determinará gran parte de las dinámicas de seguridad europeas y globales, pero el liderazgo y orden mundial también está por dirimir en entornos como el Sahel.